반이 사랑하는 천재들

클림트에서 프로이트까지

빈이 사랑한 천재들

초판 1쇄 발행 2007년 2월 26일
초판 6쇄 발행 2018년 5월 20일

지은이 조성관
펴낸이 정차임
디자인 강이경
펴낸곳 도서출판 열대림
출판등록 2003년 6월 4일 제313-2003-202호
주소 서울시 영등포구 선유서로 43, 한신 2-1005
전화 332-1212
팩스 332-2111
이메일 yoldaerim@naver.com

ISBN 978-89-90989-24-6 03900

* 이 책은 삼성언론재단의 저술 지원으로 출간되었습니다.

클림트에서 프로이트까지

빈이 사랑한 천재들

조성관 지음

열대림

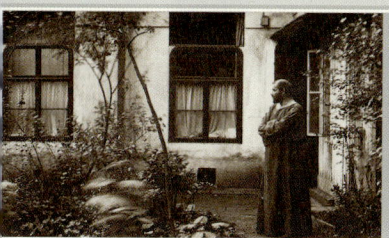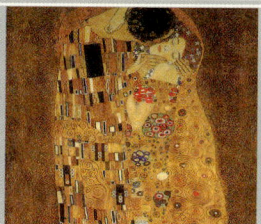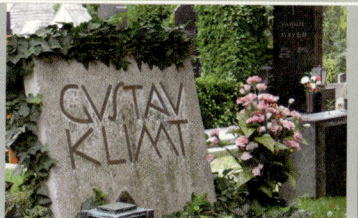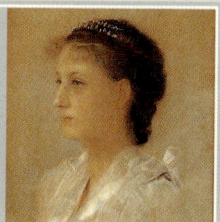

차례

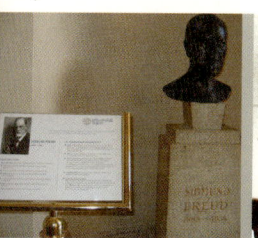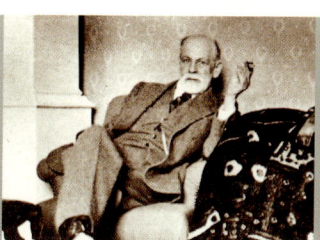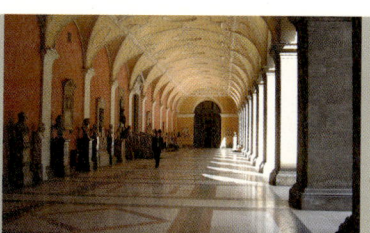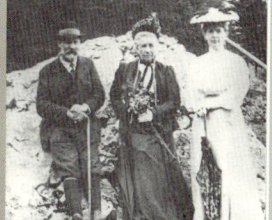

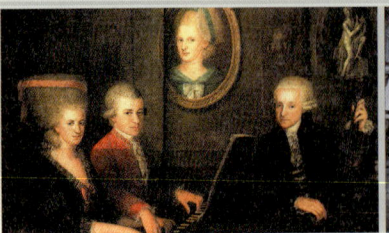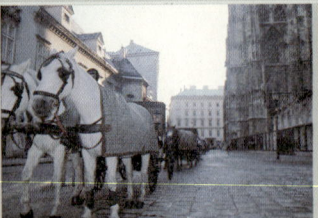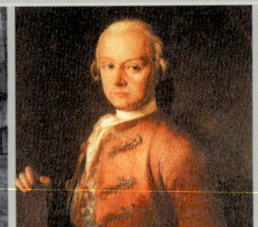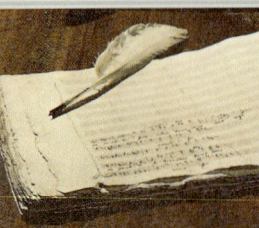

모차르트, 신이 질투한 악동

베토벤, 폭풍 같은 운명

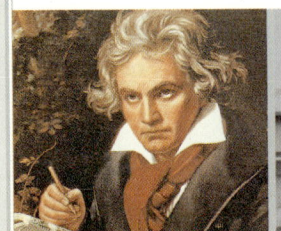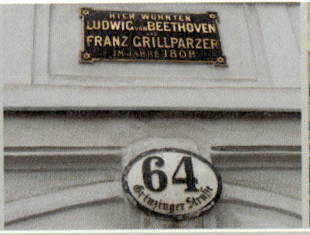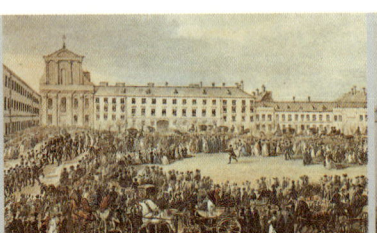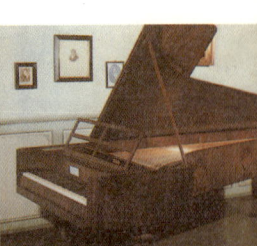

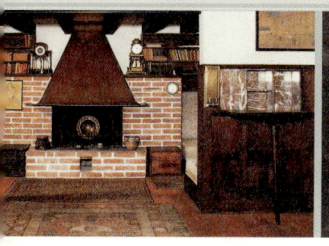
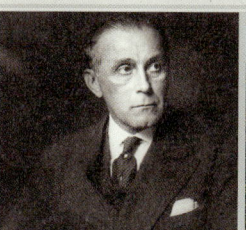
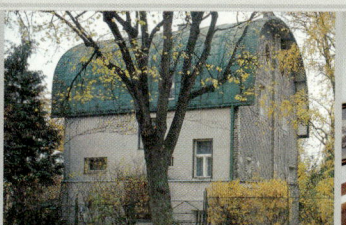
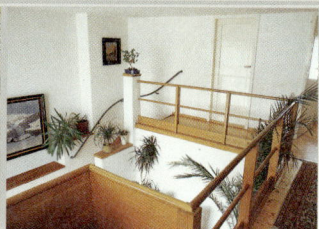

아돌프 로스, 장식은 범죄다

오토 바그너, 현대 건축의 거인

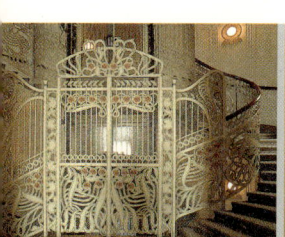
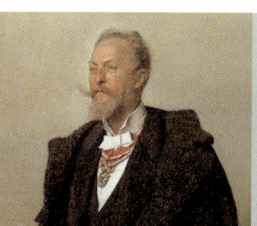
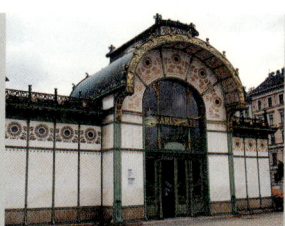
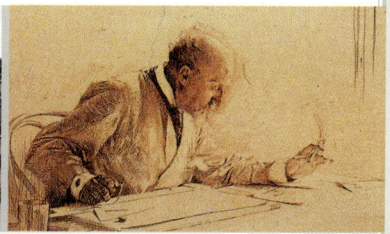

국가를 초월한 도시, 빈

2005년 여름, 오스트리아 관광청 초청으로 몇몇 기자들과 함께 빈과 잘츠부르크를 여행할 기회가 있었다. 기자 생활을 하면서 세계 여러 나라를 취재했지만 이상하게 빈과는 인연이 닿지 않았다. 다른 도시라면 몰라도 예술의 도시 빈만큼은 좀더 일찍 만났어야 했다. 책이나 사진으로만 보던 빈을 나는 그때 처음으로 접했다. 빈에서 머무는 동안의 공식 스케줄은 주로 빈 시민들의 여가생활을 들여다보는 것으로 짜여져 있었다.

빈에서의 첫날 아침, 나는 지도를 들고 혼자 거리로 나섰다. 빈을 와본 적은 없었지만 이곳에 오면 꼭 보고 싶은 건물이 있었다. 바로 로스하우스였다. 나는 수년 전부터 건축의 매력에 푹 빠져 있었다. 20세기를 대표하는 위대한 건축가로 평가받는 사람 중 두 명이 빈에서 활동했다. 이것이 빈과의 인연의 시작이었다.

첫 만남은 길지 않았지만 빈은 너무도 친숙한 얼굴로 내게 말을 걸어왔다. 골목길, 카페, 성당, 궁전, 극장, 공원에서 내 귓가에 속삭이는

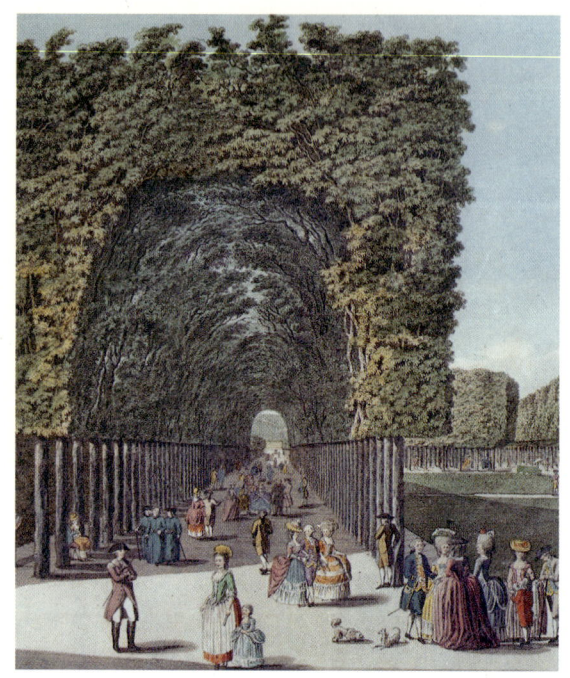

다양한 색깔의 목소리……. 한국으로 돌아오는 비행기 안에서 나는 노트를 빼곡히 채워나갔다.

2005년 11월 말, 나는 두번째로 빈을 찾았다. 모차르트 탄생 250주년 관련 기사를 쓰기 위해서였다. 모차르트 전문 가이드의 안내를 받아 모차르트의 흔적을 추적하면서 나는 비로소 빈이 내게 속삭이던 것이 무엇이었는지를 깨달았다. 그 속삭임은 빈에 대한 책을 쓰라는 강렬한 유혹이었다.

2006년 8월, 휴가를 이용해 가족과 함께 다시 빈을 찾았다. 8일 동안 빈 시내 곳곳을 샅샅이 취재했다. 쇤브룬 궁전에서 만난 어떤 한국인 여행객이 "빈에서 그렇게 오래 볼 게 있느냐"고 반문하기도 했지만 사실 8일은 빈을 제대로 알기에는 턱없이 부족했다.

클림트, 코코슈카, 실레, 쇤베르크(이상 회화), 하이든, 모차르트, 베토벤, 슈베르트, 브루크너, 브람스, 슈트라우스, 말러(이상 음악), 한센, 바그너, 로스, 호프만, 올브리히(이상 건축), 그릴파르처, 크라우스, 호프만슈탈, 슈니츨러, 츠바이크(이상 문학), 비트겐슈타인, 포퍼(이상 철학), 프로이트(정신분석) 등이 18세기 후반에서 20세기 초까지 150여 년 간 빈을 무대로 절정의 삶을 살았던 인물들이다. 대략 생각나는 사람만 꼽아본 것이 이 정도이다.

빈은 1754년 첫 인구조사에서 17만 5,000명으로 기록된다. 1800년에 23만 2,000명이 되었고, 지금도 200만 명이 겨우 넘는 작은 도시다. "손바닥만 한 도시"라는 표현은 빈에 가장 잘 어울린다. 그 손바닥만한 도시 빈이 어떻게 인류 최고의 예술가와 지성들을 한꺼번에 품을 수 있었을까.

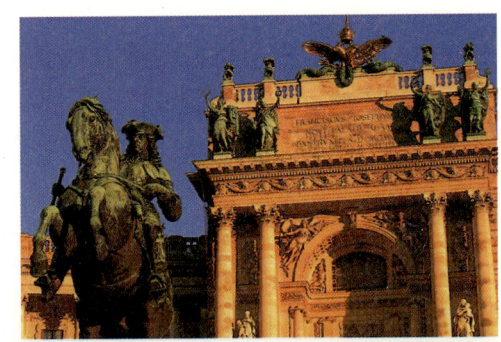

빈은 제국의 수도였다. 13세기부터 빈은 합스부르크 왕가의 수도가 되었다. 15세기 알브레히트 대공이 신성로마제국의 황제가 된 이후 합스부르크 가문은 여러 왕가가 번갈아 차지하던 신성로마제국의 황제 자리를 독점하게 되었다. 빈은 자연스럽게 유럽의 중심 도시이자 신성로마제국의 허브(hub)가 되었다. 19세기 초 나폴레옹이 빈을 점령하면서 신성로마제국은 해체되었고, 합스부르크 왕가는 오스트리아 제국만을 통치하게 된다.

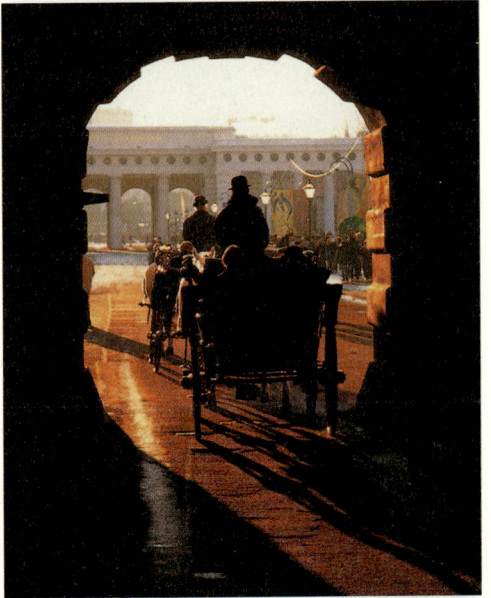

19세기 중반 오스트리아는 프로이센과의 전쟁에서 참패한 이후 헝가리를 끌어들여 이중제국을 구성했다. 오스트리아-헝가리 이중제국시대가 열린 것이다. 합스부르크 왕가의 오스트리아 통치는 1918년 1차 세계대전이 끝날 때까지 640년간 지속되었다.

합스부르크 왕가의 수도 빈은 중부 유

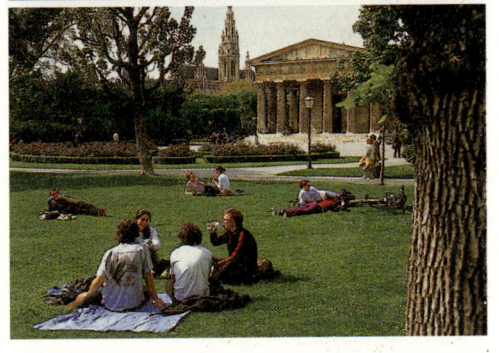

럽으로 나아가는 관문이었다. 동유럽은 빈을 지나 중부 유럽으로 뻗어나갔고, 발칸반도의 나라들이 중부 유럽과 교역을 하려면 역시 빈을 거쳐야 했다. 유럽인들에게 한때 공포의 이름이었던 투르크군이 발칸반도를 도륙하고 중부 유럽을 향해 파죽지세로 진격하다가 발목을 잡힌 곳이 빈이었다. 투르크군은 빈을 함락시키지 못해 중부 유럽으로 나아가지 못했다.

제국의 도시 빈은 또한 인종과 문화의 용광로였다. 합스부르크 왕가가 혼인정책으로 한때 유럽의 절반 가까이를 지배했던 역사에서 보듯, 제국의 수도 빈에는 다양한 민족이 모여들었고 그들과 함께 다양한 문화와 종교가 흘러들어왔다. 이미 17~18세기의 빈은 복합문화(multi-culture)의 도시였다.

합스부르크 왕가는 예술을 장려했다. 특히 마리아 테레지아 여제(女帝)는 정책적으로 빈을 '음악의 수도'로 키웠다. 여기에 권력의 불온한 정치적 음모가 개입되었다는 사실은 그리 중요하지 않다. 빈에

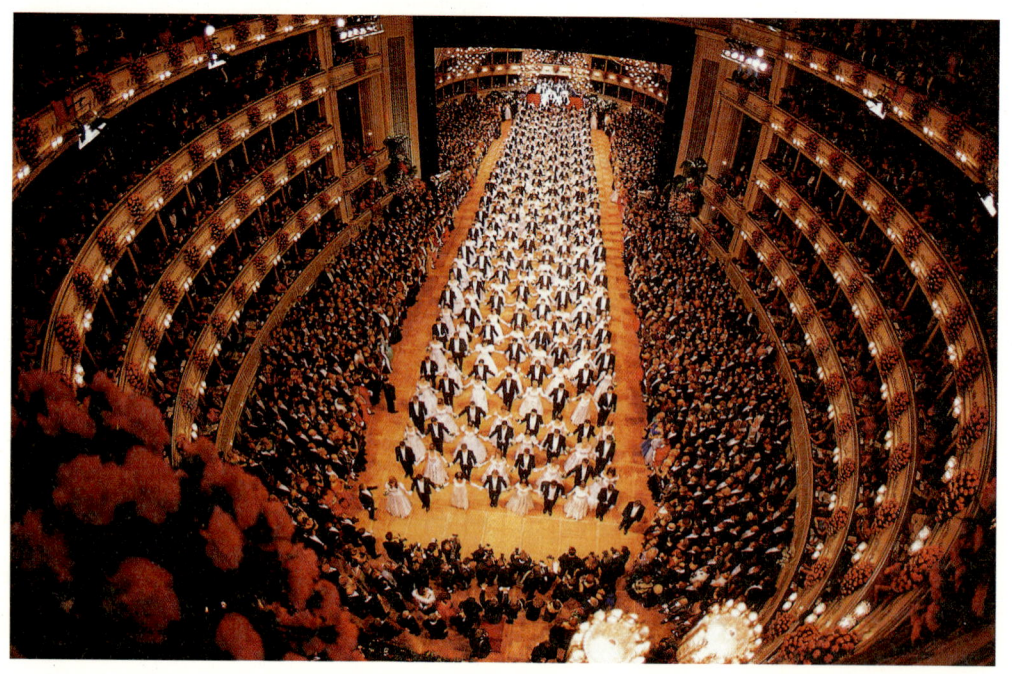

는 유럽 어느 도시에도 없는, 전속
되지 않은 프리랜서 작곡가들이 활
동할 수 있는 시장이 형성되었다.
빈 태생이 아닌 하이든, 베토벤, 모
차르트가 빈으로 모여든 것은, 빈에
가면 하고 싶은 음악을 마음껏 하면
서 생계 문제도 해결할 수 있을 것
이라는 기대감 때문이었다.

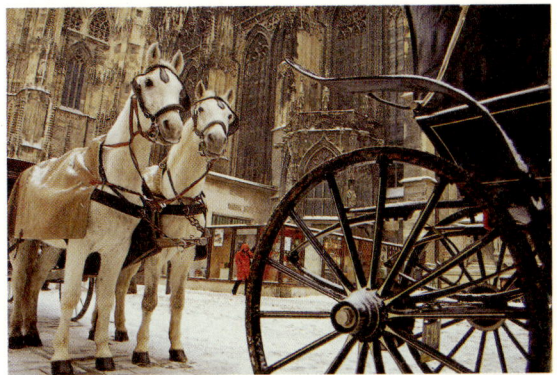

음악은 모든 예술 장르에서 최상
위에 있다. 음악을 듣고 즐기는 데
는 언어도 민족도 종교도 아무런 방
해가 되지 않는다. 음악은 가장 강
력한 영향력을 갖고 있으며 모든 이
질적 구성원을 하나로 통합하는 힘
을 발휘한다.

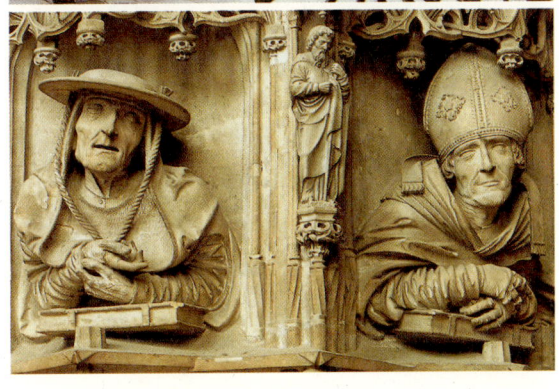

유럽 최고의 음악가들이 서로 자극을 주고받으며 경쟁하는 가운데
빈은 유럽의 명실상부한 음악의 수도로 자리잡는다. 도시의 고샅을
휘감아 도는 선율은 다른 분야의 예술가들에게는 영감을 불러일으키
는 신선한 산소였다. 그들은 거리에 흘러넘치는 음악을 자양분 삼아
독자적인 예술 세계를 살찌웠다. 이런 분위기는 다른 분야의 인재들
까지도 제국의 도시 빈으로 속속 흡인하는 힘이었다.

18~20세기 초, 빈에서 활동한 세계적 인물은 셀 수 없이 많다. 그
중에서도 이 책에서 나는 여섯 명만을 선택했다. 두 가지 기준을 적용
했다. 하나는 그 분야에서 불멸의 업적을 남긴 사람, 또한 그 불후의

작품이 서구 세계에 국한되지 않고 한국인의 생활에도 깊숙이 영향을 끼치고 있는 사람이어야 했다. 다른 하나는 오랜 시간 빈에 머무르며 활동한 사람이라야 한다는 점이다. 그래야만 그들이 남긴 삶과 예술의 흔적을 추적하는 데 의미가 충분할 것이다.

먼저 회화 분야를 보자. 회화 분야에서 가장 대중적 인기를 누리는 작가는 단연 클림트다. 클림트처럼 전세계인에게 친숙하고도 매혹적으로 받아들여지는 화가도 드물 것이다. 피카소는 이성적 사유를 강요하지만 클림트는 본능적 직관으로 성큼 다가온다. 가까운 서점에 가보라. 탁상용 달력 그림부터 공책의 표지까지 클림트는 다양한 표정으로 우리 일상생활 깊숙이 들어와 있다. 클림트는 빈에서 태어나 빈에서 죽었다. 56년을 빈에서 살았다.

다음으로 정신분석학의 프로이트이다. 오이디푸스 콤플렉스, 리비도, 에로스, 타나토스. 프로이트가 우리 현대인의 삶에 미친 영향을 설

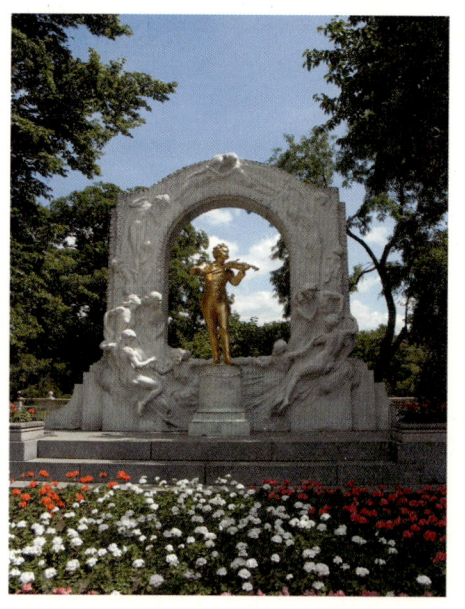

명하는 것은 사족에 지나지 않는다. 프로이트는 빈에서 태어나지는 않았지만 네살 때 부모를 따라 빈에 이사와 장장 78년을 살았다.

세번째로 음악 분야를 보자. 두 가지 기준을 적용해 보면 단연 모차르트와 베토벤으로 압축된다. 모차르트는 고전주의 작곡가, 베토벤은 낭만주의 작곡가 하는 분류 방식은 중요하지 않다. 인종, 국적, 연령, 성별에 관계없이 지구촌 가족이 매일 수없이 듣는 음악은 단연 모차르트다. 단 하루라도 모차르트를 듣지 않는 사람은 거의 없다. 모차르트는 우리가 의식하지 못하는 사이에 우리의

일상이 되어버린 지 오래다. 모차르트는 스물다섯살에 빈에 와서 10년을 살다 묻혔다.

베토벤은 모차르트에 비해 다소 무겁지만 그 영향력은 결코 뒤지지 않는다. 베토벤은 모차르트의 영향을 받아 빈에 정착했다. 베토벤이 독일 본에서 태어났으니 독일 사람이라고 주장하는 이도 있겠다. 그러나 스물두살에 빈에 정착해 죽을 때까지 35년간을 그곳에서 살았다.

마지막으로 건축 분야를 보자. 건축은 그 자체로 생활에 가장 가까운 예술이기도 하지만 건축물 없는 예술은 또한 상상할 수 없다. 모차르트와 베토벤이 아무리 좋아도 그들의 음악을 허허벌판에서 들을 수는 없으며, 클림트의 〈키스〉를 가로수에 걸어놓고 볼 수는 없는 일이다. 예술이 아닌 일상에서도 우리는 단 하루도 건축물에 의지하지 않고는 살아갈 수 없다.

오토 바그너와 아돌프 로스는 건축에 관심이 없는 사람들에게는 다소 낯선 이름일 수도 있겠다. 그러나 우리는 부지불식간에 두 사람이 남긴 영향력 아래 살고 있다. 기능성을 강조하는 현대 건축은 두 사람의 건축에서 시작되었다. 바그너는 1841년 빈에서 태어나 1918년 빈에서 눈을 감았다. 로스는 현재 체코 영토가 된 브루노에서 태어났지만 1896년 이후 1933년까지 주로 빈에서 활동했다. 바그너와 로스는 모두 글을 쓰는 이론가이기도 했다. 두 사람은 위대한 건축물 외에도 여러 저작을 남겼는데, 건축 분야에서 두 사람의 저술은 21세기에도 여전히 발언권을 갖는다.

세기말 유럽에서 문화와 예술의 중심 도시는 파리와 빈이었다. 빈은 정치경제적으로 몹시 낙후되었지만 문화예술 쪽에서는 여전히 옛날의 명성을 유지하며 파리의 뒤를 좇고 있었다. 클림트, 프로이트, 바그너, 로스는 세기말을 빈에서 보낸 천재들이다.

세기말 빈 사람들이 가장 열심히 읽는 신문 기사는 문화면이었다. 빈 시민은 부르크 극장, 빈극장, 오페라극장 등에서 새로 막을 올린 작품에 대한 비평을 부지런히 찾아 읽었다. 분리파 회관에 전시되는 미술전시회 기사 역시 늘 관심의 대상이었다. 음악, 연극, 오페라, 미술, 문학, 공예 등의 기사를 읽고 카페에 모여 이를 화제로 삼아 토론을 즐겼다. 다양한 장르의 천재들이 카페라는 공간 속에서 뒤섞이며 서로가 서로에게 영향을 주고받았다. 빈에서는 음악, 연극, 오페라, 미술, 문학, 공예, 건축이 각기 고립되어 있는 것이 아니라 서로 소통했다.

파리를 무대로 활동하던 조각가 로댕이 1902년 빈을 방문했다. 그는 빈 분리파(Secession) 회장 클림트를 비롯해 분리파 회원 전원이 참석한 자리에 초대받아 이런 인사말을 했다.

"여기 당신들 나라에서 풍기는, 무엇이라고 표현할 수 없는 느낌을 이전에는 한 번도 느껴보지 못했습니다. 극히 비극적이며 정복(淨福)

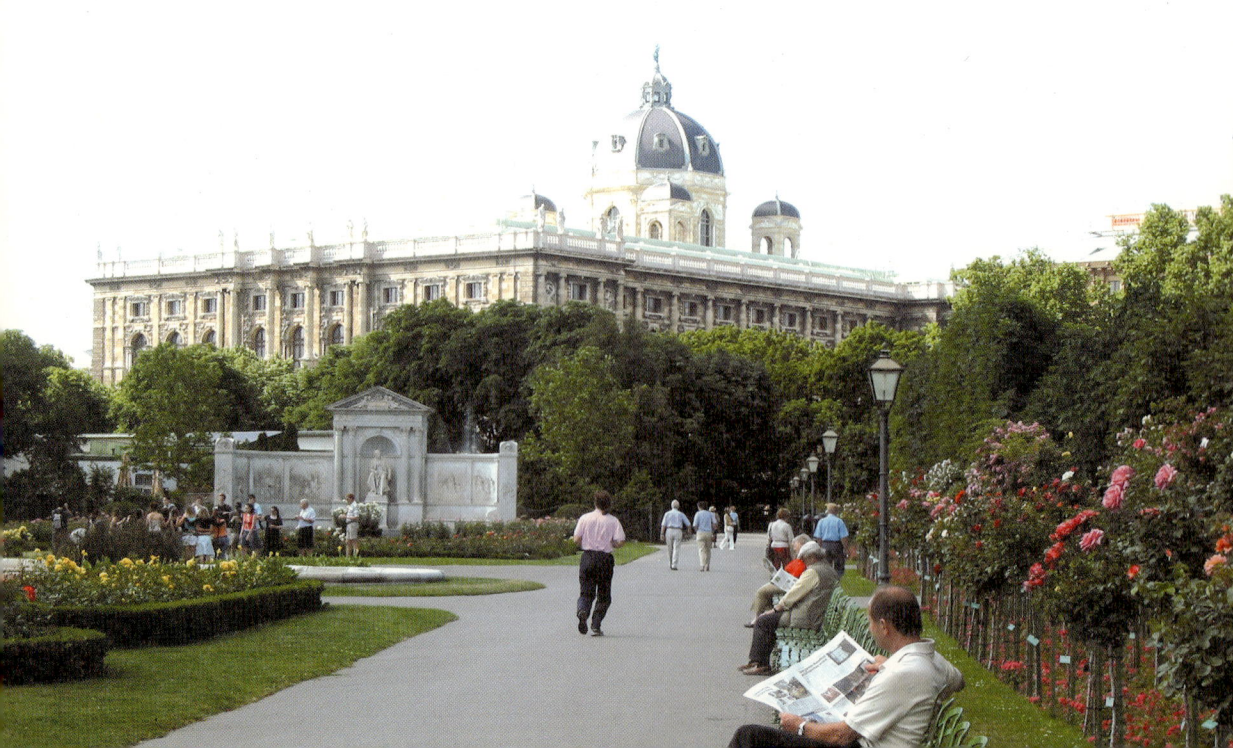

에 찬 당신들의 베토벤 프레스코, 신전과 비슷한 당신들의 잊을 수 없는 전람회, 그리고 이 정원, 여성들, 음악! 그리고 당신들의 주변, 당신들 속에 있는 맑고 밝은 순진한 기쁨, 이것은 대체 무엇인가요?"

클림트가 한마디로 답했다.

"에스터라이히(오스트리아)."

빈 태생의 유대인 작가 슈테판 츠바이크는 빈을 평생의 보람이자 자랑으로 여겼다. 그는 빈을 가리켜 "2,000년에 걸쳐 국가를 초월한 수도"라고 칭했다. 국가를 초월한 수도! 츠바이크는 "유럽에서 빈만큼 문화적인 욕구를 정열적으로 지닌 곳은 없다"고 했다. 초국가적인 세계시민 의식이 성취된 곳이 빈이었다.

제국의 도시 빈은 20세기 들어 두 번의 씻기 어려운 상처를 입는다. 두 차례에 걸친 세계대전 당시 독일과 한 편으로 엮이면서 패전국의 멍에를 써야 했다. 2차대전 직후 빈을 무대로 찍은 영화 〈제3의 사나이(The Third Man)〉를 보면 2차대전의 전흔(戰痕)이 비통하게 전해져 온다. 그나마 다행스러운 것은 연합군이 독일의 동맹국인 오스트리아의 수도 빈을 폭격할 때 이 제국의 도시에 최소한의 경의를 표했다는 점이다. 연합군 폭격기들은 환상도로(링 슈트라세) 안쪽의 구도심에는 의도적으로 폭탄을 투하하지 않았다. 그 결과 구도심의 건물과 거리들은 비교적 온전히 옛날 그대로의 모습을 유지할 수 있었다.

언젠가 이 책의 주인공들이 살았던 역사 속으로 시간여행을 떠나고 싶다면 피아커(Fiaker, 마차)를 타보라. 피아커를 타고 포석이 깔린 좁은 골목길을 달릴 때면 중세의 빈에 와 있는 듯한 착각에 빠진다. 슈테판 성당 앞에서 출발하는 피아커는 한 대가 겨우 지날 만한 너비의 골목길 슈타인델 가세로 들어선다. 말발굽의 편자가 화강암 포석과 맞부딪쳐 내는 '또각 또각' 하는 소리가 청아하게 중세의 계곡에 울려퍼진다. 클림트, 프로이트, 모차르트, 베토벤, 로스, 바그너가 들었을 바로 그 맑은 말발굽 소리다.

빈에서 자신들의 인생을 누구보다 치열하게 보낸 여섯 명의 천재들. 그들이 남긴 삶의 흔적을 따라가면서 나는 비로소 제국의 도시 빈이 입체적으로 머릿속에 그려지는 것을 느꼈다. 빈과의 첫만남에서 빈이 내게 말을 걸어온 것은 내가 위대한 인물의 이면에 아로새겨진 '인간'을 읽을 줄 아는 나이가 되었기 때문일 것이다. 그들은 분명 위대한 정신의 소유자였지만 역시 한 사람의 평범한 인간이기도 했다. 빈의 골목과 집들은 지금도 그들의 기쁨과 슬픔, 희망과 좌절, 분노와 용서를 고스란히 기억하고 있다. 이제, 그들의 삶의 희로애락이 각인되어 있는 역사적인 도시, 아름다운 빈으로 떠나보자.

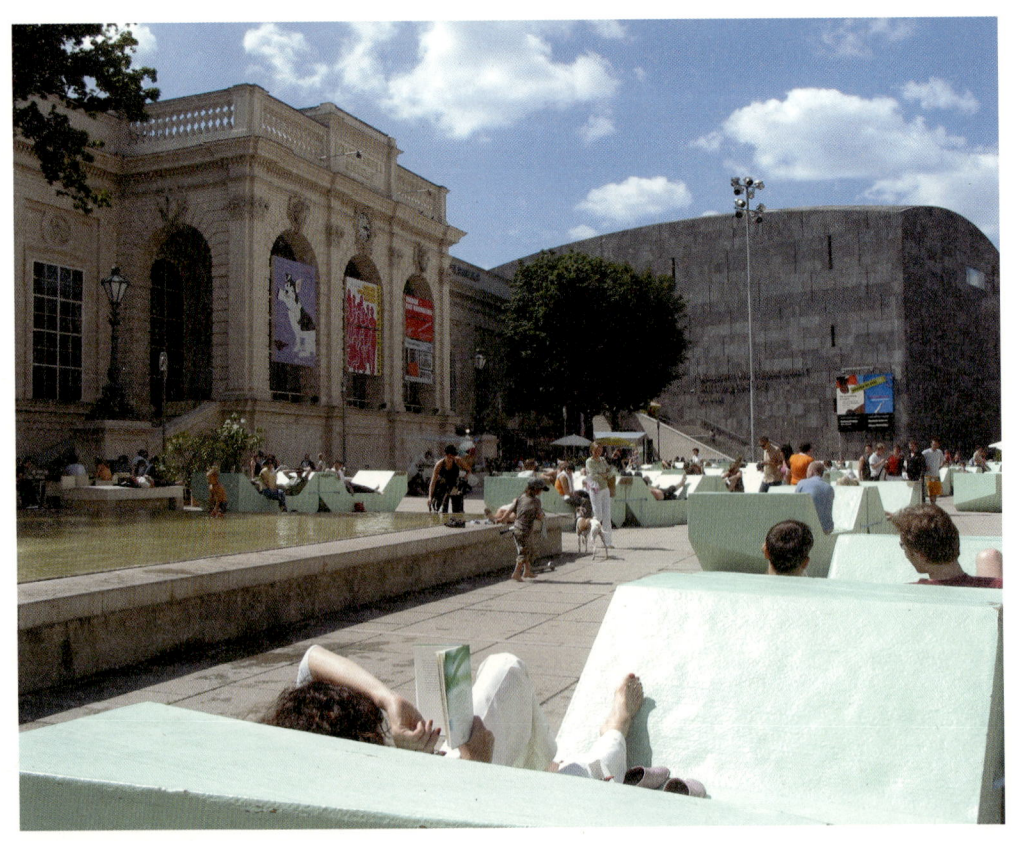

출판에 흔쾌히 동의해 준 열대림의 정차임 사장, 저술 지원을 해준 삼성언론재단, 빈에서 취재할 때 물심으로 힘이 되어준 유로스코프 임창로 사장께 감사의 말을 전하고 싶다. 또한 미술에 조예가 깊은 베로니카 김과 엄익현 코트라 과장의 도움이 없었다면 취재에 큰 어려움을 겪었을 것이다. 빡빡한 취재 여행에 끝까지 함께 해준 아내와 딸 유진, 아들 은철에게도 고마움을 전한다.

2007년 1월
조성관

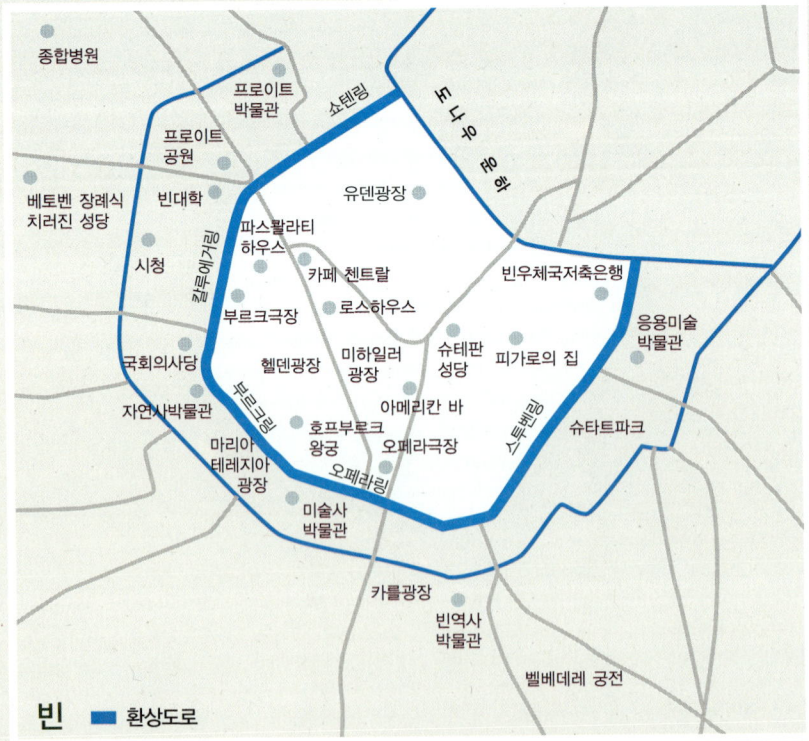

종합병원

프로이트
박물관

쇼텐링

도나우운하

프로이트
공원

유덴광장

베토벤 장례식
치러진 성당

빈대학

링루에거링

파스콸라티
하우스

시청

카페 첸트랄

빈우체국저축은행

로스하우스

응용미술
박물관

부르크극장

슈테판
성당

피가로의 집

국회의사당

헬덴광장

미하일러
광장

스투벤링

부르크링

아메리칸 바

슈타트파크

자연사박물관

마리아
테레지아
광장

호프부르크
왕궁

오페라극장

오페라링

미술사
박물관

카를광장

빈역사
박물관

벨베데레 궁전

빈   ▬ 환상도로

Gustav Klimt 클림트,

몽환적 에로티시즘

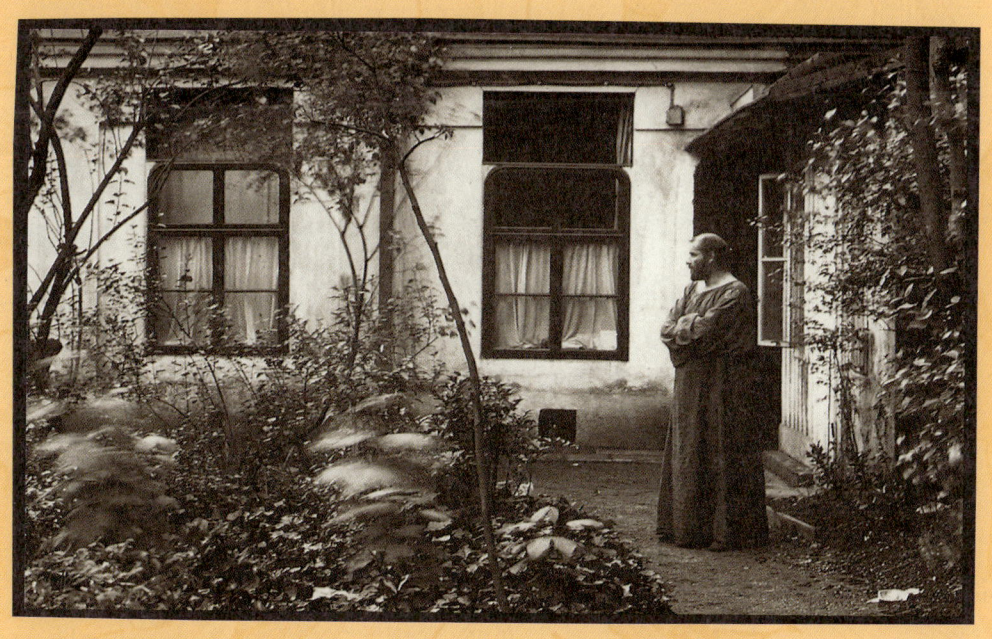

Gustav Klimt

클림트 신드롬

21세기 인류가 가장 즐겨 듣는 음악이 모차르트라면 가장 많이 감상하는 그림은 아마도 클림트의 〈키스〉일 것이다. 한국은 지금 클림트 신드롬에 빠져 있다고 해도 과언이 아니다. 한 유명 백화점에서는 2006년 말부터 클림트의 대형 그림을 외벽에 걸어놓았다. 제목은 〈기다림〉. 1905~1909년 완성된 브뤼셀 스토클레 저택의 벽화 도안 중 하나다. 이로 인해 이 백화점 앞은 세상에서 가장 거대한 '클림트 옥외 전시실'이 되었다. 이 백화점은 2007년 탁상용 달력도 클림트의 초상화 중심으로 채웠다.

한 은행에서도 클림트 신드롬 행렬에 합류했다. 대형 벽걸이 달력과 탁상용 달력을 이 화가의 풍경화로 꾸민 것이다. 앞서 백화점의 탁상용 달력과 대조적이다. 마치 백화점과 은행이 사전에 약속이나 한 듯.

2006년 6월, 그의 작품인 〈아델레 블로흐 바우어의 초상〉이 미술품 경매 사상 최고가에 낙찰되었다. 낙찰가는 1억 3,500만 달러(한화 1,620억 원). 이제까지 1위 자리를 지키고 있던 피카소의 〈파이프를 든 소년〉(1억 410만 달러)을 제쳤다. 3위는 피카소의 〈도라 마로 샤의 초

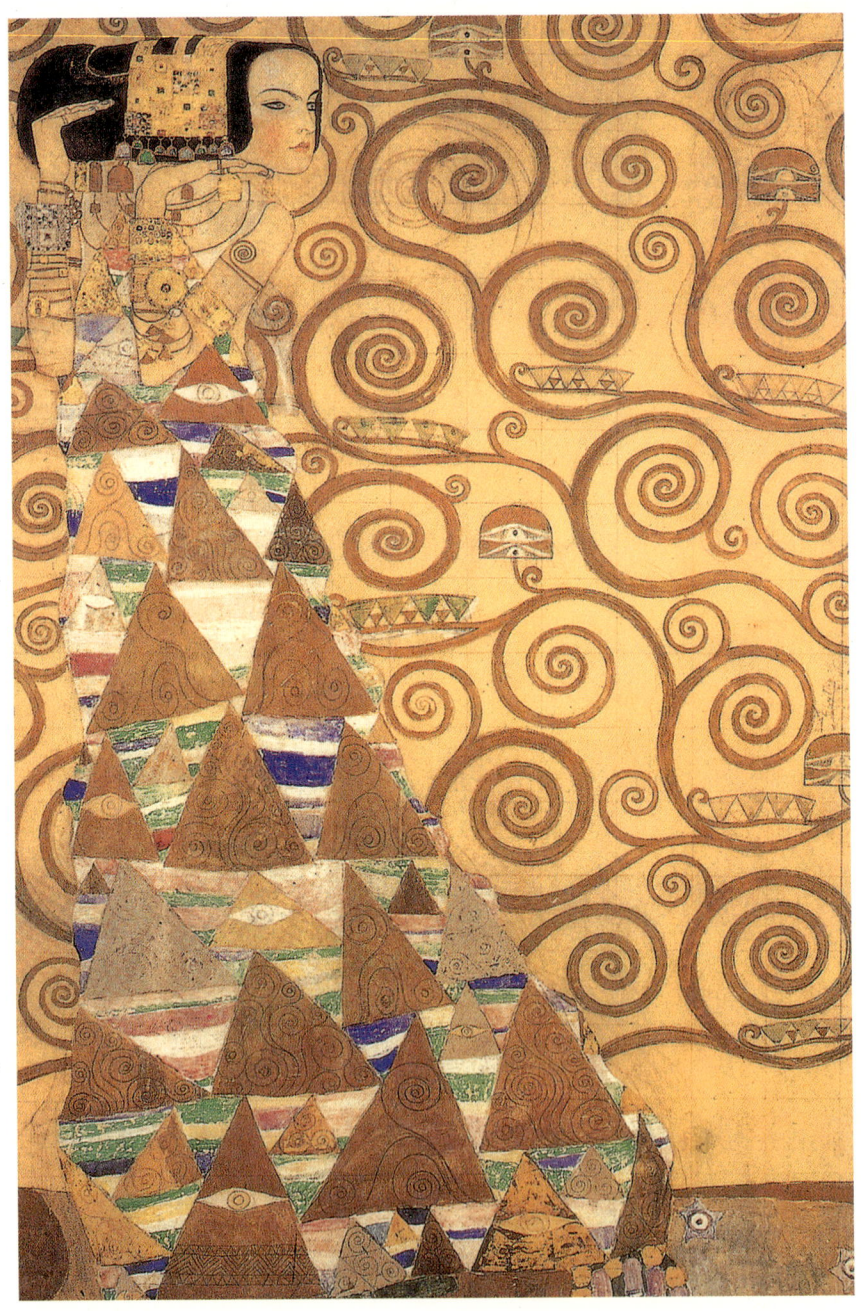

〈기다림〉. 1905~1909년 완성된 브뤼셀 스토클레 저택 벽화의 하나

상〉(9,520만 달러), 4위는 반 고흐의 〈가셰 박사의 초상〉(8,250만 달러), 5위는 르누아르의 〈갈레트의 풍차〉(7,800만 달러) 순이었다.

클림트 신드롬은 어느 날 갑자기 생긴 것이 아니다. 1990년대 초부터 클림트 그림은 젊은 층을 중심으로 퍼져나갔다. 젊은이들에게 가장 먼저 다가간 작품은 그 유명한 〈키스〉다. 이후 클림트에 대한 관심은 〈다나에〉를 비롯한 다른 그림으로 옮겨가면서 강력한 마니아층을 형성해 나갔다.

마니아층에 머물러 있던 클림트를 청소년층으로 확산시킨 것은 다름아닌 상술(商術)이었다. 〈키스〉는 이미 수년 전부터 브로마이드 사진과 엽서, 공책의 표지 등을 장식하며 날개 돋친 듯 팔려나갔다. 급기야는 우산과 양산의 그림으로까지 등장했다. 〈키스〉가 모차르트의 음악처럼 많은 사람의 사랑을 받는 작품이 될 수 있었던 것은 절묘한 황금색에 있다. 화려한 이미지의 금색을 가장 에로스적인 색감으로 승화시킨 이는 클림트가 처음이었다.

전통 있는 유명 백화점과 은행이 클림트를 2007년 달력의 주제로 채택했다는 사실은 많은 의미를 담고 있다. 바로 클림트의 대중화 선언이다. 우리나라 50대 이상은 클림트를 잘 모르는 세대에 속한다. 아니 그들은 클림트를 배우지 않았다. 피카소나 반 고흐와 달리 클림트를 교실에서 가르치지 않은 이유는 그가 관능과 성적 욕망을 화폭에 표현한 화가이기 때문이었다.

백화점의 탁상용 달력 표지에는 클림트에 대해 이렇게 적고 있다. "화가이자 무대장식가로 활동하며 에로티시즘과 부활, 삶과 죽음 등에 대한 끝없는 고찰을 통해 도발적이고 화려한 작품 세계를 구축한 비엔나 분리파의 창시자이다."

금빛을 물려받은 금세공사의 아들

56년의 생애를 불꽃처럼 살다 간 클림트. 이제 그를 만나러 빈으로 떠나보자. 불과 90여 년 전 벌거벗은 모델들의 웃음소리가 끊이지 않던 마지막 아틀리에, 그의 어머니와 누이동생이 살던 요제프슈타트 거리의 아파트, 연인 에밀리 플뢰게의 흔적들, 그가 자주 가던 카페 첸트랄, 그리고 그가 거닐던 그 거리를……. 그곳에 가면 분명 왜 그토록 많은 사람들이 그에게 열광하는지, 그의 작품에 어떤 마력이 숨어 있는지를 찾아낼 수 있을지도 모른다.

구스타프 클림트는 1862년 빈 변두리의 바움가르텐에서 태어났다. 클림트의 아버지는 가난한 석공이자 금세공업자였다. 워낙 가난했기 때문에 중심가와 가까운 곳에 집을 얻을 수가 없었다. 어느 사회나 마찬가지지만 도심에서 얼마나 가까운 곳에 사는지는 경제력이 어느 정도인지와 비례한다.

그의 아버지는 늘 쪼들렸지만 일곱 명의 자식들에게 동판조각에 대한 애정과 관심을 유산으로 물려주었다. 클림트와 한살 아래의 동생

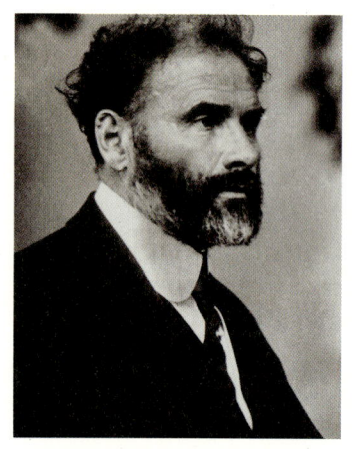

만년의 구스타프 클림트

에른스트는 빈 공예학교에 입학해 그림과 모자이크 기술을 배웠다. 가난한 금세공사는 자식들에게 가난을 물려주었지만 그와 동시에 금색에 대한 감각도 함께 심어주었던 것 같다.

바움가르텐은 오늘날 린처 슈트라세 247번지. 전철 U4 히칭 역에서 출발하는 10번 트램을 타고 가다가 52번 트램으로 갈아타야 한다. 초행길이라서 멀게 느껴지는 것인가. 가도 가도 247번지는 나오지 않는다. 클림트가 태어난 장소가 빈 중심가에서 점점 멀어질수록 변

두리에 터잡고 살 수밖에 없었던 클림트 가족의 사
회적 신분과 가난이 느껴졌다.

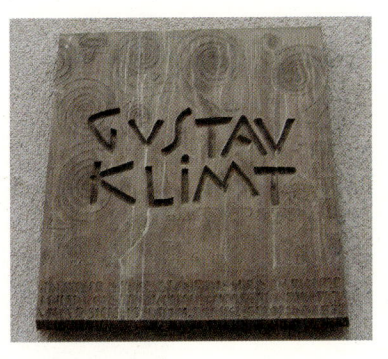

20여 분을 달렸을까. 드디어 도착한 247번지에는
"화가 구스타프 클림트가 태어난 장소"라는 현판이
걸려 있다. 그러나 클림트의 생가는 안타깝게도 보
존되어 있지 않다. 그 앞에서 한참을 서성거렸다.
특별히 기념할 만한 것은 눈에 띄지 않았다. 하지만

클림트가 태어난 곳.
린처 슈트라세 247번지

나는 클림트가 태어난 곳이 환상도로에서 얼마나 멀리 떨어져 있는지
를 실감했다. 어린 클림트는 이 변두리에서 멀리 떨어진 제국의 수도
빈을 바라보며 어떤 생각을 했을까. 그는 다짐했을 것이다. 꼭 성공해
서 우리 가족을 빈 시내에서 살게 해야지.

클림트의 아버지는 두 아들의 재능을 정확히 파악했다. 1870년대
중반은 경제공황이 불어닥쳐 무척 힘든 시기였고, 낮은 신분과 가난이
한이 되어 자식에게 다른 공부를 시킬 수도 있었을 텐데 말이다. 클림
트는 1876년 열네살에 스투벤링에 있는 빈 공예학교(응용미술대학의
전신)에 입학한다. 동생 에른스트도 1년 뒤 클림트를 따라 빈 공예학교
에 입학했다.

성공시대를 열다

빈 공예학교에서 2년간 공부한 클림트는 동료인 프란츠 마치, 동생
인 에른스트와 함께 빈 장식미술학교로 옮겼다. 이곳에서 장식과 공
예, 그리고 회화를 익히기 시작했다. 그러면서 스승인 페르디난트 라
우프베르거의 후원으로 예술사박물관의 장식을 도왔고, 당대의 저명

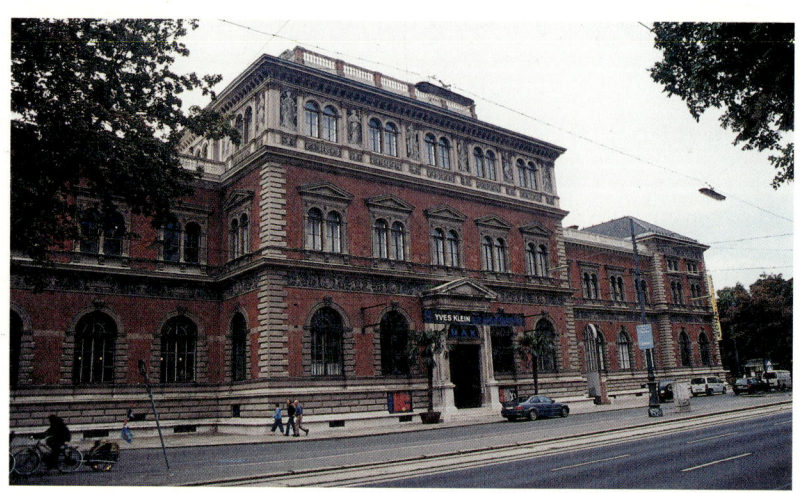

한 화가인 한스 마카르트의 조수로서 황제와 황후의 은혼식 축하연 준비 작업에도 참여했다. 1880년에는 첫 작품 의뢰가 들어오기도 했다. 카를 스바트 온천장의 천장화였다.

스무살이 되던 해인 1881년, 클림트는 동료인 프란츠 마치, 동생인 에른스트와 함께 쿤스틀러콤파니를 결성해 본격적으로 직업 작가 대열에 뛰어들었다. 쿤스틀러콤파니는 일종의 화가공동체였다. 쿤스틀러콤파니는 닥치는 대로 일을 맡았다. 최초의 주문 작업은 책 디자인이었다. 이후 수차례 천장화, 커튼 등 극장 인테리어 작업을 하며 경험을 쌓아갔다.

클림트는 시대적 운이 함께 따라준 사람이기도 하다. 때는 환상도로를 따라 설계된 합스부르크 제국의 기념비적 건축물들이 거의 완공 단계에 들어가는 시점이었다. 일감은 넘쳐났다. 책 디자인, 실내장식, 천장화 등 다양한 미술 분야의 일을 맡으면서 클림트는 놀라운 능력을 키워갔다. 이미 클림트와 에른스트는 집안의 생계를 도맡는 상황이 되어 있었다.

그러던 중 클림트에게 결정적인 기회가 왔다. 환상도로변에 새로 들어선 부르크 극장 계단실의 천장화를 맡은 것이다. 쿤스틀러콤파니의 세 사람은 이곳에다 디오니소스 축제에서 현대에 이르는 연극 장면들을 그려넣었다. 프린스턴 대학의 칼 쇼르스케(Carl Schorske)는 자신의 책《세기말 비엔나》에서 "이 그림 패널들은 자유주의의 아버지들이 연극적 세계관과 역사적 세계관을 얼마나 단단하게 통합했는지를 보여준다"면서 "각 벽화는 극장과 사회의 통합을 찬양하며, 시리즈 전체는 비엔나 문화의 풍요로운 절충주의가 과거의 연극을 흡수해 들이는 의기양양한 모습을 표현하고 있다"고 평했다.

환상도로의 대표적 건축물 가운데 하나인 부르크 극장의 계단실 장식 작업으로 클림트는 명성을 얻기 시작한다. 이 작품으로 1888년 프란츠 요제프 황제가 수여하는 예술가 최고의 영예인 황금공로십자훈

시청 앞 광장에서 바라본 부르크 극장

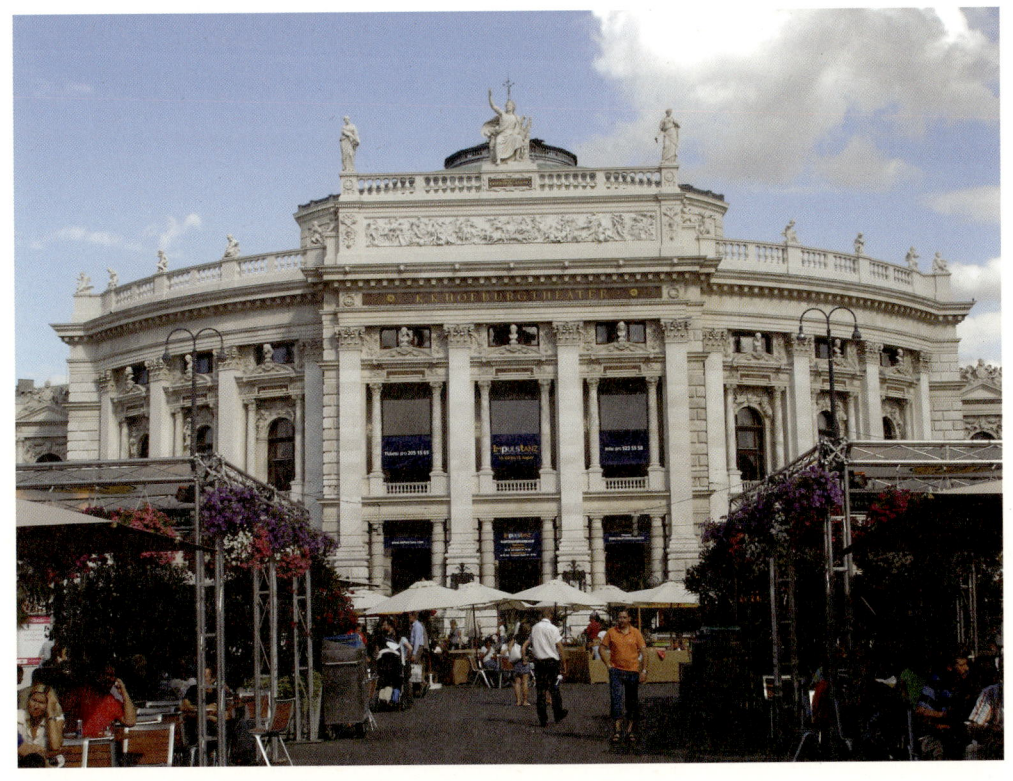

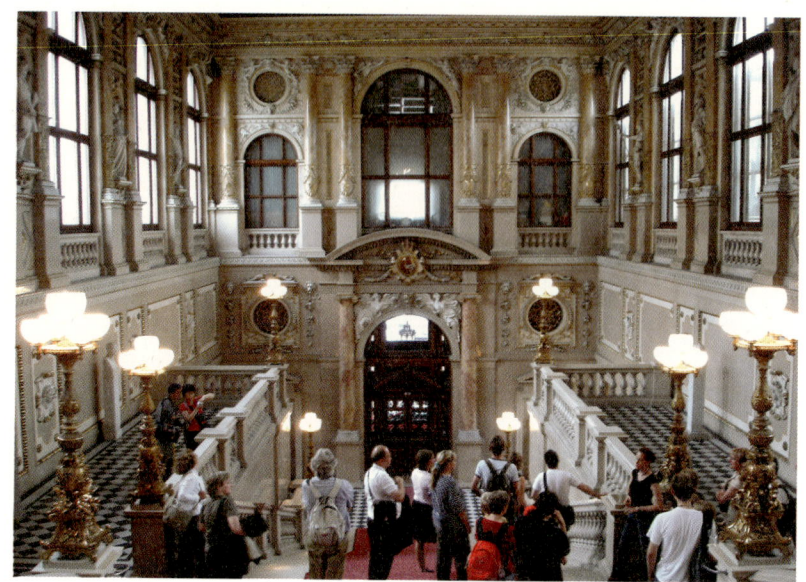

부르크 극장의 계단실.
1층 문을 열고 나가면
란트만 카페가 보인다.

장까지 받게 되었다. 그의 나이 스물여섯.

　한편 빈 시의회는 클림트와 프란츠 마치에게 옛 부르크 극장을 허물기 전에 극장 그림을 하나씩 그려달라고 주문했다. 유럽 최고의 음악 도시임을 자부하는 빈 시민들에게 옛 부르크 극장은 자존심의 상징이었다. 클림트는 무대에서 바라본 객석의 모습을 그린 〈빈의 옛 부르크 극장의 관객석〉으로 400길더의 상금을 받았다. 그는 그림 속에다 빈의 각 분야 엘리트와 명사들의 초상을 그려넣었다. 그리고는 부상으로 받은 400길더를 가지고 뮌헨과 베니스로 첫 해외 여행을 떠났다. 이제 클림트는 빈 최고의 화가가 되었다. 불과 스물여덟의 나이에. 이런 그에게 재정적 후원이 성하(盛夏)의 햇빛처럼 쏟아졌고 명예는 최고로 치솟았다.

　옛 부르크 극장은 예술에 조예가 깊은 마리아 테레지아 황제의 지시로 세워졌다. 1741년 마리아 테레지아 여제는 호프부르크 궁전의

쓰지 않는 무도회장을 개조해 부
르크 극장으로 사용했다. 그러다
가 1776년 요제프 2세가 부르크
극장 내부를 고쳐 국립극장으로
격상시켰다. 합스부르크 제국의
국립극장이 된 부르크 극장에서
1786년 모차르트의 〈피가로의
결혼〉이 초연되었다. 음악사에
서 매우 중요한 역사적인 초연이
었다.

부르크 극장은 호프부르크 궁
전 안에서 100여 년 간 오스트리
아 국립극장으로서 극예술의 산
실 역할을 했다. 합스부르크 왕가
는 1874년 부르크 극장을 호프부

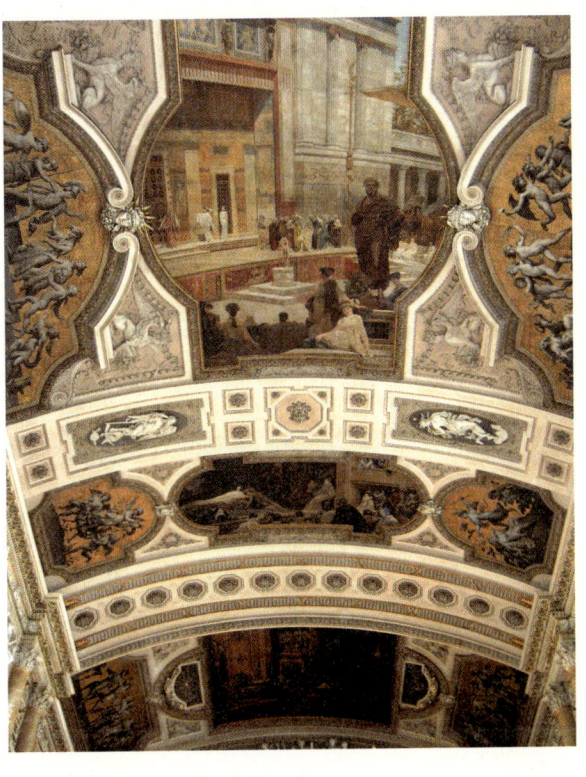

부르크 극장 계단실 벽
화. 중간에 있는 천장화
가 클림트 작품이다.

르크 안에서 환상도로변 현재의 위치에 새로 짓기로 하고 공사를 시작
했다. 14년 뒤인 1888년 10월 14일 프란츠 요제프 황제와 가족들이 참
석한 가운데 개관식을 거행하게 되었다. 이때 황제는 쿤스틀러콤파니
가 제작한 천장화를 격찬했다.

클림트는 그렇게 이름을 알리기 시작했다. 클림트의 성공시대를 연
부르크 극장은 지금 어떤 모습일까. 오로지 연극 공연만을 위해 지어
진 곳이 부르크 극장이다. 무더위가 기승을 부리는 7~8월에는 공연
이 없다. 극장에 냉방 시설이 되어 있지 않기 때문이다. 그래서 공연이
없는 낮 시간을 이용해 투어 프로그램을 운영하는데 독일어와 영어,
두 언어로 안내를 해준다. 투어는 가이드를 따라 계단실 벽화부터 시

작하는데, 계단실은 호프부르크 궁전 방향과 란트만 카페 방향 두 곳으로 나 있다. 호프부르크 궁전 방향으로 난 계단실이 정문이다.

영어 가이드는 먼저 란트만 카페 쪽으로 난 계단실로 안내한다. 수없이 보아온 천장 프레스코화들이 구름처럼 둥둥 떠 있다. 이미 계단실 천장화와 거기에 얽힌 내용을 알고 있던 터라 설명이 귀에 술술 들어온다. 셰익스피어의 《로미오와 줄리엣》이 공연되는 그림에 클림트는 자신과 동생, 그리고 프란츠 마치를 그려넣었다. 눈에 익은 그림이었지만 실물로 보니 느낌이 전혀 다르다. 스물네살이라고 하기에는 클림트는 지나치게 조숙하다. 19세기 말이라는 시대 상황 때문일까, 아니면 노제국 합스부르크 왕가가 권위주의를 강요했기 때문일까.

선 채로 계단실 천장화를 쳐다보는 것은 여간 고통스럽지 않다. 목을 뒤로 힘껏 제치고 그림을 보아야 하기 때문이다. 계단실 천장화 두 곳을 돌아보면서 나는 의문이 들었다. 빈 시당국은 어떻게 스물네살의 풋내기에게 이런 기념비적인 작업을 맡기기로 결정했을까. 자칫 부르크 극장을 망칠 수도 있는 일이 아닌가. 그러나 그것은 빈 시당국

하늘에서 본 호프부르크 궁전. 가운데 광장이 헬덴 광장이고, 오른쪽 문이 부르크토르다.

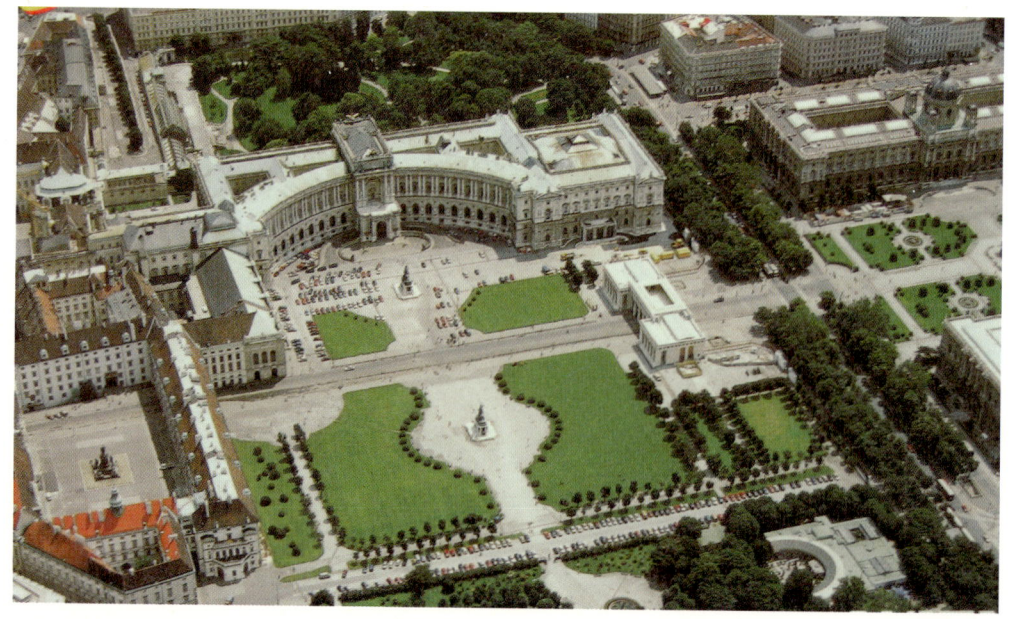

의 책임자가 예술가를 알아보는 안목이 뛰어나고 사고가 유연하다는 반증이다. 새롭게 문을 여는 연극 전용 극장에는 젊은 예술가의 참신한 감각이 걸맞다고 생각했던 것이다. 그의 판단은 옳았고 클림트는 프란츠 요제프 황제를 감동시켰다.

1890년 쿤스틀러콤파니는 빈 미술사박물관의 층계 기둥 사이와 세모꼴 공간 등에 40점의 그림을 그려넣기 시작했다. 1891년에 완성된 이 그림으로 클림트는 확고부동한 빈의 스타가 된다. 교양을 중시하는 빈 상류사회는 그를 천재화가로 칭송하기 시작했다. 하지만 클림트는 알고 있었다. 비록 건축장식가로 데뷔한 자신이 노제국이 기대하는 역사주의적 작품으로 이름을 얻었지만 기득권층이 요구하는 예술로는 결코 시대를 앞서갈 수 없다는 것을.

미술사박물관 작업을 시작하기 1년 전인 1889년 빈 교외의 마이어링 성(城)에서 자살 사건이 발생했다. 프란츠 요제프 황제의 아들이자 왕세자인 서른살의 루돌프가 어린 애인인 마리 베체라와 동반 자살을 한 것이다. 왕세자의 자살은 사회적 파문 이상의 의미를 갖는 역사적 사건이었다.

지적이며 진보적이었던 왕세자 루돌프는 세상의 흐름을 읽는 통찰력이 있었다. 그는 오스트리아 제국이 프로이센과 동맹을 맺는 것은 시대착오적이고 퇴행적인 선택임을 확신하고 있었다. 그러나 공룡과도 같은 합스부르크 제국의 황실 내에선 이러한 위험성을 깨닫지 못했고, 왕세자의 의견을 귀담아듣는 사람이 아무도 없었다. 왕세자의 자살은 오스트리아 제국 내부가 중병에 걸렸다는 신호탄이었으나 늙고 병들고 수구적인 합스부르크 왕가는 꿈쩍도 하지 않았다. 이를 개혁의 계기로 삼지 못한 채 쇠락의 길을 걷고 있었다.

빈 대학 학부화 파문

부르크 극장이 클림트에게 영광과 명성을 안겨주었다면 환상도로를 건너 대각선 방향에 있는 빈 대학은 그에게 좌절과 비난을 가져다주었다. 클림트는 자신의 그림이 파문을 일으키리라고는 상상도 하지 못했다. 부르크 극장에서 성공을 거둔 클림트는 계속 시류에 영합하고 있을 수가 없었다. 적당히 세상과 타협한다면 부와 명예를 모두 가질 수 있겠지만 클림트는 과거 회귀적인 대중의 취향에 더 이상 봉사하고 싶지 않았다.

오스트리아-헝가리 제국의 황제 프란츠 요제프는 1857년 12월 20일 한 문서에 서명했다. 그것은 빈을 둘러싸고 있던 요새를 허물고 그 자리에 환상도로를 건설한다는 결정이었다. 장중하고 화려한 건물이 늘어선 환상도로는 수십 년 간의 공사 끝에 완공되었고, 시당국은 환상도로와 도로를 따라 늘어선 건물군(群)을 '장중한 종합예술'이라 치켜세우며 축제를 벌였다. 하지만 일부 건축가들의 눈에는 부자연스러운 억지 치장으로밖에 보이지 않았다. 클림트와 건축가 오토 바그너도 그 부류에 속한 사람이었다.

클림트는 기득권층의 기대를 고려하지 않은 채 새로운 표현 형태를 과감하게 추구했다. 그 결과물이 바로 환상도로변에 새로 지은 빈 대학에서의 작업이었다. 원래 빈 대학은 슈테판 성당 뒤편에 있었는데 너무 비좁아 넓은 곳으로 옮겨야 했다. 흥미롭게도, 화가에게 영광과 좌절을 안겨준 장소가 서로 마주 보고 있다.

1894년 교육부는 클림트와 프란츠 마치에게 환상도로에 새로 지은 빈 대학 강당에 각 학문을 우화적으로 표현하는 벽화를 그려달라고 주문한다. 중앙의 큰 그림과 이를 둘러싼 보조 그림 넉 점. 중앙에 배치

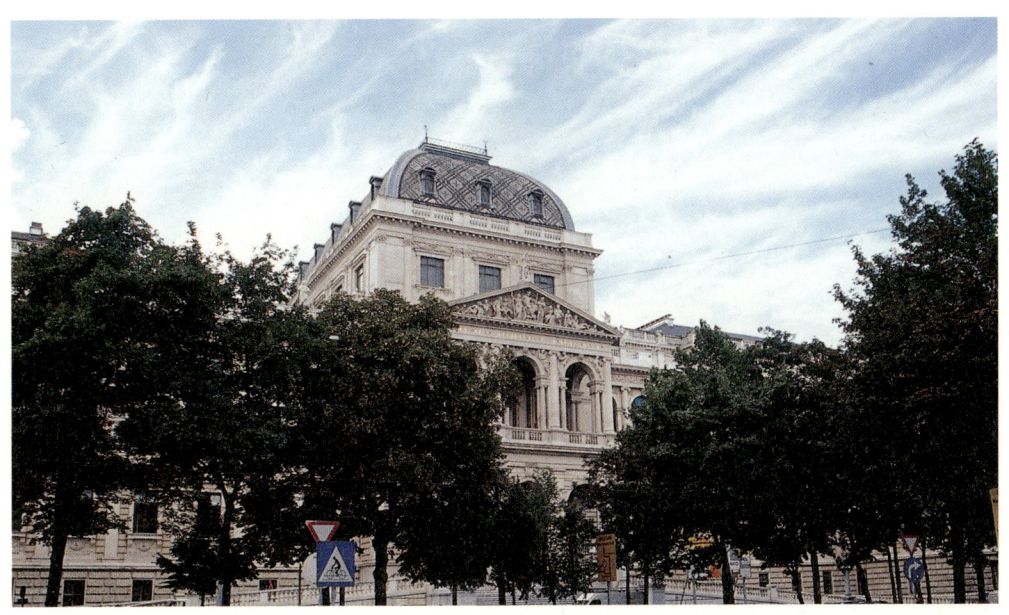

클림트에게 비난과
좌절을 안겨준 빈 대학

될 큰 그림과 〈신학 알레고리〉는 프란츠 마치가, 〈철학〉·〈의학〉·
〈법학〉은 클림트가 맡았다.

　클림트는 가장 먼저 〈철학〉을 그렸다. 그는 실제 크기로 제작한 준
비 그림 〈철학 알레고리〉를 1900년 3월, 제7회 분리파 전시회를 통해
대중에게 공개했다. 애당초 학부 그림의 주제로 제시된 것은 '어둠(무
지)에 대한 빛(이성)의 승리'였다. 계몽주의적 관점의 '뻔한' 주제였
다. 그러나 클림트의 그림에는 어둠과 빛은 보이지 않고 뒤엉킨 나신
들이 우주에 떠 있는 것처럼 보인다. 클림트가 주문 내용을 제대로 파
악하지 못하고 엉뚱한 그림을 그렸다는 비난이 뒤따랐다. 교육부, 언
론, 평론가들은 앞다퉈 클림트를 비판했다.

　빈의 지성 카를 크라우스(Karl Kraus)마저 〈철학 알레고리〉를 조롱
했다. 카를 크라우스가 누군가. 훗날(1911년) 미하엘러 광장에 세운 아
돌프 로스의 로스하우스를 세상 사람들이 조롱할 때 "로스는 건물을
세운 것이 아니라 철학을 세웠다"고 극찬하지 않았던가. 그런 크라우

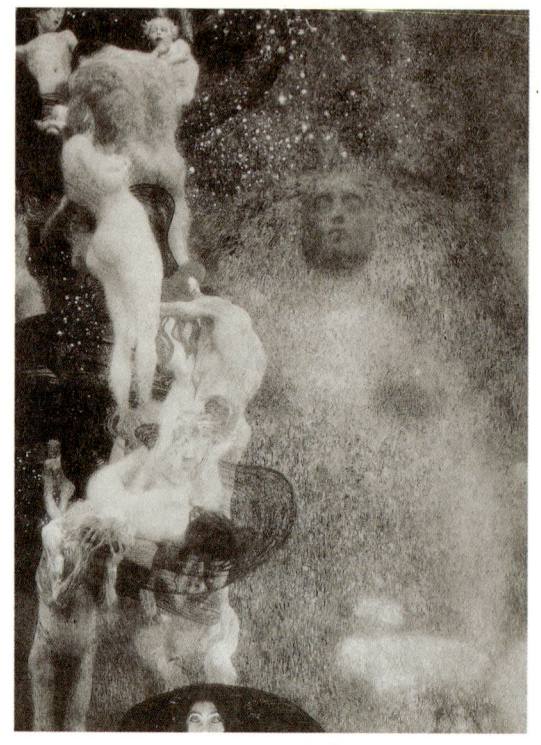

<철학>(1900년)

스마저도 "클림트는 비철학적인 예술가"라고 비판했다. 그렇다면 클림트가 <철학 알레고리>에서 표현하고자 한 것은 무엇이었나. 작가 신성림은 《클림트, 황금빛 유혹》에서 <철학 알레고리>에 대해 탁월한 해석을 내린다.

"왜 이 그림이 철학일까. 멀리서 희미한 빛을 발하는 별들로 깊이를 더하는 막막한 우주. 그 우주가 뿜어내는 안개 위로 잠든 것처럼 보이는 육중한 존재가 솟아오르고 있다. 당시 상징주의 화가들이 즐겨 다루던 스핑크스처럼 보인다. 스핑크스 옆으로 나체의 인물들이 혼돈에 휩싸인 채 뒤엉켜 있다. 자세히 들여다보면 이들은 연령별로 나누어 표현된 인간 유형이다. 아무 근심없는 유년기, 부둥켜안고 있는 젊은 연인, 이들을 기다리고 있는 것은 쾌락과 고통, 노동과 출산, 사투를 건 싸움……. 한마디로 존재의 고통이다. 그리고 이 고통의 절정에 해당하는 노년은 생기를 잃고 시들어가는 회색으로 표현되어 있다. 깊은 허공 속에 뒤엉켜 정처없이 떠다니는 맹목적 육체, 이것이 인간이다."

클림트의 그림 파문은 쉽게 가라앉지 않았다. 권력층, 지식층, 예술가 사회에서는 연일 갑론을박이 벌어졌다. 동료 화가들만이 클림트 편에 섰다. 역설적인 것은 빈에서 몰매를 맞은 이 그림이 1900년 4월 파리에서 열린 만국박람회에서 그랑프리를 받았다는 사실이다. 프랑스는 그림의 가치를 알았고 오스트리아는 그렇지 못했다. 이것이 프랑스와 오스트리아의 차이였고, 이 차이는 1차대전을 겪으며 위상의 변화로 드러나게 된다.

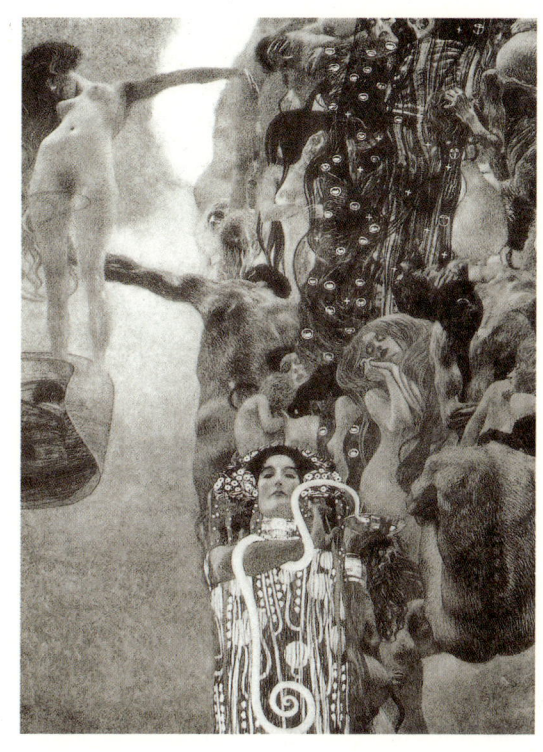

〈의학〉(1901년)

1903년 빈 분리파는 클림트 특별전을 연다. 이번에는 〈철학〉, 〈의학〉, 〈법학〉 그림 석 점이 한꺼번에 전시되었다. 〈의학〉에 대해 교육부 고위 관리들은 말하곤 했다. "수치스러운 줄도 모르고 제멋대로 뒤틀려 뻔뻔하게 엉겨붙은 인간들의 무리가 무엇을 의미하는 겁니까? 의학이란 숭고하고 축복으로 가득한 학문이 아닙니까? 이런 혐오스런 몸뚱이로 표현될 게 아니라 품위에 걸맞게 위엄을 갖춰 표현되어야 마땅하지 않겠습니까?"

클림트는 자신의 알레고리 작품들이 빈 사회를 뒤흔들어 놓았을 때에도 결코 자신의 작품을 해설하거나 "그건 그렇지 않고 이렇다"는 식의 변호를 하는 일이 없었다. 주변에서 뭔가 스스로를 변호하지 않으면 안된다고 채근할 때에도 "나는 그림을 그릴 거야. 나는 그 외에는 아무것도 안해"라고 대꾸했을 뿐이다. "나는 화가지 비평가가 아니다"라며.

수많은 논란 속에서도 학부 그림 석 점이 교육부의 승인을 받을 수 있었던 것은 예술적 조예가 깊은 폰 하르텔 교육부장관 덕분이었다. 신예술의 열렬한 지지자인 하르텔 장관은 클림트가 이끄는 분리파가

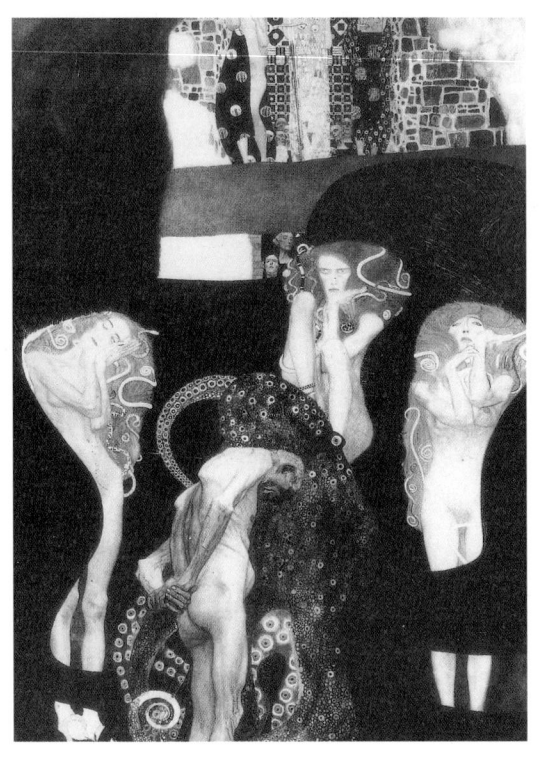

<법학>(1903년)

오스트리아 예술을 쇄신하고 국제적인 입지를 복원시키는 존재라는 확신을 갖고 있었다. 그러나 그림이 처음 예정되었던 빈 대학 강당에 걸릴 수는 없었다. 대학 당국은 교내 전시를 거부했다.

결국 그림은 국립현대미술관으로 넘어갔다. 그러나 미술관측에서도 난색을 표했다. 일이 이렇게 되자 자존심이 상할 대로 상한 클림트는 지긋지긋한 논란에 두 손을 들었다. 친구이자 후원자인 에리히 레데러가 결정적인 도움을 주었다. <철학>을 3만 크로네에 구입하기로 한 것이다. 이 일은 또다시 센세이션을 불러일으켰다. 작품들이 국가 소유라는 교육부와의 논쟁 끝에 결국 클림트는 이미 받은 돈을 내주고 작품들을 돌려받았다.

20세기 초 빈을 뒤흔들었던 학부화, 그리고 그곳에 걸릴 예정이었던 빈 대학 대강당. 강당은 2차대전 말기 폭격으로 파괴되었다. 빈 대학 구내를 걸으면서 나는 모차르트, 베토벤, 로스, 바그너, 프로이트, 그리고 클림트를 빈은 왜 받아들이지 못했는지를 생각해 보았다. 새 시대를 여는 선구적 예술언어는 그토록 공격을 받을 수밖에 없는 것인가.

어느 사회나 기득권적 주류는 눈에 익은, 익숙한 것을 선호하며 새로운 예술언어에 본능적 거부감을 드러낸다. 기득권층은 언제나 예술가의 작품이 자신들의 상식적인 사고의 틀 안에 머물러 있기를 원한다. 시대의 취향에 복종하고 봉사하기를 희망한다. 그래서 평범한 상식으로 감히 천재의 위대한 에스프리를 품평하는 어리석음을 반복한다. 세기말 오스트리아 제국은 황혼녘의 그림자가 짙게 드리워져 있었다. 그러나 노제국은 기울어가는 제국을 일으켜 세울 힘이 없었으며, 정치경제적으로뿐만 아니라 예술적인 면에서도 뒤처져 가고 있었다. 시대의 변화를 읽지 못한 합스부르크 제국의 엘리트들은 그럴수록 과거에 회귀해 역사에서 위안을 얻고자 했다.

빈 대학의 알레고리 그림 파문 이후 클림트는 한 가지 다짐을 한다. 이른바 '주문 그림'을 그리지 않기로 한 것이다. 특히 정부 후원 작품에 대한 생각을 바꾼다. 주문을 받아 그리는 그림 따위는 사람을 비굴하게 만들 뿐이며, 앞으로는 자신의 그림에 자의적으로 값을 치르려는 사람들하고만 일하겠다고 결심했다. 여성비평가 베르타 추커칸들(Berta Zuckerkandl)은 이런 클림트를 지지하고 나섰다. 그녀는 신문에 이 스캔들을 계기로 주문계약식의 전반적인 체계를 비판했다.

빈 대학 학부화의 운명은 탄생 과정 못지않게 그 마지막도 극적이다. 우여곡절 끝에 이 그림들은 빈 교외의 임멘도르프 성에 전시되었다. 그러나 1945년 나치가 이 성에 불을 질러 화염과 함께 잿더미에 묻히고 말았다.

카페 첸트랄의 단골들

빈은 카페로 둘러싸인 도시다. 카페의 도시 빈을 대표하는 카페 중의 카페는 첸트랄이다. 빈에 최초의 카페가 등장한 것은 1684년. 빈을 1년간 포위 공격했던 오스만투르크 군대가 남기고 간 커피 원두로 카페가 생겨나기 시작했다.

이제 클림트가 즐겨 찾았던 카페 첸트랄로 발길을 옮겨보자. 첸트랄은 1688년 '귀족 거리'로 불리는 헤렌 가세에서 문을 열었다. 호프부르크 궁전의 출입구인 미하엘러토르를 나오면 정면에 보이는 골목이 쇼핑 거리인 콜마르크트이고, 그 왼편의 어딘가 중후하고 장려해 보이는 골목이 헤렌 가세다. 상업주의가 감히 범접하기 어려워 보이는 분위기다. 첸트랄은 헤렌 가세의 중간쯤에 있다.

첸트랄은 이 책의 주인공인 클림트, 오토 바그너, 아돌프 로스를 비롯한 당대의 지식인, 예술가, 정치가들의 집합 장소였다. 우리에게 익숙한 철학자 루트비히 비트겐슈타인, 전기작가 슈테판 츠바이크도 첸트랄의 단골이었다.

첸트랄에 들어오는 사람은 누구나 밀랍인형과 첫 대면을 하게 된다. 만일 사전 정보 부족으로 이 남자가 입구에 앉아 있다는 사실을 모른 채 현관문을 밀고 들어왔다면 흠칫 놀라게 된다. 작가 페터 알텐베

헤렌 가세에서 본 카페 첸트랄 현관

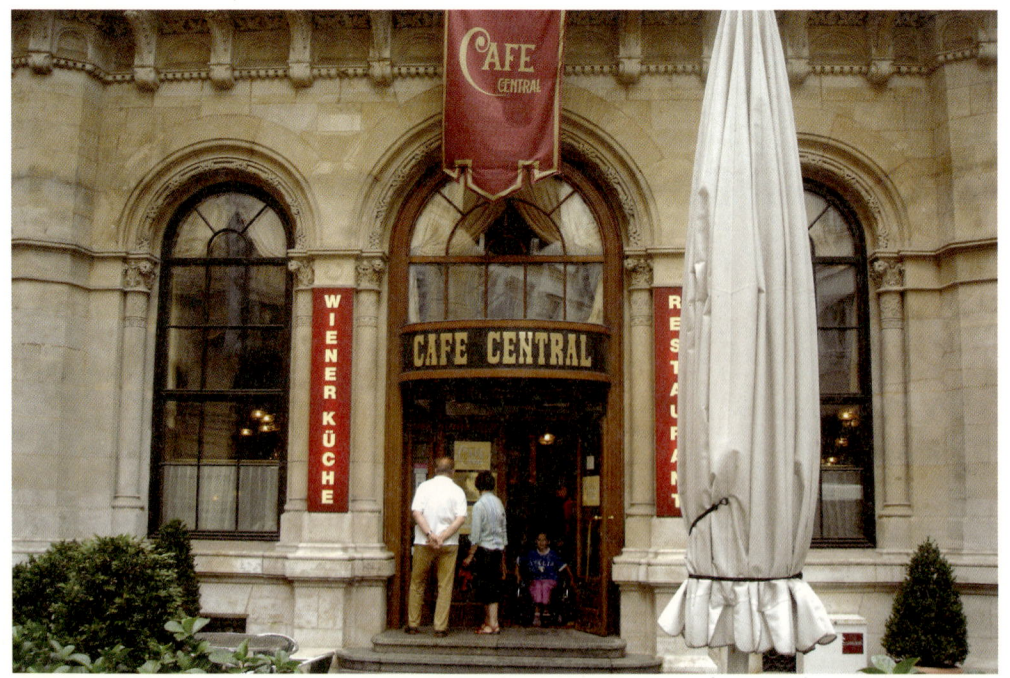

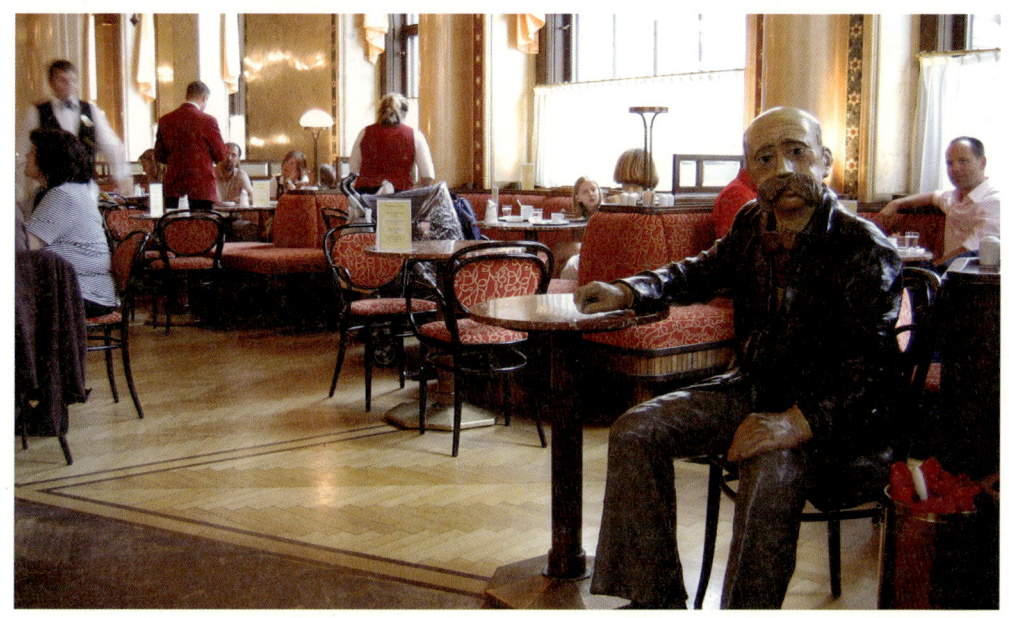

르크. 잠자는 시간을 빼놓고는 첸트랄을 떠나지 않았다는 그 유명한 인물이다. 오죽했으면 자기 집 주소를 '빈 1구 카페 첸트랄'이라고 했을까. 그는 세기말 첸트랄의 그 화려했던 빛과 그림자를 전부 지켜본 유일한 목격자이자 증언자이기도 했다. 그는 1918년까지 첸트랄에서 벌어지는 모든 일을 기억의 저장고에 담아두었다. 그가 첸트랄 입구에 밀랍인형으로 앉아서 손님을 맞는 것은 뭔가 첸트랄에 대해 말하고 싶은 게 많아서가 아닐까. 그는 자신에게 말을 걸어주기를 바라고 있는 것 같았다.

"알텐베르크 씨, 클림트를 만나고 싶어서 왔습니다."

"클림트라?"

알텐베르크는 알 듯 모를 듯 묘한 표정을 짓는다. 그리곤 회상에 잠긴 듯한 눈빛을 하고는 입을 연다.

"클림트는 이삼일에 한 번은 왔지. 애인 에밀리 플뢰게를 여기서 자주 만났어. 클림트 주변에는 언제나 잘 나가는 부인들이 들끓었다네.

카페 첸트랄의 현관문을 밀고 들어가면 알텐베르크의 밀랍인형이 손님을 맞는다.

세레나 레데러 들어봤지? 남편이 빈에서 몇째 안 가는 부자 아우구스트 레데러 말이야. 레데러 부부가 클림트의 후원자였지. 클림트는 여기서 세레나와 약속을 하곤 했어."

"클림트는 어떤 식으로 사람들과 대화를 했나요?"

"그는 아돌프 로스와 함께 언제나 화제의 도마에 올랐지. 동료 화가들 중에도 클림트를 비꼬는 사람이 많았어. 아무리 그래도 클림트는 끼어들지 않았어. 묵묵히 듣고만 있었지. 남 말하기 좋아하는 예술가들의 공격의 대상이었지만 클림트는 어지간해서는 말싸움에 끼어들지 않았어. 오히려 노련한 웨이터들이 끼어들어 클림트 편을 들었지."

"에밀리 플뢰게가 클림트를 만날 때 어떤 표정을 하고 있었는지 궁금합니다."

"연인의 표정은 다 똑같잖아. 에밀리도 그랬어. 그런데 클림트 주변에 있던 수많은 여자들처럼 넋이 나간 표정은 아니었어. 자존심을 지키고 있다고 해야 할까, 자기만의 성(城)을 지키고 있는 사람 같았지."

첸트랄에 앉아 창밖으로 헤렌 가세를 내다본다. 문득 이 거리를 수도 없이 걸었을 한 청년이 떠올랐다. 오스트리아 린츠 태생인 그는 가난한 화가 지망생이었다. 그가 빈에 처음 온 것은 열일곱살 때인 1906년으로, 한 달 동안 머물렀다. 이 시기에 빈은 예술의 전 분야에서 파리와 함께 절정의 시대를 구가하고 있었다. 미술에 소질이 있다고 생각했던 그 청년도 빈이 뿜어내는 독특한 예술적 분위기를 온몸으로 느꼈을 것이다.

청년은 이듬해 다시 빈을 찾는다. 그는 그림을 공부하며 빈 미술대학 입학을 준비한다. 그러나 그해 10월 입학시험에 낙방하고, 1908년 또다시 빈 미술대학 입학시험에 도전했지만 역시 실패한다. 1년을 다시 공부했는데 결국 들어가지 못했다! 젊은 날 이때처럼 절망적인 순

간이 있을까. 청년은 1913년 5월 25일까지 빈에서 지냈지만 보잘것없
는 화가 지망생을 기억하는 사람은 거의 없었다.

　그 청년도 첸트랄에 여러 번 들렀다. 그리고 한쪽 귀퉁이의 테이블
을 차지하고 앉아 신세를 한탄했다. '앞으로 어떻게 해야 하나.' '화
가가 되지 못하면 무엇을 할 수 있을까.' '화가가 되지 못할 바에야 빈
에 계속 머무를 필요가 있을까.'

　청년은 또 먼발치에서 구스타프 클림트를 선망의 눈으로 바라보았
다. 클림트를 에워싸고 있는 빈의 유명 인사들을 보면서 자신도 클림
트와 이야기를 나누고 싶었다. 그러나 그렇게 하기에는 내세울 게 없
는 자신의 처지가 한심하게 느껴졌다.

　사람들은 빈 미술대학이 이 청년을 화가의 길로 인도했더라면 역사
가 바뀌었을 것이라고 말한다. 그는 아돌프 히틀러다.

　첸트랄은 히틀러 외에도 수많은 유명 인사들이 드나든 곳이다. 카
페 구석 자리에는 으레 한 무리의 예술가들이 목소리를 높이고 있었
다. 그 중 한 사람이 건축가 겸 전방위 문화비평가인 아돌프 로스였다.

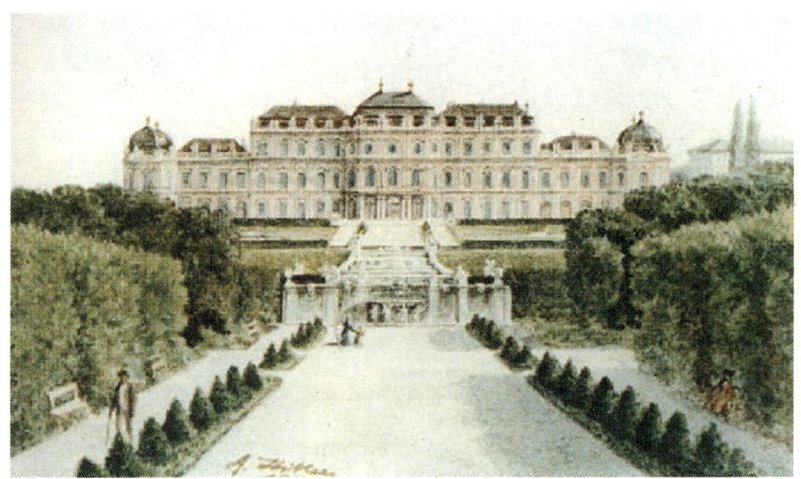

벨베데레 궁전을 그린
히틀러의 그림

로스는 툭하면 과격하고 선동적인 연설로 논쟁에 불을 질렀다. 클림트는 로스와 그의 반대파들이 벌이는 논쟁을 방관자로서 그저 지켜보기만 했다. 빈의 귀부인 세레나 레데러 역시 첸트랄의 단골이었다. 그의 남편은 재력가이자 예술품 수집가인 아우구스트. 두 사람의 별장은 모더니즘 예술품 박물관이 되었다. 레데러 같은 후원자가 클림트의 작품을 매입해 줬기 때문에 클림트는 생활에 큰 어려움이 없었다.

클림트는 행운의 사나이였다. 좀더 앞선 세대의 모차르트와 베토벤, 그리고 같은 시대를 살았던 프로이트나 로스와 비교하면 클림트는 정말 운이 좋은 예술가였다. 비록 집안 형편이 어려워 가족의 생계를 떠맡아야 했지만 일찍 성공했고 이후 박수와 찬사를 받으며 절정의 예술 인생을 구가했다.

초년 출세는 때때로 인간을 오만에 빠지게 해 자멸의 구렁텅이에 빠뜨리기도 하는데 클림트는 이 점에서도 예외였다. 한때 빈 대학 학부화 그림 파문으로 정신적인 시련을 겪긴 했어도 화가로서의 명예와 권위에 타격을 입을 정도는 아니었다. 더더욱 모차르트나 베토벤처럼 당장 먹고사는 문제에 직면한 일도 없었으며 돈 때문에 비굴해질 필요도 없었다.

첸트랄에 앉아 커피를 마시며 클림트를 비롯한 숱한 이 카페의 단

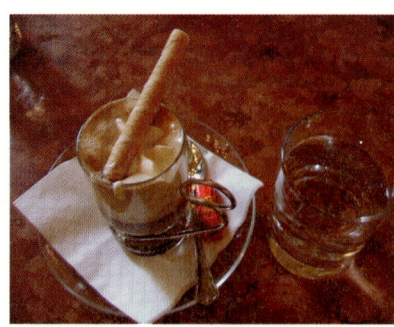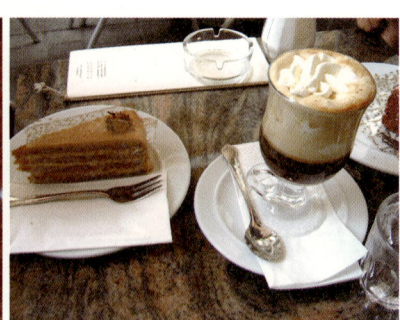

왼쪽 카페 첸트랄의 커피 아인슈패너

오른쪽 카페 데멜의 아인슈패너와 초콜릿 호두케이크

골들을 떠올리던 나는 5분 거리에 있는 데멜 카페를 찾아나섰다. 이곳에서 클림트는 플뢰게를 만나 그녀가 좋아하는 초콜릿 호두 케이크를 사주곤 했다. 그러나 두 사람이 데이트 장소로 즐겨 찾았던 데멜은 사람이 너무 많아 입구는 발 디딜 틈도 없고 종업원들은 밀어닥치는 손님을 치르느라 거의 뛰어다닌다. 여름철에는 단체 관광객까지 몰려온다. 도저히 편하게 앉아서 클림트와 플뢰게를 느껴볼 수가 없다. 경험이 많아 보이는 종업원에게 "혹시 클림트가 자주 앉던 자리가 어딘 줄 아느냐"고 묻자, 바빠 죽겠는데 그런 걸 왜 묻느냐고 대꾸한다.

예술의 시대, 시대의 예술

빈 시내를 반나절만 여행하는 사람이라도 이 건물은 쉽게 마주칠 가능성이 높다. 슈테판 성당과 모차르트하우스를 바라보고 자동차로 쇤브룬 궁전 쪽으로 가다 보면 황금빛 양배추 모양의 돔을 얹은 이 건물을 만날 수 있다. 빈차일레 슈트라세와 카를츠 광장 주변의 건물과 확연한 차이를 보이는 흰색 건물, 양 벽이 꽉 막힌 희한한 건물, 바로 '분리파 회관' 이다.

빈의 예술가들은 1897년 분리파를 결성했다. 쿤스틀러하우스(빈 미술가협회) 소속인 클림트는 "오스트리아 예술 향상에 이바지하고자 쿤스틀러하우스에 새로운 예술가 집단을 만들기로 했다"고 발표한다. 소장파 예술가들이 낡은 예술과 인습을 추종하는 빈 미술가협회에 반기를 든 것이다. 즉 19세기 후반에 다시 유행하기 시작한 역사주의로부터 분리를 선언했다. 클림트는 분리파의 초대 회장이 된다. 빈 미술가협회의 노장 멤버들은 분리파 창립을 불쾌하게 생각했다.

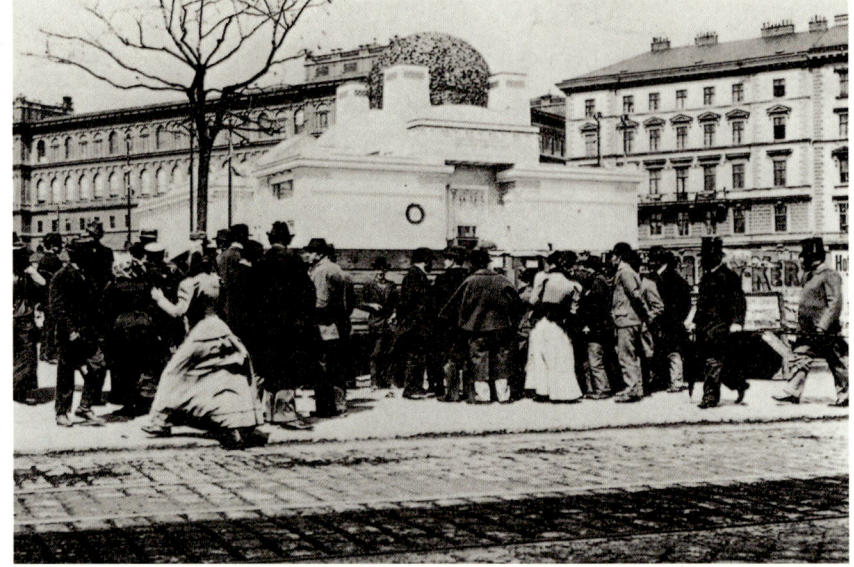

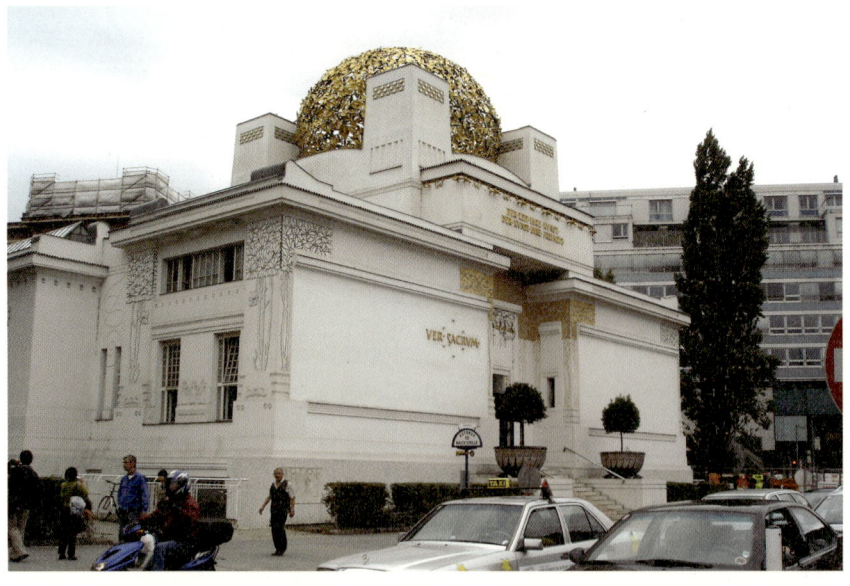

1899년 분리파 회관 준공식 당시의 모습(위)과 오늘날의 분리파 회관 전경(아래)

분리파의 제1회 전시회는 1898년에 열렸다. 전시장 입구에 걸린 현수막에는 "예술의 시대, 시대의 예술"이라는 표어가 적혀 있었다. 현대성을 가로막는 전통을 거부하겠다는 분리파의 의지를 함축한 말이었다. 클림트는 첫 전시회부터 혁명적인 아이디어를 선보였다. 바닥부터 천장까지 그림을 빽빽이 걸지 말고 하나씩 눈높이에 맞춰 걸자는 아이디어를 냈다. 그는 여백의 아름다움에 최초로 눈을 떴다. 동료들은 여백을 두면 빈 공간이 너무 많이 남게 되므로 낭비가 심하다고 불만을 터뜨렸다. 그러나 클림트는 전시회가 사회 통념을 벗어났다는 바로 그 점 때문에 성공할 것이라고 주장했다. 전시 공간의 여백. 지금이야 여백 없는 전시 공간은 상상할 수도 없지만 19세기만 해도 아무도 생각지 못한 혁명적인 발상이었다.

분리파 회원들은 제1회 전시부터 대중의 감성을 일깨우고 예술을 생활에 흡수시키자는 데 지향점을 두었다. 분리파는 왕실, 귀족, 부르주아 계급의 전유물인 예술을 일반 대중도 공유해야 한다는 데 뜻을 같이했으며, 노동자 계층에게는 파격적으로 입장료를 받지 않았다. 예술아카데미 회원들은 이런 방침에 분노했다. 그들은 "문외한들이 예술을 어떻게 이해하겠는가. 그것은 돼지 목에 진주목걸이를 걸어주는 격"이라고 비난했다.

숱한 화제를 뿌리며 열린 분리파의 첫 전시회는 1만 5,000명이라는 관람객을 불러모으는 대성공을 거두게 된다. 자신감을 얻은 분리파는 독자적인 전시 공간의 필요성을 절감했다. 분리파 회관이 세워지는 데는 회원들의 갹출 외에도 한 후원자의 결정적인 도움이 있었으니, 철학자 비트겐슈타인의 아버지였다. 비트겐슈타인 집안은 철강 재벌로 빈에서 왕실 다음으로 부호였으며, 빈의 많은 예술가들을 후원했다.

건축가 요제프 마리아 올브리히(Joseph Maria Olbrich)가 설계한 분

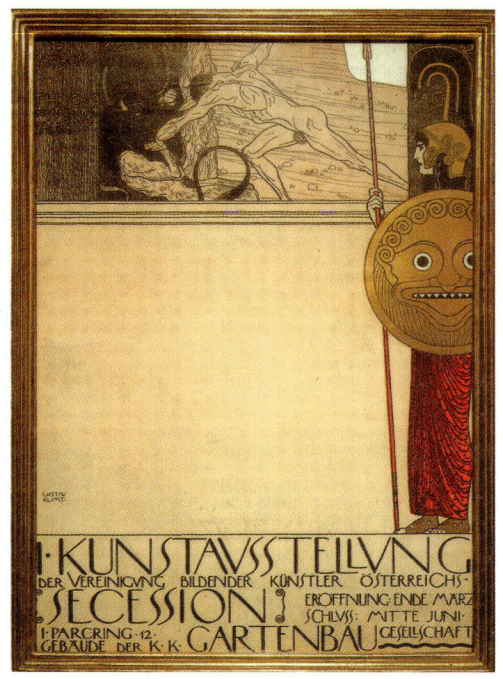

리파 회관의 현관 계단을 올라보자. 분리파 회관은 허식(虛飾)이라고는 한 군데도 찾아볼 수 없는 건물이다. 2차대전 당시 연합군의 폭격을 받아 뒤쪽 일부분이 부서졌지만, '양배추 돔'은 하나도 다치지 않았다는 사실에 안도감을 느꼈다.

분리파 회관은 고대 그리스 신전 같기도 하고 달리 보면 아랍풍의 신전 같기도 하다. 현관 위에는 금색 글자로 "모든 시대에는 그 시대의 예술을, 예술에는 예술의 자유를(Der Zeit ihre Kunst, der Kunst ihre Freiheit)"이라고 쓰여 있다. 분리파 회원들은 환상도로에 세워진, 덕지덕지 치장한 이른바 기념비적 건물들에 대한 해독제가 필요하다는 공감 속에서 이 회관을 지었다. 예술 애호가들에게 조용하고 우아한 피신 장소를 제공해 줄 예술의 신전을 세우자는 것이 설계를 맡은 올브리히의 기본 취지였다.

입장료를 내고 지하로 내려가 보았다. 분리파 전시 가운데 가장 유명한 클림트의 '베토벤 프리즈'(frieze, 벽화)를 보기 위해서다. 1902년 이곳에서 열린 14회 전시회의 주제는 '베토벤'이었다. '사회의 몰이해와 고독과 싸운 베토벤.' 개막식은 특별했다. 구스타프 말러가 이끄는 빈 필하모닉 오케스트라의 금관악기 연주자들이 말러가 편곡한 9번 교향곡 마지막 악장을 연주했다.

클림트, 막스 클링거와 같은 분리파 회원들이 각각 베토벤을 주제로 한 작품을 전시했다. 클림트가 전시한 작품은 '베토벤 프리즈.' 지하 전시장에 있는 방 한 칸의 3면에 베토벤의 9번 교향곡 마지막 악장 〈환희의 송가〉를 표현한 길이 34미터의 프레스코화이다. 칼 쇼르스케는 "역경을 이겨내는 예술의 힘을 보여주는 우화"라고 규정한다. 첫눈에도 빈 대학 학부화 파문의 〈법학 알레고리〉와 긴밀한 관계가 느껴진다.

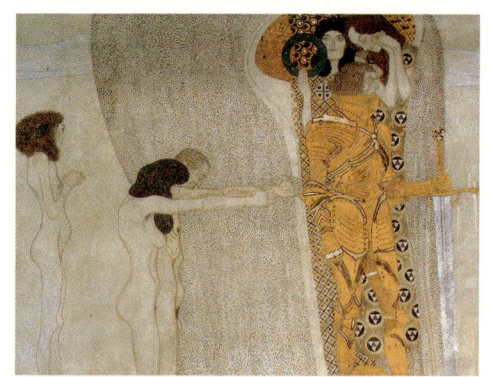

첫째 장면은 〈행복의 염원〉, 둘째 장면은 〈적대적인 힘〉, 마지막 장면은 〈행복의 염원은 시를 통해 이루어진다〉이다. 〈행복의 염원〉은 약한 자가 완전무장한 강자에게 뭔가를 호소하는 모습이다. 두번째 〈적대적인 힘〉은, 중앙에 있는 날개 달린 원숭이 같은 괴물만 제외하면 모두 여성이다. 그들은 고통받는 자와 행복 사이에 서 있다. 카탈로그는 "인류의 염원과 소원이 그들(적대적인 힘)을 넘어 멀리 날아간다"고 설명한다.

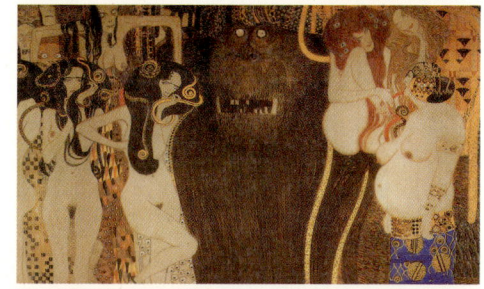

마지막 장면 〈행복의 염원은 시를 통해 이루어진다〉에 대해 카탈로그는 "예술이 여기서 우리를 이상의 영역으로 인도하며, 우리는 그 속에서만 순수한 기쁨과 행복, 사랑을 찾을 수 있다"고 해설한다. 클림트는 마지막 장면의 아이디어를 실러의 〈환희의 송가〉에 나오는 "전세계에 이 키스를

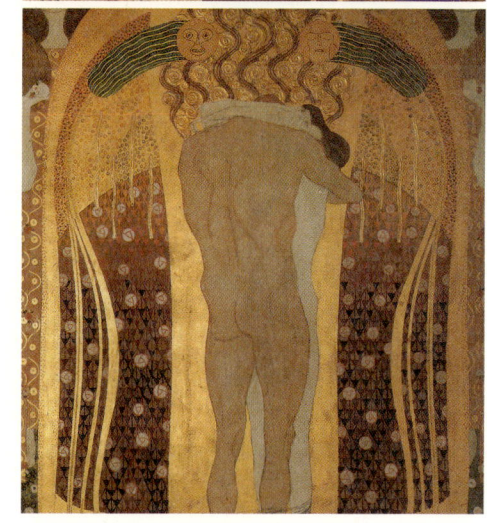

위 '베토벤 프리즈'의 〈행복의 염원〉 부분
가운데 〈적대적인 힘〉 부분
아래 〈행복의 염원은 시를 통해 이루어진다〉 부분

보낸다"는 구절에서 착안했다. 칼 쇼르스케는 마지막 장면을 이렇게 설명한다.

"나르시시즘의 전능성을 꿈꾸는 환상의 전형적 특징인 비상(飛翔)은 자궁 속에서 일어나는 성애(性愛)의 완성으로 끝난다. 또 그렇게 날아올라간 하늘에서도 여성의 머리칼은 클림트의 그림에서 우리가 익히 알게 된 위험한 방식으로 키스하는 연인의 발목을 휘감는다. 아르카디아에서도 성(性)은 덫을 놓는다."

오스트리아 정부는 1970년 '베토벤 프리즈'를 매입하여 현재 분리파 회관 지하 전시장에 영구 전시하고 있다. 클림트는 1903년 이후 5년간 빈에서 전시회를 갖지 않았다. 빈 대학 학부화 파문의 후유증 때문이었다. 그리고 더 이상 주문 생산 그림은 그리지 않기로 하고 초상화와 풍경화에만 몰두했다. 1908년 쿤스트쇼에 전시된 저 유명한 〈키스〉를 생각한다면 '베토벤 프리즈'의 마지막 장면 〈행복의 염원은 시를 통해 이루어진다〉는 그 예고편이 아닐까.

에로스에의 본능

클림트가 살았던 아파트는 어떤 모습일까. 부르크링에서 49번 트램을 타고 가다 베스트반 슈트라세 36번지에서 내리면 멀리서도 현관이 눈에 들어온다. "1898년부터 1918년까지 화가 클림트가 이 아파트에서 살았다." 클림트와 가족들은 이곳 3층에서 살았다.

평생 독신으로 지낸 클림트는 죽는 날까지 세상 어떤 남자보다도 자유롭게 여러 파트너와 연애를 즐겼다. 클림트는 여러 여자와 동시에 연애를 했어도 함께 산 적은 없었다. 중년의 클림트를 끝까지 돌봐

준 사람은 어머니와 누이동생이었다. 서
구 사회에서는 대단히 보기 힘든 현상이
다. 부르크 극장 천장화와 빈 미술사박
물관 벽화로 명성을 얻고 큰돈을 벌게 된
클림트는 제일 먼저 환상도로에서 10분
정도 걸리는 곳에 이 아파트를 샀다. 그
리고 어머니와 누이를 이사 오게 했는데,
어머니와 누이동생은 변두리 생활을 청

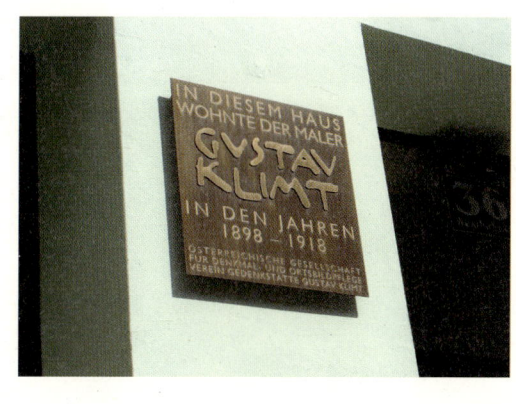

산하고 빈 시내로 들어오게 되었다는 사실에 무한히 고마워했다. 클
림트 어머니는 "우리가 빈 시내로 들어오다니"라며 감격해 했다. 클림
트는 아내가 해야 할 모든 자질구레한 일을 어머니에게 맡겼고, 어머
니는 기꺼이 아들을 위해 봉사했다.

클림트는 그림을 그리고 수많은 여성들과 자유분방한 사랑을 나누
는 데에만 몰두했다. 이런 그의 사생활을 두고 빈 사람들은 "예술계의
난봉꾼", "상습적인 여자 사냥꾼"이라고 험담했다. 그는 에로스에의
본능을 자제하지 않았고 최대한 탐닉했다. 클림트 여성 편력의 특징
은 창녀부터 귀족 부인까지 상대방의 귀천(貴賤)을 가리지 않았다는
점이다. 세탁소에서 자신의 빨래를 맡아주는 처녀를 정복해 자신의
아들을 낳게 했다. 하지만 세탁소 처녀는 클림트의 연인이 아닌 클림
트의 하녀였다. 클림트는 두 모자를 위해 작은 아파트를 얻어주고 정
기적으로 들러 생활비를 주곤 했다.

클림트는 여성의 입장에서 보면 무책임하고 비정하고 파렴치한 남
자였다. 끊임없이 여체를 탐하면서 여러 여자에게 자식을 낳게 하고
도 이들을 제대로 돌보지 않았으니 이런 비난은 피하기 어렵다. 클림
트가 여러 여자에게서 얻은 자식은 족히 십수명은 될 것이다. 1918년

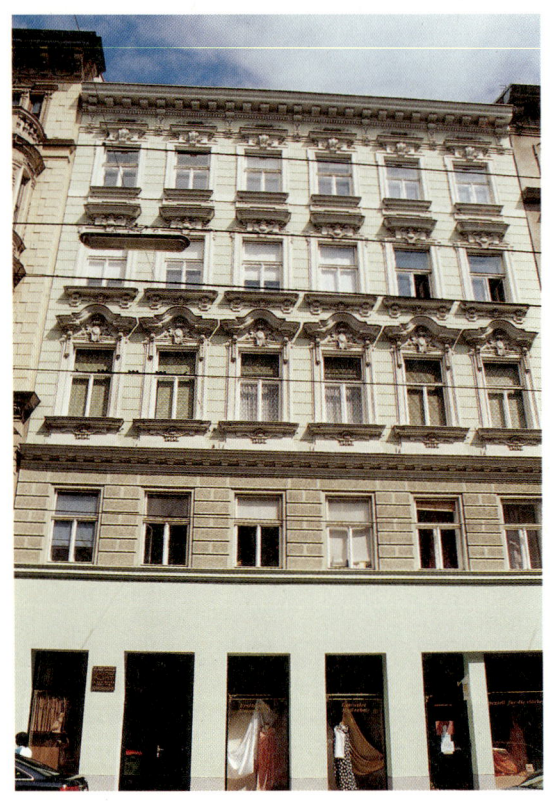

56세의 나이로 죽었을 때 14건의 유
자녀 양육비 청구소송이 제기되었
다. 이 중 4건만이 받아들여졌다.

클림트의 어머니는 아들이 언론
과 비평가, 세상 사람들로부터 공격
받는 것에 신경을 곤두세웠다. 급기
야는 수많은 스캔들과 창녀들과의
관계에 대한 소문으로 인해 신경쇠
약까지 걸리고 만다. 클림트의 연인
에밀리 플뢰게는 클림트가 어머니에
게서 벗어나 독립된 생활을 하기를
바랐다. 어머니와 여동생이 클림트
에게 결코 좋은 영향을 주지 못한다
고 생각했기 때문이다.

베스트반 슈트라세 36번지 앞에
서 자유분방하고 정열적인 남자 클
림트와 그의 여인들을 떠올려보았다. 솔직히 클림트의 외모는 잘생겼
다고 말하기는 어렵다. 게다가 키도 작다. 베토벤이나 나폴레옹 정도
는 아니었지만 게르만계 보통 여성보다도 작았던 것은 분명하다. 클
림트가 유명한 화가가 아니고 평범한 사람이었다면 대머리로 인해 외
모 콤플렉스를 가졌을 법하다. 게다가 말주변도 없었다. 답답할 정도
로 말수가 적었으며 도저히 견딜 수 없을 때에만, 그것도 필요한 말만
하는 타입이었다. 작업의 달인들이 갖는 공통점이 화려한 말솜씨인데
그는 이 점에서도 정반대였다. 그러나 꾸준한 근력 운동으로 어깨는
딱 벌어졌고 가슴은 단단하고 두꺼웠다.

시공을 뛰어넘는 위대한 천재 예술가의 여성 편력은 충분히 이해하고도 남는다. 대다수 남자의 본능에 자리잡고 있는 욕구를 클림트는 충족시킬 힘이 있었고 에로스의 본능이 지시하는 대로 열정적인 삶을 살았다.

평생의 연인, 에밀리 플뢰게

무수한 여자들에 둘러싸여 평생을 자유분방하게 살았던 클림트였지만 죽는 순간까지도 잊지 못했던 여인은 자신의 아이를 낳아준 여자가 아니라 에밀리 플뢰게였다. 에밀리는 클림트의 곁을 끝까지 떠나지 않았다. 거인에서 초라한 인간으로 추락한 클림트의 마지막 나날을 함께 해준 여인은 에밀리뿐이었다.

클림트는 후반기에 초상화와 풍경화를 집중적으로 그렸다. 빈 대학

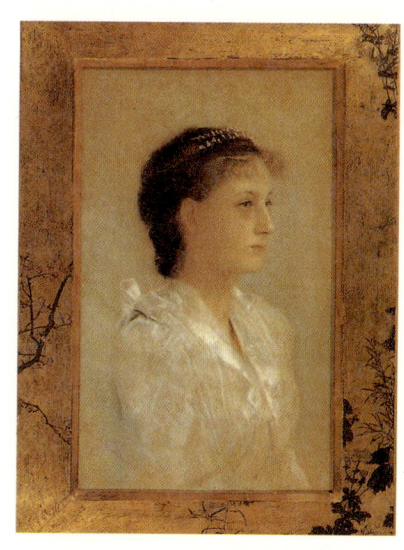

〈열일곱살의 에밀리 플뢰게〉

학부화 파문 이후 공공기관의 주문 그림을 거부한 클림트에게 귀족 부인의 초상화는 사실상 유일한 수입원이었다. 클림트는 에밀리를 모두 네 번 그렸다. 세 번은 초상화로, 한 번은 동생 에른스트와 함께 그린 〈로텐부르크 야외무대의 광대〉에서 군중 속에 에밀리를 그려넣었다.

클림트가 에밀리를 처음 만난 것은 1891년. 클림트는 스물아홉이고 에밀리는 열일곱이었다. 이미 그때 클림트는 화가로서 명성을 얻은 뒤였다. 클림트는 에밀리를 처음 만나던 그해에 첫번째 초상화 〈열일곱살의 에밀리 플뢰게〉를 그렸다. 두번째 초

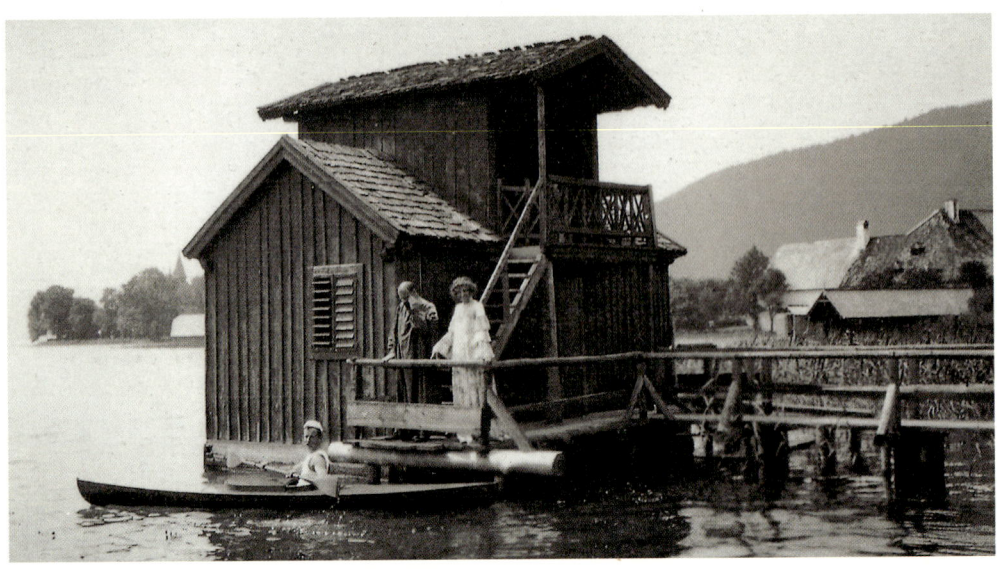

상화는 에밀리가 열아홉살 때인 1893년에 그렸다. 에밀리의 초상화 중 가장 유명한 그림은, 파란 드레스를 입고 있는 1902년의 작품이다.

에밀리는 초상화 말고도 사진이 남아 있다. 클림트와 에밀리가 아터 호숫가에 놀러 가서 찍은 사진도 있다. 초상화와 사진으로 미루어 보건대, 에밀리는 흔히 말하는 미인 타입은 아니었지만 신비로운 분위기가 감도는 여인이다. 특히 깊은 쌍꺼풀과 눈빛이 그렇다. 에밀리의 눈빛은 클림트의 눈빛과 닮아 있다.

클림트가 1902년에 그린 에밀리의 초상화는 카를츠 광장의 빈 역사박물관에 있다. 에밀리 플뢰게를 보기 위해 나는 전철을 타고 카를츠 광장 역으로 향했다. 전철에서 카를츠 광장으로 빠져나오니 비가 내리고 있었다. 우산을 준비하지 못한 나는 잠시 망설였지만 그냥 비를 맞기로 한다. 에밀리가 기다리고 있는데 주저할 시간이 없다.

빈 역사박물관으로 가는 길에 오토 바그너가 설계한 카를츠 광장 역사를 지나친다. 이 역사는 바그너의 모교인 빈 공대를 정면으로 마주보고 있다. 빈 공대와 카를츠 교회를 지나 빈 역사박물관에 들어섰다. 6유로(좀 비싸다)를 내고 입장권을 구입하면서 매표원에게 물었다.

"클림트의 연인 에밀리를 만나고 싶어 왔습니다. 몇 층에 가면 볼 수 있습니까?"

"2층으로 가세요."

빈 역사박물관에는 에곤 실레의 〈자화상〉, 오스카 코코슈카의 〈이상한 나라의 엘리스〉와 같은 대작들도 전시되고 있었으나 나는 에밀리를 먼저 만나고 싶은 마음에 이들을 지나쳤다. 에밀리는 벽면의 중앙 부분에 서 있었다. 턱을 살짝 쳐든 오만하고 도도한 모습이다. 에밀리의 오른쪽에는 막스 클링거가 1902년 분리파 전시회에 출품한 베토벤 동상이 고뇌하는 표정으로 앉아 있고, 왼쪽으로는 클림트의 다른 작품 〈리베(Liebe)〉(1895), 〈팔라스 아테나(Pallas Athena)〉(1898), 〈프라우 헤이만의 초상〉(1894)이 나란히 걸려 있다. 마치 클림트의 영원한 연인 에밀리를 호위하고 있는 것 같다.

에밀리는 이 초상화를 싫어했다고 한다. 에밀리의 어머니도 마음에 들어하지 않았다. 할 수 없이 클림트는 이 초상화를 팔기로 결정하고 1908년 7월 6일 이 사실을 편지로 알린다. "오늘 당신이 '팔려나갈' 거라오. 아니 '압수된다'고 해야 하나. 어제 당신 어머니가 나를 꾸짖으시더군."

이 초상화는 클림트의 다른 그림들과 분위기가 다르다. 에밀리는 거칠고 차가운 배경을 뒤로 하고 있다. 초상화보다는 종교화에 더 어울릴 법한 배경이다. 에밀리와 그의 어머니는 이 점이 특히 마음에 들지 않았던 모양이다. 신성림은 《클림트, 황금빛 유혹》에서 에밀리가 이 그림을 싫어한 이유를 이렇게 분석하고 있다.

"흰색, 금색, 검은색, 은색이 모자이크처럼 점점이 박힌 푸른색 의상을 입은 에밀리가 모델처럼 서 있다. 이 의상은 당시 유행하던 여성복 스타일과는 거리가 먼 것으로 에밀리의 몸을 자연스런 인체의 이미지에서 떼어내 비물질적이고 추상적인 것으로 만들고 있다. 그녀의 모습은 마졸리카 도자기(이탈리아산 칠보 도자기)를 연상시킨다.

당시의 남성 평론가들은 이런 그녀의 모습을 '순수한 여성성' 의 전형으로 받아들였다. 초기 초상화에서 강조한 날카롭고 강한 이미지가 사라지고 섬세하게 묘사된 얼굴 뒤로 펼쳐진 기이한 후광이 무척 특이하다. 이 후광은 비잔틴 미술의 신비로운 색채를 담은 화환, 그녀의 여성성에 바치는 경이의 표현이다.

초상화보다는 종교화에 더 어울리는 후광은 인물의 품위를 강조하면서 인물을 실제적, 지상적 조건과 유리시키는 형식적 장치이다. 또한 그 비현실적이면서도 물질적인 특징 때문에 인물의 육체를 해체하는 데 도움을 준다."

에밀리를 뚫어지게 바라보던 나는 전시실 중앙에 놓인, 등받이가

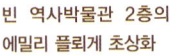

빈 역사박물관 2층의
에밀리 플뢰게 초상화

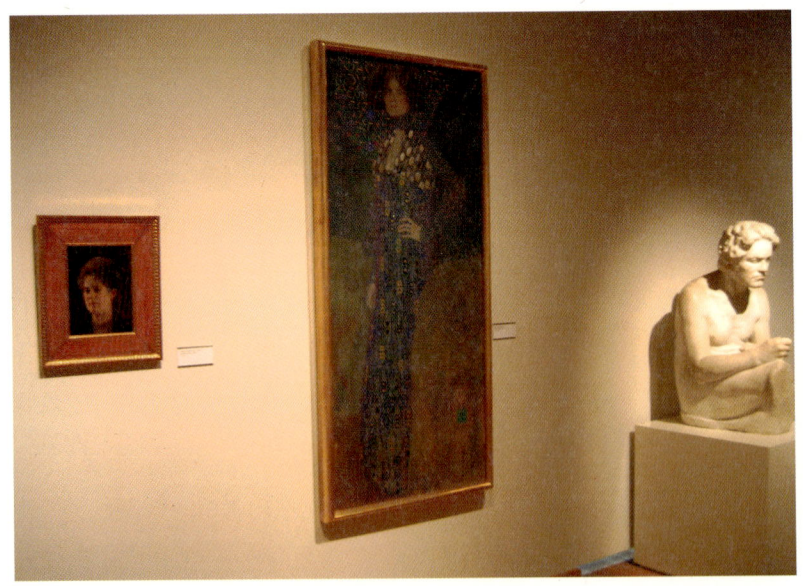

없는 정사각형 소파에 앉았다. 그리고 잠시 두 연인의 관계에 대해 골똘히 몰입해 보았다. 에밀리는 클림트에게 어떤 존재였을까? 또 클림트는 에밀리에게 어떤 존재였을까? 에밀리의 표정에서 대답을 찾아보려 했지만 보일 듯 말 듯한 미소만 짓는다.

에밀리는 그와 결혼하지 않았지만 그의 유산 처리인이 되었다. 마흔두살의 한창 나이였다. 클림트가 죽은 뒤에도 그 누구와도 결혼하지 않았다. 결국 에밀리는 전 생애에 걸쳐 단 한 사람, 클림트만 사랑한 셈이다.

우리는 여기서 클림트와 에밀리의 특별한 관계에 대해 살펴볼 필요가 있다. 에밀리 플뢰게는 1874년 8월 30일 빈에서 태어났다. 클림트보다 열두 살 아래다. 에밀리의 아버지 헤르만 플뢰게는 파이프 공장을 경영하는 사업가로, 중산층에 속했다. 헤르만 플뢰게는 딸만 셋을 두었는데, 큰딸 폴린은 의상학교를 나와 빈에서 의상실을 운영했고 동생인 헬레네와 에밀리는 언니가 운영하는 의상실에서 일했다.

클림트와 에밀리의 아버지들은 친구 사이였다. 열두살의 에밀리는 아버지를 따라 황제의 마차 행렬을 구경하러 나갔다가 클림트를 처음 만났다. 에밀리의 언니 헬레네가 클림트의 동생 에른스트와 결혼하면서 두 사람은 사돈 관계가 된다. 이때 패션 디자이너 지망생 에밀리는 열일곱, 인기 절정의 화가 클림트는 스물아홉이었다.

"에밀리를 불러줘!"

1918년 1월 18일 아침이었다. 화실에서 요한나를 모델로 세워놓고 그림을 그리던 클림트가 현기증과 함께 쿵 하고 쓰러졌다. 쓰러진 몇 초 사이에 그는 자신의 생애가 파노라마처럼 휙휙 되감기는 것을 보았다. 그는 마지막이라는 것을 알았다. 생의 마지막 순간에 있는 힘을 다해 가까스로 입을 열었다. "에밀리를 불러줘!"

살롱(의상실)에서 잡지를 읽다가 전보를 받은 에밀리는 외투를 걸칠 겨를도 없이 거리로 달려나갔다. 허겁지겁 마차에 올랐을 때 그녀는 한 손에 《예술공예 저널》을 쥐고 있음을 깨달았다. 그녀는 잡지를 마차 밖으로 내던졌다. 빈 6구 상가의 살롱에서 클림트의 아틀리에까지는 마차가 전속력으로 달려도 40분이나 걸린다.

1918년 들어 패전의 기색이 짙어지면서 빈에는 불길한 징조가 잇따라 일어났다. 1월 초 빵 배급량이 갑자기 줄어들었다. 시민들은 동요했다. 불과 며칠 뒤에는 비너노이슈타트 교외에서 식량 폭동과 대규모 노동자 파업이 일어났다. 좌우익의 피비린내 나는 싸움을 예고하는 신호탄이었다. 클림트가 쓰러진 것은 빈 시민들의 화제가 문화에서 정치로 옮겨갔을 때였다.

아틀리에로 가면서 에밀리는 마차의 속도가 너무 느리다고 느꼈다. 에밀리는 덜컹거리는 마차 안에서 수없이 되뇌었다. "구스타프, 제발. 구스타프."

인생을 가장 성공적으로 화려하게 산 남자에게 죽음을 눈앞에 둔 그 절박한 순간 마지막 한 번만이라도 보고 싶은 여인처럼 진실한 대상이 또 있을까? 클림트에게 에밀리 플뢰게는 그런 여인이었다. 우주가 무너져내리는 그 카오스의 순간에 클림트가 부르지 않으면 안되었던 여인.

에밀리가 화실에 도착했을 때에는 이미 의사가 와 있었다. "뇌졸중입니다." 에밀리는 클림트를 마차에 태워 다시 의상실로 데리고 가 정성껏 간호했다. 며칠 뒤 클림트는 혼수상태에서 깨어났지만 예전의 클림트가 아니었다. 입은 흉하게 일그러졌고 아무 말도 하지 못했다. 요한나에게 말한 "에밀리를 불러줘!"가 그의 마지막 말이 되었다. 에밀리는 의식을 되찾은 클림트에게 필사적으로 붓을 쥐게 했다. 클림트는 손가락이 뜻대로 움직이지 않았지만 어떻게든 붓을 잡아보려고 안간힘을 다했다. 그러나 원 하나도 그리지 못하고 붓을 놓치고 말았다. 그림을 그릴 수 없는 화가가 된 것이다!

클림트는 2월 6일 눈을 감는다. 쓰러진 날로부터 불과 18일 만이었다. 에밀리는 클림트의 유언 집행자가 되었다. 에밀리는 그의 마지막 가는 길을 함께하면서 처음으로 배우자에 상응하는 법적 지위를 획득했다. 2월 6일자 신문들은 클림트의 죽음에 대한 짤막한 부음 기사를 실었다.

빈 시당국은 에밀리에게 특별한 장례식과 기념비 건립을 제안했으나 에밀리는 이를 거절했다. 에밀리는 빈 대학 학부화 논쟁 당시 클림트가 들어야 했던 온갖 비난과 모함을 떠올렸다. 신문에선 또 어떻게 써댔던가. 에밀리는 클림트가 죽은 뒤에 그런 특별한 대접을 받는 것은 아무런 의미가 없다고 생각했다.

마지막 아틀리에

클림트가 쓰러진 마지막 아틀리에로 가려면 전철 U4 히칭 역에서 내려 58번 트램을 타고 다섯 번째 역에서 내리면 된다. 아틀리에는 펠트뮈흘 가세 15번지에 있다. 현재는 오스트리아 정부 소유로 동호인 그룹에서 관리한다. 전날 관리인과 전화로 아침 10시에 방문해도 좋다는 허락을 받아놓은 터였다.

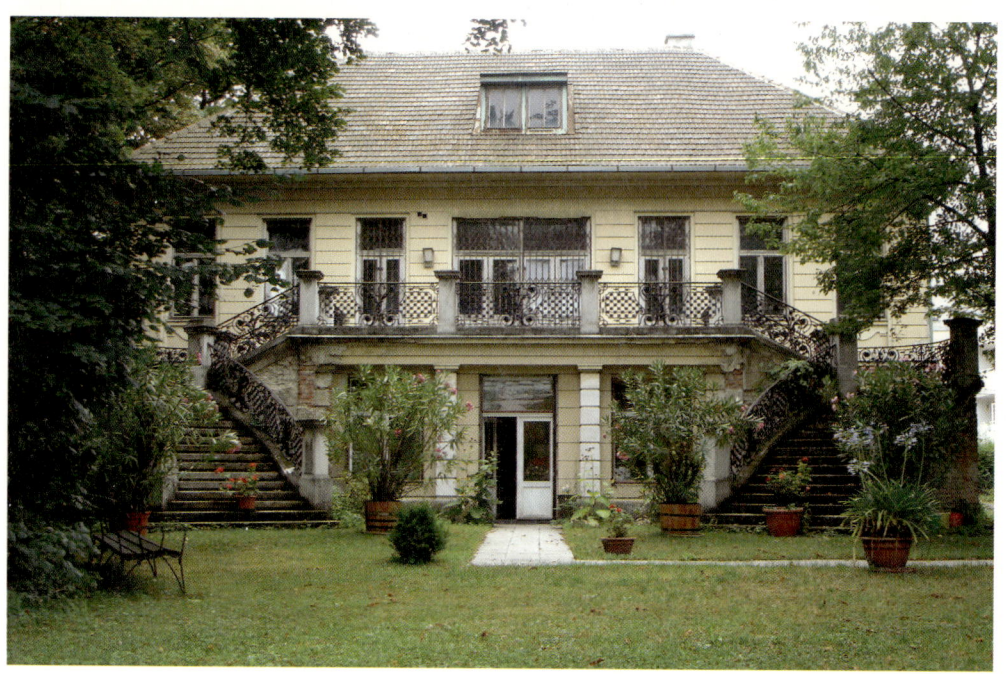

**클림트가 뇌졸중으로
쓰러진 마지막 아틀리에**

낯선 거리를 지도만을 들고 찾아가는 사람이 그렇듯, 건물 외벽에 붙어 있는 번지수만을 뚫어지게 응시하며 걸었다. 그런데 13번지가 보이는가 싶더니 갑자기 17번지로 건너뛰었다. 어, 15번지는 어디로 간 거지?

온 길을 되돌려 다시 한 번 살펴보며 걷는데, 그때 비로소 바닥에 표시된 "구스타프 클림트의 마지막 아틀리에"라는 안내판이 보인다. 15번지는 길가가 아닌 안쪽에 자리잡고 있었다. 입구로 들어서자 이내 정원이 펼쳐진다. 아름드리나무 다섯 그루 사이로 잔디가 깔려 있고 안쪽으로 포근한 느낌을 주는 2층 집이 서 있다.

전날 통화했던 관리인의 안내를 받아 1층 화실로 들어섰다. 클림트가 요한나를 모델로 그림을 그리던 방이다. 방의 구조는 클림트가 쓰러지던 그때 그대로 미완성 그림을 이젤에 걸어놓은 상태였다. 물론 그림들은 원본이 아니다. 관리인이 "이 문은 북쪽 문이다. 화가는 뉴

트럴 라이트를 원했기 때문에 이 방에서 그림을 그렸다"고 말한다. 클림트는 1층을 화실로 썼다. 1층은 방이 모두 4개로, 전부 합하면 35평 정도 되어 보였다. 1912년이면 이미 클림트의 명성이 빈의 하늘을 찌를 때인데 그의 아틀리에는 의외로 좁았다.

나신의 모델들이 클림트의 지시대로 포즈를 취했던 침대도 너무 작았다. 작은 침대를 보고 있는데 저음의 굵은 목소리가 들리는 듯했다. "요한나, 허리를 더 틀어. 엉덩이를 더 높이고!" 클림트의 지시가 떨어질 때마다 모델들은 두 말 않고 자세를 바꾼다. 다시 스케치에 몰입하는 클림트. 그러다가 갑자기 클림트가 콰당 하고 쓰러졌을 때 요한나는 얼마나 당황했을까.

클림트는 만년에 초상화를 주로 그렸다. 세 번째 방에는 '모델실'이라는 안내판이 붙어 있다. 모델들은 이곳에 대기하면서 화가의 지시에 따라 움직였다. 모델들은 아틀리에에서 벌거벗은 채 돌아다녔고, 때로는 벌거벗은 여성들이 한데 뒤엉켜 클림트의 지시대로 포즈를 취하기도 했다.

모델실 한쪽 진열장에는 클림트가 보던 회화책 세 권이 전시되어 있다. 독일어로 된 동양회화 책이었다. 두 권이 펼쳐져 있었는데, 한 권은 일본 책이고 다른 한 권은 중국 책이다. 그가 그린 만년의 초상화 배경에 왜 동양풍이 나타나고 있는지를 알 것만 같았다. 화실을 둘러보고 있는데 관리인이 두 손바닥을 펼친 것만한 크기의 작은 나무 의자를 가져와 내려놓았다. 대중목욕탕에 있는 의자와 비슷하다고 보면 될 것이다. "클림트가 앉았던 의자입니다." 아, 저 작은 나무 의자가 화가의 육신을 받쳐주었구나.

화실에는 또 정원으로 바로 연결된 문이 나 있었다. 문을 나서는데 문턱이 없다. 클림트는 그림을 그리다 붓놀림이 막히면 밖으로 나와 정

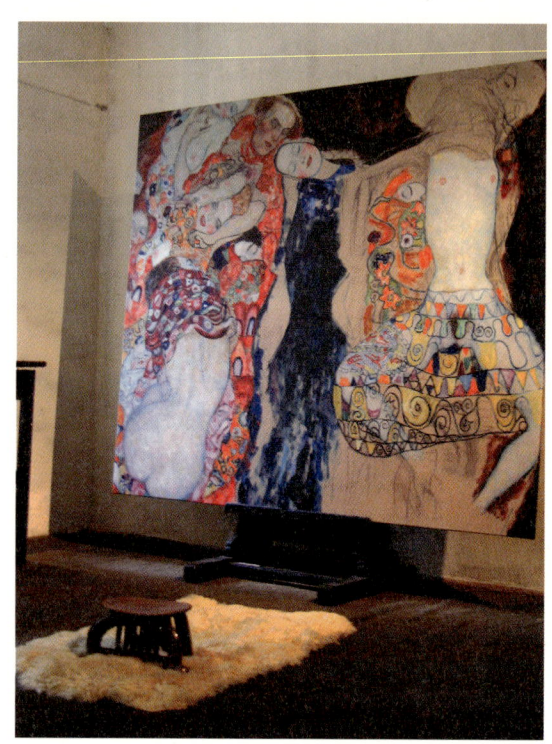

마지막 아틀리에 내부 모습. 작은 의자는 실제 클림트가 사용한 것이다.

원을 산책하곤 했다. 또 고양이를 좋아해 자식처럼 끼고 살았다. 고양이들은 늘 아틀리에 안에서 벌거벗은 모델들 사이를 어슬렁거렸다.

클림트는 작업복도 특이했다. 화가들은 대개 편한 옷을 입고 그 위에 작업용 앞치마 같은 것을 걸치는데, 그는 임산부가 입을 듯한 가운을 입었다. 언뜻 보면 수술실의 외과의사 같기도 하다. 에밀리가 이 작업복을 만들어줬다는 얘기도 있다. 클림트는 외출할 때나 에밀리와 여행을 갈 때에도 이 옷을 즐겨 입었다.

그가 머리를 식히기 위해 걸었던 정원 풀밭을 조심조심 걸어보았다. 그때 담 너머로 들리는 기차 소리. 빈 서부역을 오가는 기차다. 잘츠부르크나 린츠를 가려면 저 기차를 타야 한다. 클림트도 정원을 산책하며 규칙적인 저 기적 소리를 들었을 테지.

뇌졸중으로 쓰러졌을 때 그의 죽음이 예고되긴 했지만 빈 사람들은 짙어져 가는 전쟁의 패색(敗色)보다 클림트의 죽음에 더 큰 충격을 받았다. 빈 사람들은 저마다 말은 하지 않았지만 빈에서 빛이 사라졌다고 느꼈다. 빈 예술계는 화려한 빛을 잃었고 예술의 중심은 베를린과 바우하우스(건축가 발터 그로피우스가 세운 디자인학교)로 옮겨갔다. 클림트가 몹시 아끼던 에곤 실레는 누구보다 비통해 했다. 에곤 실레는 신문에 추도사를 기고했다.

"그의 친구들은 정원과 가구를 포함한 히칭의 집을 사들여야 한다. 클림트의 집과 관련된 모든 것은 그대로 놔두되 어느 것 하나도 없애서는 안된다. 그림 작업도 파괴되어서는 안된다. 미완성 그림, 붓, 작업대와 팔레트는 모두 만지지 말고 그 자리에 두어야 하며 예술을 사랑하고 예술에 기뻐할 줄 아는 사람에게 일종의 클림트 박물관이 되도록 해야 한다."

에곤 실레의 간절한 소망대로 클림트의 마지막 아틀리에는 구스타프 클림트 기념사업회에 의해 있던 그대로 보존되어 일반에 공개되고 있다. 또 현재 남아 있는 클림트의 유일한 작업실이기도 하다.

죽어서도 자유로운 영혼

클림트가 묻혀 있는 히칭 묘지는 현재도 묘지로 사용되고 있어 관리상태가 매우 좋다. 정문을 들어서면 왼편에 묘지 안내판이 있다. 관리인에게 클림트와 바그너를 만나러 왔다고 말하니 친절하게 지도를 주며 13구역에 오토 바그너, 5구역에 클림트가 있다며 그 위에 동그라미로 표시를 해준다.

지도를 들고 먼저 가까운 바그너의 묘를 찾아본다. 13구역의 계단으로 올라서자 오른쪽에 건축물 형태의 가족묘가 나타난다. 바그너 가문의 가족묘다. 바그너는 부모, 아내를 비롯한 다섯 명의 가족들과 합장되어 있다. 히칭 묘지에는 유달리 가족묘가 많다. 바그너의 묘지는 건축물 모양으로 꾸며져 있다는 점 외엔 특별할 게 없다.

13구역에서 나와 이웃한 5구역으로 발길을 옮긴다. 클림트는 바그너보다 스물한 살이 어렸지만 세기말의 빈에서 함께 활동했다. 빈 분리파 운동의 리더로서 건축과 회화 분야에서 각기 새로운 시대를 열기 위해 처절하게 고민했고 예술의 도시 빈이 사실상 사망선고를 받던 1918년에 똑같이 숨을 거뒀다. 이런 우연이 있을까.

클림트는 평생 결혼을 하지 않았으니 법적으로 부양할 가족이 없었다. 그의 집안은 하층계급이었다. 클림트는 역설적으로 가문의 중압감에 짓눌릴 필요도 없었던 사람이다. 5구역에 들어서면서 나는 속으로 중얼거렸다. 클림트의 묘지는 뭔가 다르겠지. 분명 특별한 무언가가 있을 거야.

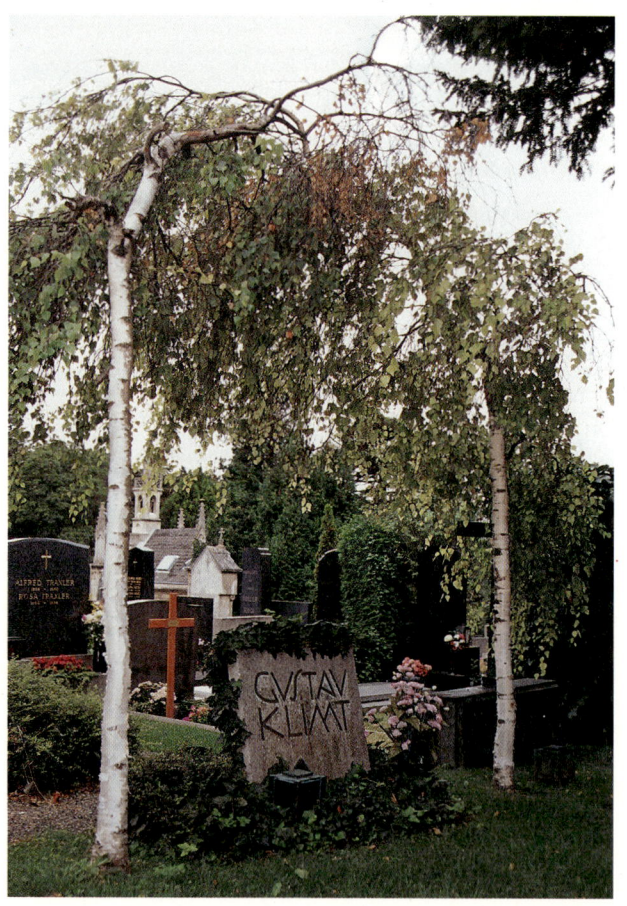

히칭 공동묘지의 클림트 묘지

5구역을 찾았지만 클림트의 묘지는 쉽게 눈에 띄지 않았다. 그러다가 그만 "아!" 하는 탄성을 지르고 말았다. 너무도 평범했던 것이다. 하지만 곧이어 역시 클림트 묘지답다는 생각이 들었다. 비석에는 클림트의 친필 서명이 동판으로 새겨져 있을 뿐 생몰년대도 없었다. 다른 것이 있다면 등나무 잎사귀가 월계관처럼 비석을 감싸고 있다는 점뿐.

클림트의 묘지는 묘비 외에는 어떤 석조물도 없었다. 석관 뚜껑도, 경계석도 없었다. 지름이 10~15센티미터

되는 자작나무 두 그루가 우산처럼 묘비를 감싸고 있는 모습이 눈에 들어온다. 구중심처의 한대 지방에서 주로 서식하는 자작나무. 갓난아이 살결처럼 보드라운 껍질에 연서를 쓰면 사랑이 이뤄진다는 나무. 나는 자작나무를 보는 순간 연인 에밀리 플뢰게가 떠올랐다.

누군가 〈아델레 블로흐 바우어의 초상〉이 실린 신문기사를 오려서 비에 젖지 않게 비닐에 코팅해서 꽂아놓았다. 신문기사를 묘지에 들고 오면서 그는 "클림트 씨, 당신 그림이 드디어 피카소를 눌렀습니다"라고 말하고 싶었던 것 같다. 오스트리아 사람들은 〈아델레 블로흐 바우어의 초상〉이 미국의 유대인 수집가 손에 넘어간 것을 통탄해 한다.

56년의 생애를 그 어떤 것에도 구속받지 않고 자유로운 영혼으로 살다간 남자 클림트. 그는 묘지에서조차 자유로웠다. 그의 영혼은 부드러운 흙의 미세한 입자 사이를 공기처럼 마음대로 드나들고 있었다.

클림트는 유언을 남기지 않았다. 아니, 유언을 남길 수가 없었다. 이 묘지는 유언 집행자로 지정된 에밀리 플뢰게의 의도대로 꾸며졌을 것이다. 그림 그리는 것 외에는 말이나 글로 자신을 드러내는 것을 죽도록 싫어했던 과묵한 남자 구스타프 클림트. 그녀는 알았다. 클림트가 뇌졸중으로 한 마디 말도 없이 숨이 멎었을 때 그의 묘비에 아무런 말도 쓰지 않는 게 그가 원하는 것이며 사랑했던 사람에 대한 예의라는 사실을.

불멸의 〈키스〉

클림트를 만나는 마지막 코스. 벨베데레 궁전이다. 궁전은 상궁과 하궁으로 나뉘어 있는데, 상궁에서는 클림트의 대표작 〈키스〉가, 하궁

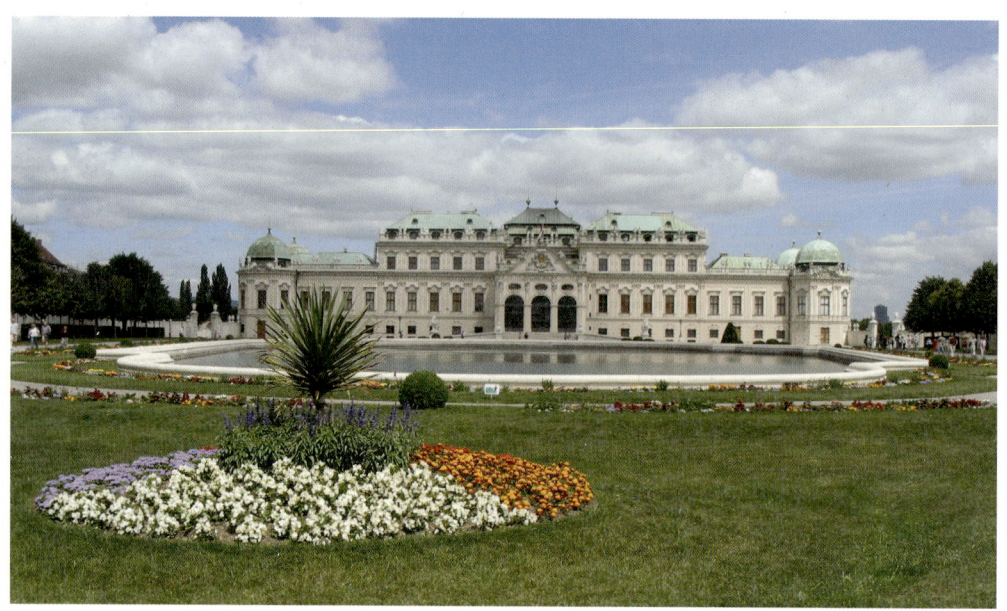

오스트리아 국립미술관으로 쓰이는 벨베데레 궁전 상궁

에서는 바로크 시대 미술품이 각각 전시되고 있다.

벨베데레 궁전은 합스부르크 왕가가 오이겐 공을 위해 지은 궁전이다. 루이 14세의 미움을 받아 프랑스에서 살지 못하고 오스트리아로 망명해 군인이 된 오이겐 공은 수많은 전투에서 승리를 거두며 승진에 승진을 거듭한다. 합스부르크 왕가는 빛나는 공훈을 세운 오이겐 공을 위해 이 궁전을 지어 상으로 내렸다. 오이겐 공이 죽은 뒤 합스부르크 왕가는 벨베데레 궁전을 넘겨받아 이곳에 미술 수집품을 보관했다. 19세기 말에 이르러 이 궁전은 프란츠 요제프 황제의 조카인 페르디난트에게 넘어가는데, 그는 황태자 루돌프가 자살하자 황위 계승자가 되었고 1914년 사라예보에서 암살될 때까지 이 궁전에서 살았다.

벨베데레 궁전은 규모는 쉰브룬 궁전의 절반도 안되지만 빈 도심에서 가깝다는 이점이 있다. 사실 날씨 좋은 날 환상도로에서 천천히 걸어도 30분이면 충분한 거리다. 벨베데레 상궁은 현재 오스트리아 국립미술관으로 쓰인다.

우리가 보려는 클림트는 1층에 있다. 궁전의 장중한 계단실을 오른다. 클림트를 만나려면 세 개의 방을 거쳐야 한다. 네 번째 방에 '1910~1912년'이라는 안내판이 붙어 있다. 네 번째 방은 분위기부터 다르다. 미술관측에서 벽면을 검정색 천으로 감싸 분위기가 한층 차분하고 엄숙하다.

방에 들어서니 〈키스〉가 맞은편 벽에 화려한 색채를 빛내며 걸려 있다. 그런데 액자에 넣어져 걸려 있는 게 아니라 아예 벽면과 하나로 붙어 있다. 그러니 외국 전시가 불가능한가 보다.

〈키스〉의 양쪽 벽에는 클림트와 에곤 실레의 그림이 뒤섞여 전시되어 있다. 왼편은 실레, 클림트, 실레, 실레 순이고 오른편은 실레, 클림트, 실레, 클림트 순이다. 〈키스〉 한 작품을 위해 클림트의 나머지 작품 석 점과 실레의 작품 다섯 점이 도열해 있는 모습이다. 적어도 이 전시실에서는 실레조차도 클림트를 위해 봉사하고 있다.

세상에서 가장 유명한 그림. 지금의 50대 이상은 고흐, 마네, 모네, 피카소를 배웠겠지만 새로운 세대인 10대부터 40대까지는 자발적으로 〈키스〉를 열렬히 찬미한다. 커피잔도 노트도 필통도 꽃병도 모두 〈키스〉를 열망한다. 〈키스〉는 오스트리아뿐 아니라 세계 모든 나라에서 가장 많이 복제되어 팔린다.

클림트와 실레의 그림 여덟 점이 〈키스〉를 위해 열병식을 하듯 관람객들도 〈키스〉 앞에서는 발에 납덩이가 붙은 것처럼 미동도 없다. 연인들조차 귓속말을 주고받는 것을 삼간다. 하긴 〈키스〉 앞에서 무슨 말이 필요할까. 모두가 〈키스〉의 주인공처럼 에로티시즘의 몰아에 빠지고 싶어한다. 자신이 경험했을 그 쾌락의 절정을 기억의 우물에서 끌어올려 〈키스〉와 함께 재연하고 싶어한다.

나는 관람객들의 눈빛에서 정중동(靜中動)을 읽었다. 그들이 키스

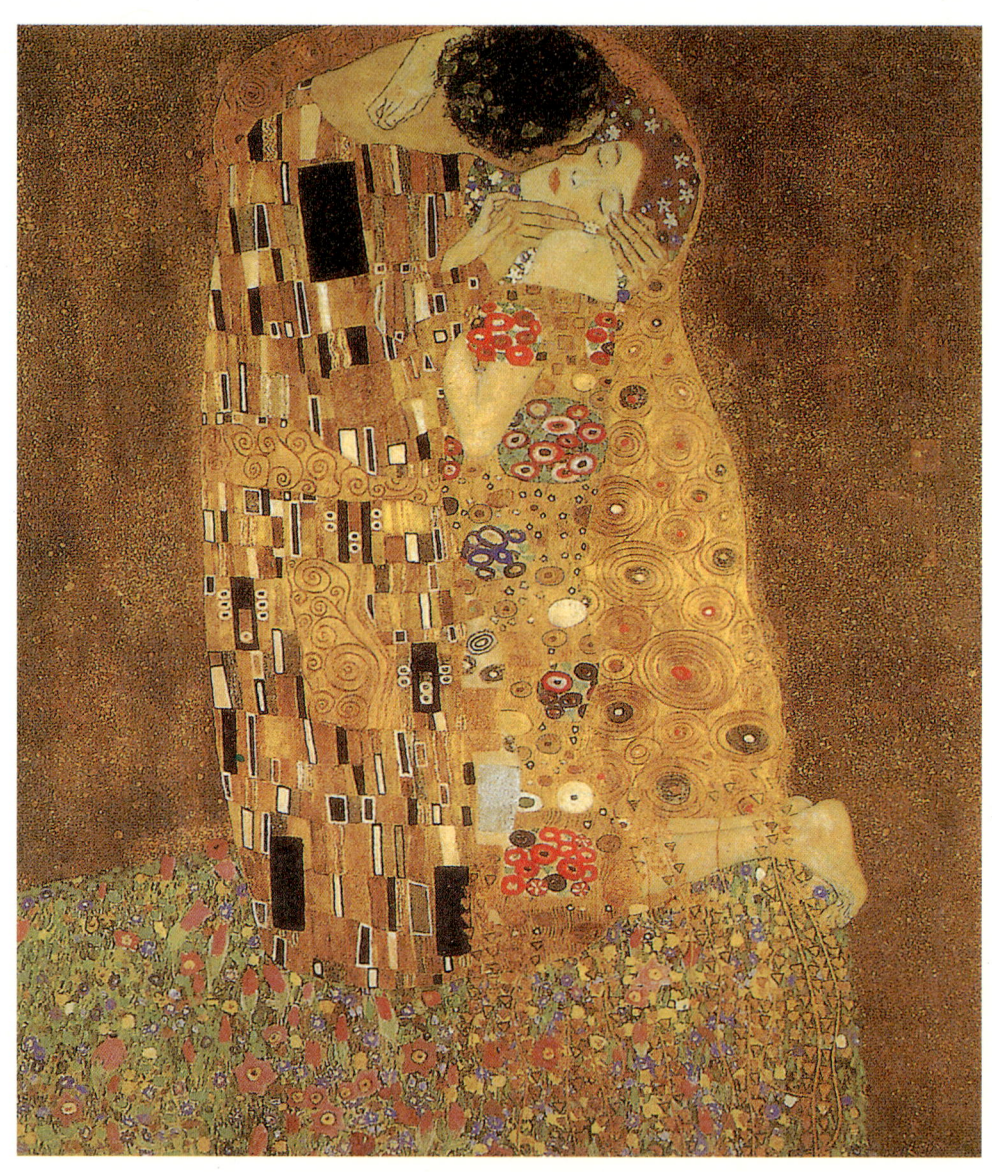

벨베데레 상궁 1층에 전시되고 있는 〈키스〉

앞에서 그렇게 오랫동안 멈춰 있는 것은 시간이 필요하기 때문이다. 이미 본능의 심연에선 요동을 친다. 나는 추측해 본다. 미술관측이 이 방만을 구태여 검정색 천으로 뒤덮은 이유를. 관람객들에게 관능적인 〈키스〉에 몰입하기를 은근히 기대하기 때문이 아닐까. 관능의 세포는 어둠 속에서 눈을 뜨니까.

클림트의 〈키스〉를 보고 나오자 갑자기 허탈감이 몰려온다. 다섯 번째 방에는 잠시 쉬도록 나무 의자를 준비해 놓았다. 다른 관람객들도 나무 의자에 앉아 쉬고 있다. 나는 미술관측의 완벽한 시나리오에 무릎을 쳤다. 의자는, 선 채로 오랫동안 〈키스〉에 몰입한 후 다리에 힘이 빠진 관람객들을 위한 배려였던 것이다.

그런데 〈키스〉의 주인공은 과연 누구일까? 에밀리 플뢰게라는 의견이 정설이다. 사돈이면서 27년간 결혼하지 않은 채 죽을 때까지 때로는 친구처럼 때로는 연인처럼 정신적 관계를 유지한 에밀리 플뢰게.

클림트가 만년에 집중한 초상화에는 모두 실존 인물의 이름이 제목으로 붙어 있다. 대부분 빈의 귀족이나 귀부인들이다. 그러나 〈키스〉의 주인공은 정확하지 않다. 에밀리의 실제 얼굴을 그려넣는 것만큼은 클림트도 부담스러웠던 것 같다. 이것 역시 위대한 천재 화가의 고도의 계산은 아니었을까.

모르는 이의 얼굴이 남자의 애무를 받으며 열락의 세계에 빠져 있으니 여성들은 누구나 쉽게 그 얼굴에 자신의 모습을 대입시킨다. 인류가 존재하는 한 에로티시즘은 영원하고 그래서 클림트의 〈키스〉 또한 불멸하다.

Sigmund Freud 프로이트,

위대한 집착

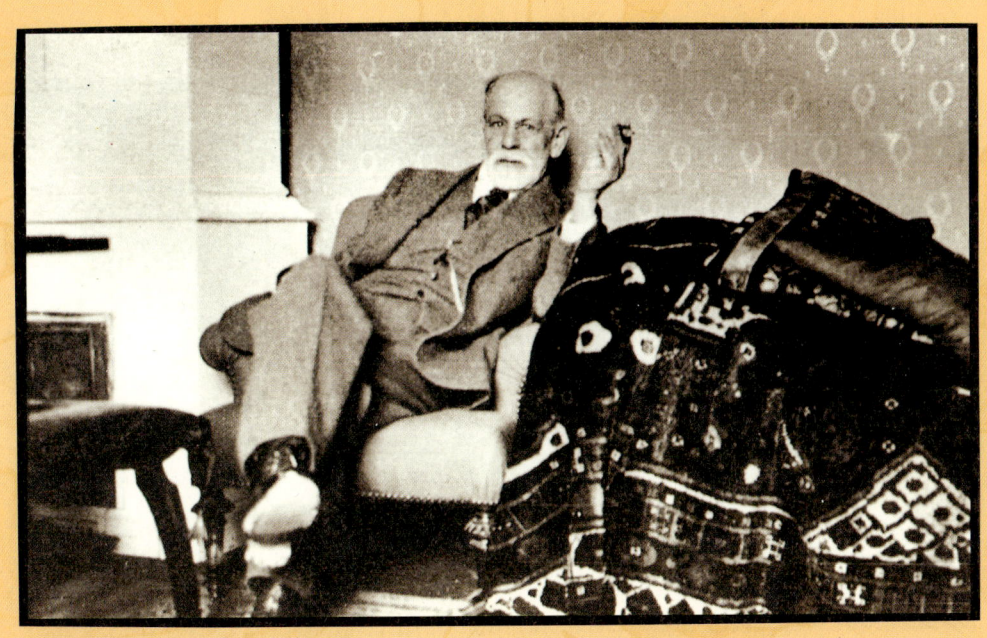

Sigmund Freud

모노톤의 삶

2006년, 지그문트 프로이트는 지하에서 조금은 억울해 할지도 모르겠다. 모차르트 탄생 250주년에 가려 탄생 150주년인 프로이트는 상대적으로 빛을 보지 못했으니 말이다. 그러나 정신분석학 관련 연구자들에게, 더 나아가 사회 현상을 구조적으로 파악하는 데 익숙한 사람들에게 2006년은 잊을 수 없는 해였을 것이다. 특히나 2006년에 빈을 방문한다는 것은 더할 나위 없는 기쁨이리라.

솔직히 나는 프로이트를 만나는 게 조금은 두렵고 걱정스럽기도 했다. 빈으로 떠나기 전 자료 조사를 했지만 프로이트에게서는 어떤 극적인 요소를 찾기가 유난히 어려웠기 때문이다. 프로이트는 정신분석학을 가리켜 "파묻히고, 망각되었으며, 억압되고, 부인된 과거에 대한 일종의 고고학적 발굴"이라고 말했다. 프로이트 자신은 매우 복잡한 인간 심리의 심연을 탐험했지만 그의 생애는 드러난 점만 보면 대단히 단순하다.

그는 1891년부터 1938년까지 47년간 빈의 베르크 가세 19번지에 있는 집에서만 살았다. 이 집은 현재 프로이트 박물관으로 쓰인다. 나

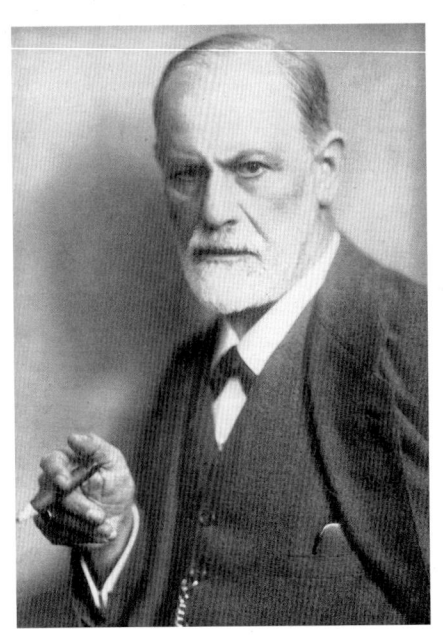

는 일단 이 대목에서 프로이트에게 숨이 턱 막
힌다. 어떻게 한 집에서 반세기를 살 수 있단
말인가. 이 집에 이사 오기 전에는 마리아테레
지아 슈트라세 5번지에서 5년간 살았었다.

　위대한 인물의 생애를 탐구하는 작가 입장
에서는 대상 인물이 파란만장한 생애를 살다
간 사람이기를 바란다. 그래야 작가도 할 말이
많고 읽는 이도 흥미를 느낄 것이기 때문이다.
그런데 색상으로 치면 프로이트의 삶은 한 가
지 색깔, 즉 모노톤처럼 보인다. 무엇보다 프로
이트의 사생활은 거의 드러난 게 없다. 모든 자
료에는 마치 프로이트가 결혼 이후 오직 아내
한 사람만 바라보며 산 것처럼 그려져 있다.

　물론 몇몇 프로이트를 연구하는 학자들은 그가 아홉살 아래인 처제
(민나 베르나이스)를 사랑했다는 주장을 해왔다. 최근 이와 관련하여
하이델베르크 대학의 사회학자는 스위스 알프스의 한 호텔에서 1898
년 프로이트가 처제와 투숙하며 서명한 숙박부를 찾아냈다. 그렇지만
그것뿐이다. 처제와의 밀회에 얽힌 어떤 스토리도 드러나지 않았다.

　프로이트가 살았던 두 집은 환상도로에서 조금 벗어나 있다. 나는
먼저 우니베르시타트 거리에 있는 프로이트 공원을 가보기로 했다.
지하철 2호선(U2)을 타고 쇼텐토어 역에서 내려 공원에 도착한 나는
뭔가 특별한 기념물이 있기를 바라는 마음이었다. 하지만 나의 기대
는 어긋났다. 그 흔한 동상조차 보이지 않는다. 작고 평범한 기념비만
이 오도카니 서 있을 뿐이다.

　프로이트 공원에서 EU(유럽연합) 기념물을 만난 것은 전혀 예상 밖

이었다. 1997년 EU 탄생 40주년을 기념하기 위해 EU는 원형으로 나무를 심었다. 프로이트 공원에서 특이한 점이 있다면 화강암으로 만든 원형 테이블과 의자였다. 의자는 모두 10개다. 2004년 EU에 새로 가입한 10개국을 기념하기 위한 것으로, 살아 있는 대화를 상징하는 조형물이다.

공원을 나와 프로이트의 첫번째 집이 있는 마리아테레지아 슈트라세 5번지로 향한다. 5번지 앞에서 프로이트와 관련된 것이 뭐 없나 하며 서성이고 있는데, 정장 차림의 노부인이 내게 영어로 말을 걸어왔다.

"뭘 도와드릴까요?"

"마리아테레지아 거리 5번지에 프로이트가 5년간 살았다고 하던데 여기 와보니 아무것도 없습니다."

"마리아테레지아 거리 5번지는 1차대전 때 완전히 파괴되었죠. 지금은 그 자리에 아파트가 들어섰어요. 그래서 아무런 표지(標識)가 없습니다."

프로이트 공원의 기념비

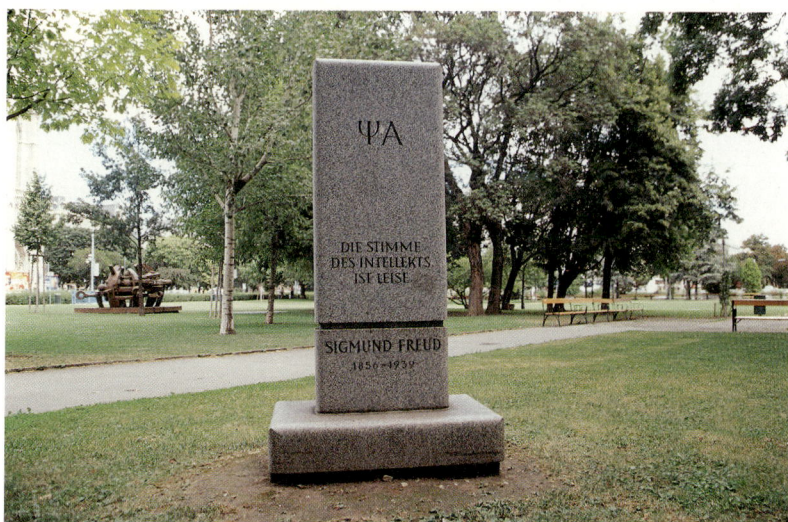

노부인은 친절하게 설명을 덧붙인다.

"베르크 가세 19번지로 가면 프로이트를 만날 수 있습니다. 여기서 아주 가까워요. 네 블록만 가면 됩니다."

기대와 애정 속에서

지그문트 프로이트는 1856년 5월 6일 오스트리아 프라이베르크에서 유대인 부모 사이에서 태어났다. 프라이베르크는 1차대전 이후 오스트리아에서 떨어져 나가 체코의 영토가 되었다. 친가는 라인강 옆 쾰른에서 오랫동안 살았으나 14~15세기경 유대인 박해를 피해 동유럽으로 이주했고, 19세기에 리투아니아와 갈리치아를 거쳐 오스트리아로 들어오게 되었다.

1860년, 프로이트의 아버지는 1년간 살던 라이프치히에서 빈으로 이사를 왔다. 프로이트 집안의 역사는 곧 유대인 박해의 역사와 겹쳐진다. 프로이트는 어려서부터 자신도 유대인이기 때문에 조상들처럼 시련이 예비되어 있다는 것을 무의식에서 깨달았다.

프로이트는 《꿈의 해석》에서 어렸을 때 아버지가 들려준 젊은 시절 일화 한 토막을 소개하고 있다. 산책 중에 마주친 어느 기독교인이 유대인은 보도에서 내려서라고 소리치며 아버지의 머리를 치는 바람에 쓰고 있던 새 모자가 진흙탕 속에 떨어졌다고 한다. 그런데 아버지는 조용히 차도로 내려가 모자를 주웠다. 어린 프로이트는 "훌륭한 아버지의 비굴한 행동에 충격을 받았다"고 고백했다.

프로이트는 1860년부터 1938년까지 78년을 빈에서 살았다. 유년기와 청소년기를 빈에서 보냈지만 프로이트의 어린 시절에 관한 일화는 거의 알려진 게 없다. 유년 시절의 프로이트를 상상해 볼 수 있는 거의 유일한 장소는 프라터 공원이다.

환상도로 외곽 도나우강을 따라 길게 뻗어 있는 프라터 공원. 페리스 휠(Ferris wheel, 회전식 관람차), 영화 〈제3의 사나이〉, 장장 5킬로미터에 이르는 하우프트알레 등으로 유명한 곳이며, 수백 년 동안 합스부르크 황실의 사냥터이기도 했다. 헤아릴 수 없이 많은 아름드리나무들이 그 장구한 세월을 증언한다. 황실 전용 공간이던 프라터 공원은 1766년에야 대중에게 공개되었다. 이후 이 공원은 빈 시민들의 삶에서 떼려야 뗄 수 없는 장소가 된다. 서울로 치면 남산공원과 같은 곳이다. 이 책의 다른 주인공들인 클림트, 모차르트, 베토벤, 로스, 바그너 등도 프라터 공원으로 종종 나들이를 했다.

하우프트알레는 도나우강과 평행선을 달리며 프라터 공원을 관통하는 장장 5킬로미터의 밤나무 숲길이다. 이 숲길을 걸어본 사람이라

프라터 공원의 밤나무 숲길 하우프트알레

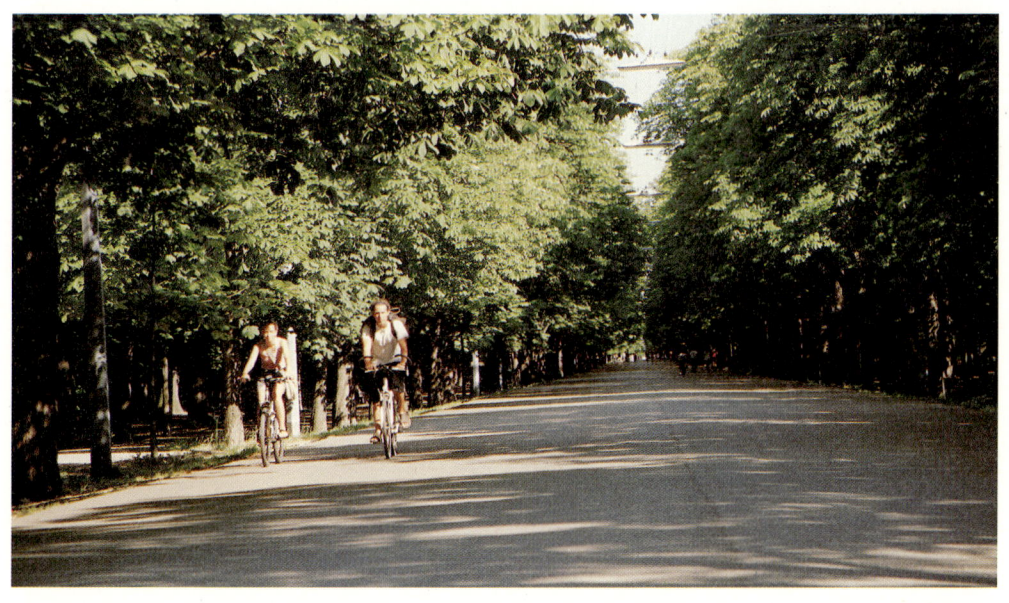

면 그 아름다움에 누구나 감탄하지 않을 수 없다. 하우프트알레를 갖고 있다는 사실 하나만으로도 빈 시민들이 그렇게 부러울 수가 없다. 하우프트알레가 끝나는 지점에 건물 한 채가 있다. 레스토랑 루스트하우스(Lusthaus)다. 18세기에 지어진 8각형 2층 건물은 원래 황실의 사냥막으로 쓰였다.

프로이트는 열두 살 때 가족과 함께 이 루스트하우스에서 식사를 한 것으로 기록되어 있다. 그날은 프로이트 가족에게 특별한 의미가 있는 날이었다. 고급 식당인 루스트하우스에서 외식을 하게 되었으니 말이다. 테이블을 돌아다니던 즉흥시인이 프로이트 가족이 앉은 테이블로 와서는 열두 살의 소년 프로이트를 뚫어지게 바라보고는 이런 예언을 했다. "이 아이는 아마도 장관 같은 큰 인물이 될 것입니다." 지금도 루스트하우스는 상류층이 애용하는 특별한 레스토랑이다. 1868년이면 루스트하우스의 명성은 더 높았다. 그런 레스토랑에 출입하는 즉흥시인의 말이라면 어느 정도 믿을 만하지 않았을까.

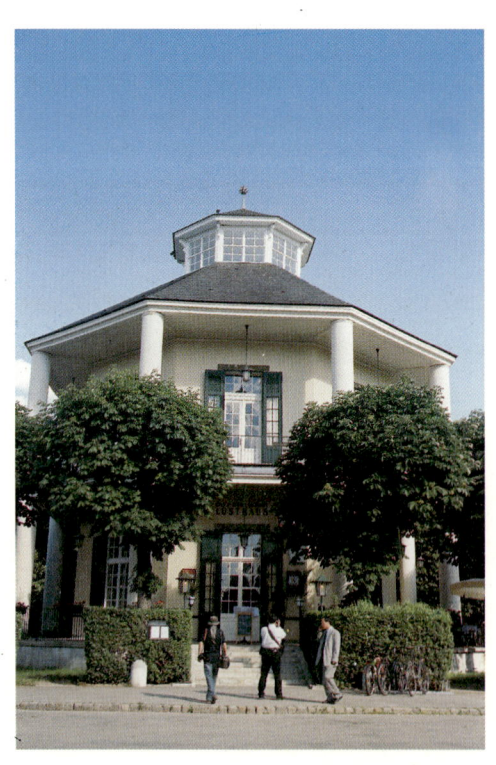

하우프트알레가 끝나는 지점에 있는 레스토랑 루스트하우스

프로이트는 더 어렸을 때도 비슷한 경험이 있었다. 어머니 아말리아와 거리를 걷다가 우연히 만난 어느 노파로부터 "꼬마야, 너는 반드시 훌륭한 인물이 될 것이다"라는 말을 들은 적이 있었다. 프로이트는 이런 칭찬을 나이든 사람이 어린아이에게 흔히 하는 말로 생각했겠지만 어머니는 달랐다. 특히 루스트하우스에서 만

난 시인의 말이 귓전에서 떠나지 않았다. 어머니는 시인과 노파의 예언을 확신했고 프로이트에게 더욱 애정을 쏟으며 기대를 걸었다. 프로이트 역시 "어머니의 기대와 애정을 듬뿍 받은 나는 사회에서도 반드시 성공할 수 있을 것"이라는 자기 확신을 갖게 되었다.

프로이트는 김나지움(중고등학교 과정)에 다니는 7년 동안 한 번도 수석을 빼앗긴 적이 없다. 그는 모든 시험에서 면제되는 특별대우를 받았다. 훗날 그는 "대학에 입학하기 직전까지 법학을 공부하고 싶다고 생각한 것은 이 예언에 강한 인상을 받았기 때문"이라고 회상했다. 프로이트는 또《나의 이력서》에서 "나중에 유명한 정치가가 된, 나보다 나이 많은 같은 학교 친구의 영향을 받아 그와 같이 법을 공부하고 사회활동에 참여하고 싶은 희망을 가졌었다"고 썼다.

김나지움을 졸업하기 직전 프로이트는 우연히 카를 브륄(Carl Brhl) 교수의 강연을 듣게 된다. 카를 브륄 교수는 괴테의《자연에 대하여》라는 글을 인용하며 강연을 했다. 프로이트는 이 강연에 감명을 받아 법학을 포기하고 의학을 공부하기로 방향을 바꾼다. 괴테는《자연에 대하여》에서 "자연은 아름답고도 풍성한 어머니이며 그 자식인 인류에게 만물의 근원인 자연의 비밀에 대해 탐색할 수 있는 특권을 부여하고 있다"고 했다.

나는 프로이트가 7년간 다닌 김나지움을 가보고 싶었지만 안타깝게도 김나지움의 현재에 대한 언급은 어떤 자료에도 없었다. 프로이트 박물관을 나오면서 직원에게 김나지움이 있던 자리를 알고 싶다고 말했더니 직원이 하던 일을 멈추고 어디론가 전화를 걸었다. 잠시 뒤 주소를 알아내 취재 수첩에 적어주며 이렇게 덧붙였다.

"전쟁 때 파괴되어서 옛날 건물이 남아 있지 않다는군요. 특별히 볼 것도 없다고 하고요."

법학 대신 의학의 길로

'닥터 카를 루에거 링'에 있는 빈 대학. 2004년《타임》지가 선정한 세계 대학 랭킹에서 94위를 기록한 바 있다. 대학 정문 현관을 들어서면 왼편에 빈 대학 교수로 노벨상을 받은 9명의 이름이 적혀 있다. 방문객은 일단 이 숫자만으로도 압도된다. 빈 대학 안쪽에는 중정(中庭)이 있고 이 정원을 에워싸며 복도가 있다. 이 복도에는 노벨상 수상자 9명을 포함한 빈 대학 출신의 저명한 교수 144명의 얼굴이 흉상 또는 부조로 새겨져 있다. 물론 프로이트의 흉상도 있다.

빈 대학이 환상도로변으로 건물을 옮긴 것은 1884년. 1365년에 세워진 옛 빈 대학은 슈테판 성당 뒤쪽의 구도심에 있었다. '닥터 이그나츠 슈이펠 광장'에 있는, 현재 과학아카데미 건물로 쓰이는 곳이다. 지금은 빈 대학이 당당히 프로이트가 이 대학의 교수였다는 사실을

빈 대학 복도. 빈 대학이 배출한 석학의 흉상이나 부조가 전시되어 있다.

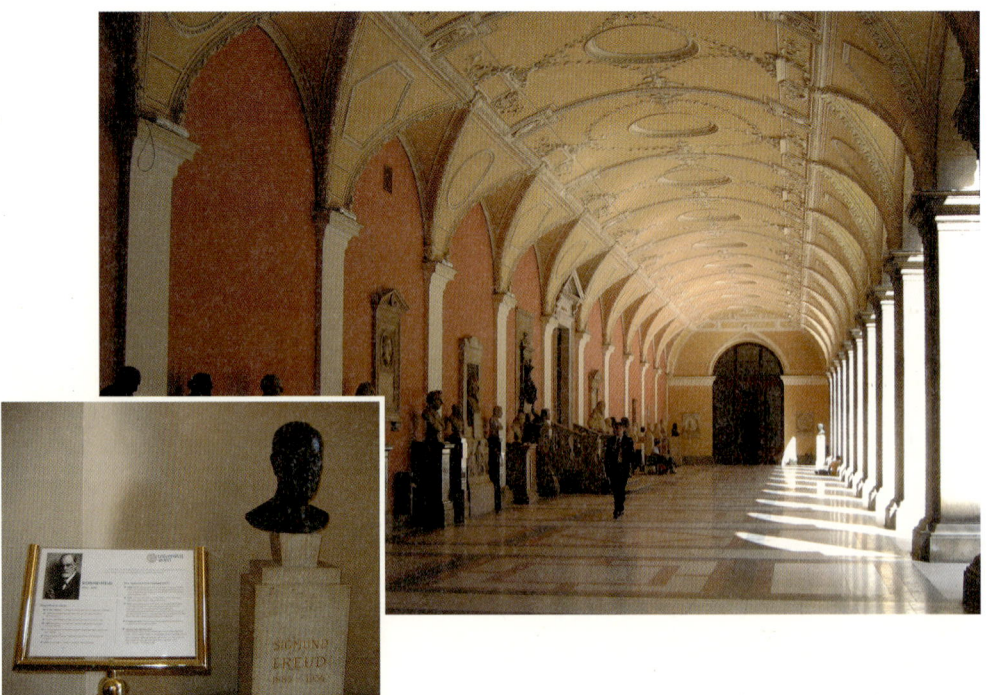

자랑하지만 초창기 빈 대학은 프로이트에게 좌절과 절망만을 안겨주
었다.

　김나지움을 수석으로 졸업한 프로이트는 1873년 열일곱살의 나이
에 빈 대학 의학부에 입학했고 대학원까지 진학하여 박사학위를 받았
다. 그후 1882년까지 빈 대학 의학부 생리학연구소에서 근무한 다음
생리학연구소의 에른스트 브뤼케 교수 연구실에서 조수 생활을 한다.

　프로이트에게는 약혼자 마르타가 있었는데, 그녀와 결혼을 하려면
돈을 벌어야 한다고 생각하고는 생리학 실험실을 떠나 종합병원 임상
조수로 자리를 옮긴다. 그가 1882년부터 1885년까지 근무한 종합병원
은 알저 슈트라세 4번지에 있다. 17세기에 지어진 이 건물은 구빈원
(救貧院)으로 사용되다가 요제프 2세 황제 시절인 1784년 종합병원으
로 바뀌었다. 1998년 종합병원 재배치 계획에 따라 병원은 다른 곳으
로 옮겨졌고 현재는 빈 대학 부설 기관이 들어서 있다.

**슈테판 성당 뒤편에
있는 옛 빈 대학**

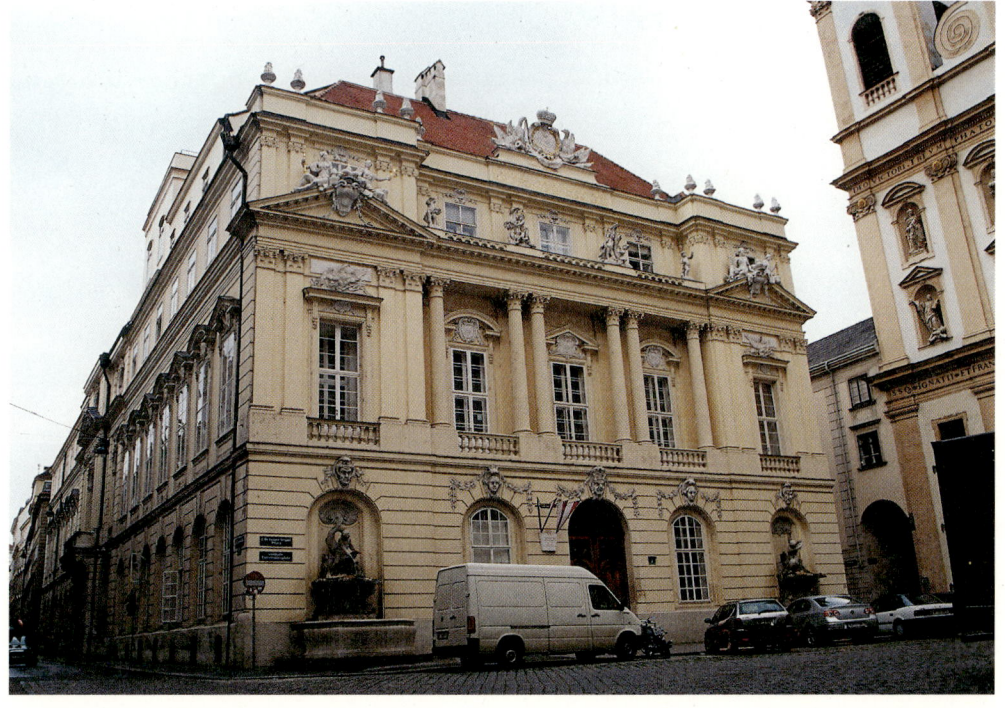

병원 정문에는 지그문트 프로이트의 이름이 붙어 있다. 또 이곳은 베토벤의 장례식이 치러진 성당 건너편이기도 하다. 종합병원 옆에 있는 공원은 오토 바그너 광장. 프로이트, 베토벤, 바그너는 이렇게 작은 공간에서 서로의 이름을 쳐다보고 있다. 이게 빈이다.

프로이트는 종합병원에서 일급 의사로 4년간 근무한다. 처음에는 코카인의 효과와 중추신경계를 연구하다가 나중에 신경질환으로 관심 분야를 옮긴다. 당시 신경질환은 빈에서는 매우 낯선 영역이었다. 프로이트는 빈 역사상 처음으로 사체 부검을 했고 '급성다발신경염'을 진단한 사람으로 기록되었다.

프로이트는 1885년 발표한 임상 논문을 인정받아 신경병리학 분야의 강사 자리를 얻는다. 이어 생리학연구소 브뤼케 교수의 추천으로 장학금을 받고 1885년 가을 파리로 간 프로이트는 신경병 연구의 성지로 알려진 살페트리에르 병원에서 장 마르탱 샤르코 교수에게 배운다. 당시 파리는 정신과 의사들이 동경하던 도시였다.

여기서 궁금증이 생긴다. 왜 프로이트는 신경병리학에 관심을 갖게 되었을까. 신경병리학적 연구는 훗날 정신분석학이라는 학문으로 발전해 오늘날 프로이트를 존재하게 했다. 여기에는 많은 해석이 있지만 나는 두 가지 해석에 주목한다. 하나는 그의 유대인성(性)이고, 다른 하나는 복잡한 가족관계이다. 프로이트의 아버지 야콥은 40세에 19세의 아마리아와 결혼했다. 아마리아는 야콥의 세 번째 부인이었다. 프로이트는 야콥과 아마리아 사이에서 태어났다. 첫번째 부인과의 사이에서 태어난 장남 엠마누엘은 아마리아보다 연상이었다. 프로이트에게 큰 형 엠마누엘은 아버지 같은 존재였고, 아버지 야콥은 할아버지 같은 존재였다. 프로이트 밑으로 남동생 2명, 여동생 5명이 더 태어났다.

프로이트는 1886년 가을에 마르타와 결혼했다. 1882년 여동생의 소개로 마르타를 만난 지 4년 만이었다. 프로이트는 마르타의 미소에 첫눈에 반했다. 3개월 뒤 약혼을 했지만 마르타의 부모는 처음에는 프로이트를 못마땅하게 생각했다. 정신과 의사로는 딸을 먹여살리기가 힘들 것이라고 생각했기 때문이다.

프로이트는 마르타와 연애하는 4년 동안 무려 900여 통의 편지를 썼다. 프로이트의 파리 유학 시절 두 사람의 사랑은 더 깊어졌고 연애편지는 더 빈번히 오갔다. 두 사람은 마리아테레지아 5번지에서 신혼살림을 시작했으며, 동시에 신경과 의사로 개업한다. 프로이트는 결혼한 해부터 5년 정도는 거의 연구도 하지 못한 채 신참 의사로서 가족들을 먹여살리는 데 정신이 없는 나날을 보냈다. 마르타는 아이를 세 명 출산했다. 집이 비좁아지자 프로이트는 1891년 8월 베르크 가세 19번지로 이사해 이 집에서 세 명의 자녀를 더 낳았다.

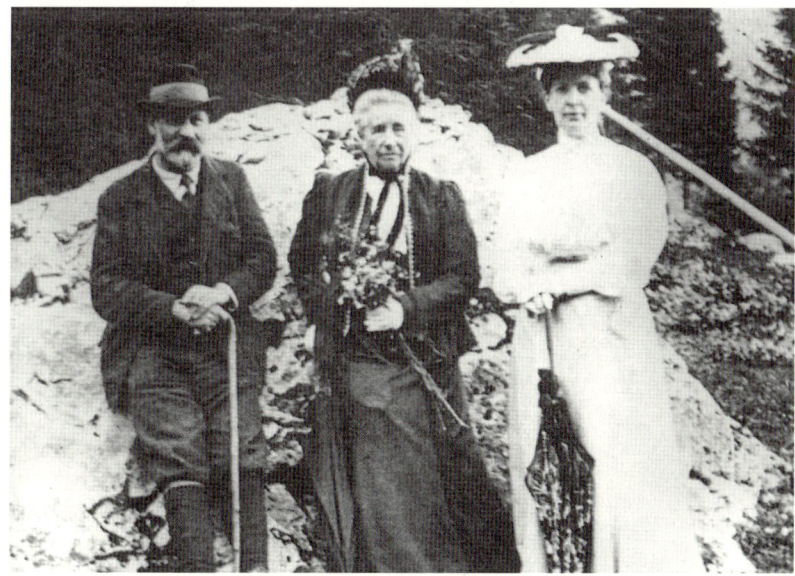

1905년의 프로이트, 어머니 아마리아, 아내 마르타

낡은 흑백 필름 속 프로이트

이제 프로이트가 47년간 살았다는 베르크 가세 19번지로 가보자. 앞서 노부인이 말한 대로 블록을 세며 걸었다. 한 블록, 두 블록, 세 블록, 네 블록. 베르크 가세로 접어들어 주위를 둘러보자 한눈에 19번지가 보인다. 아파트 앞에 커다란 입간판이 서 있다. "인류의 사상과 역사를 변혁시킬 만한 위대한 학문이 탄생했다"는 공간이다. 프로이트는 이 집에서 환자를 진료했으며 동시에 정신분석학을 연구했다. 2차 대전 당시 빈이 연합군의 폭격을 받았을 때 이 아파트가 온전히 살아남은 것은 얼마나 큰 축복인가.

프로이트가 살던 집은 2층이다. 1층에 카메라 가방을 맡기고 한 계단 한 계단 오른다. 대리석 계단은 내 발걸음을 묵직하게 받아들인다. 나는 순간 계단을 오르내린 수많은 이들의 걸음이 발바닥으로 전류처럼 전해오는 것을 느꼈다. 엘리자베스 폰 R과 에미 N부인. 프로이트가 오랫동안 진료한 여성들이다. 프로이트와 초창기 함께 일했던 브로이어 교수, 프랑스의 문학가 겸 음악가 로맹 롤랑, 유대인인 전기작가 슈테판 츠바이크, 루 살로메, 융…… 47년간 얼마나 많은 사람들이 이 계단을 오르내렸을까. 프로이트를 만난다는 생각에 설레고 들뜬 사람도 있었고 반대로 정신질환 때문에 천근만근의 발걸음을 옮긴 사람도 있었겠지.

순간 다급하게 쿵쾅거리는 다중의 구둣발 소리가 들린다. 신사화나 숙녀화가 아닌 살기가 담겨 있는 군화 소리다. 1938년 3월 14일 들이닥친 나치의 게슈타포 군인들이었다.

2층에 올라오니 입장권을 사야 한다. 방문객은 먼저 작은 방에 들어가 흑백 동영상을 볼 필요가 있다. 미국 정신분석학회가 제작한 필름이다. 프로이트가 이미 세계적인 명성을 얻은 1930～1939년, 만년의 프로이트를 담은 영상물이다. 10여 명의 관람객이 숨을 죽이고 동영상을 지켜보고 있다.

비가 줄줄 흘러내리는 듯한 오래된 흑백 필름의 주인공은 병색이 완연하다. 해설은 셋째 딸 안나가 맡았다. 안나의 목소리가 떨리고 있다. 무대는 빈. 집안, 집의 뒤뜰, 그린칭 등이다. 프로이트의 어머니 모습도 보인다. 프로이트는 어린 시절 기차 여행 중 어머니가 옷을 갈아입을 때 우연히 어머니의 젖가슴을 보면서 성욕을 느꼈다고 고백했다. 훗날 그는 이때의 기억을 토대로 '유아도

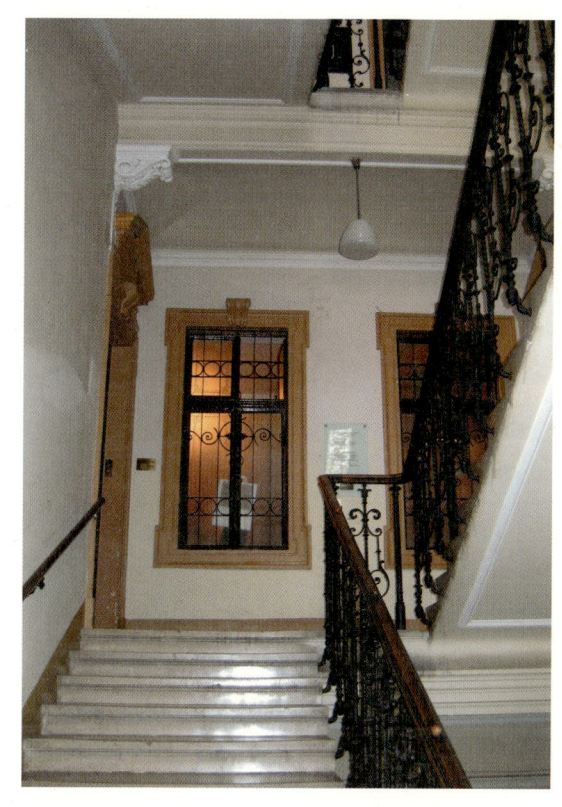

성욕을 느낀다'는 요지의 연구 논문을 발표하게 된다. 이것이 오이디푸스 콤플렉스 이론으로 발전했다.

1932년 아파트를 방문한 융과 대화하는 모습도 있다. 프로이트가 책을 읽기 위해 안경을 돋보기로 바꿔쓰는 장면도 나온다. 아내와 함께 산책하는 모습, 개를 쓰다듬으며 흐뭇해 하는 모습, 그리고 프로이트가 생전에 수집한 수많은 미술품들이 카메라에 잡힌다.

흑백 동영상을 보고 있자니 프로이트의 슬픈 가족사가 오버랩되었다. 1920년에 들어서면서 불행이 프로이트를 기다리고 있었다. 1920년 1월, 둘째딸 소피가 어린 아들 둘을 남겨놓은 채 스물여섯살로 사

망했다. 프로이트가 딸의 죽음으로 어떤 충격을 받았을지는 굳이 설명이 필요없다. 외할아버지는 엄마 없는 외손자들에게 사랑을 듬뿍 쏟았다. 특히 하인츠(하이넬레)를 무척 귀여워했다. 그러나 1922년 하인츠가 결핵으로 죽고 만다. 프로이트는 외손자의 죽음 앞에 일생에서 가장 많은 눈물을 흘렸다.

1923년, 예순일곱살의 프로이트는 위턱에 생긴 구개암 수술을 받는다. 이후 구개암은 프로이트를 끊임없이 괴롭혔다. 1939년 망명지인 영국 런던에서 숨질 때까지 모두 33차례의 수술을 받았다.

흑백 필름의 후반부는 런던이 배경이다. 프로이트가 가족을 이끌고 런던으로 망명한 이후의 모습이 담겨 있다. 병세가 점점 깊어져 가고 의자에 똑바로 앉지도 못한 채 반쯤 누워 있다. 두터운 담요를 가슴까지 덮고 누워 책을 읽거나 방문객을 만난다. 턱수건을 받치고 있는 모습도 나온다. 두 명의 손자와 사진을 찍고 애견 점보가 프로이트 주변을 맴도는 모습도 보인다. 흑백 동영상을 통해 나는 비로소 프로이트에 대한 두려움을 떨쳐버린다. 그도 우리와 똑같은 인간이었다.

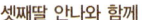
셋째딸 안나와 함께

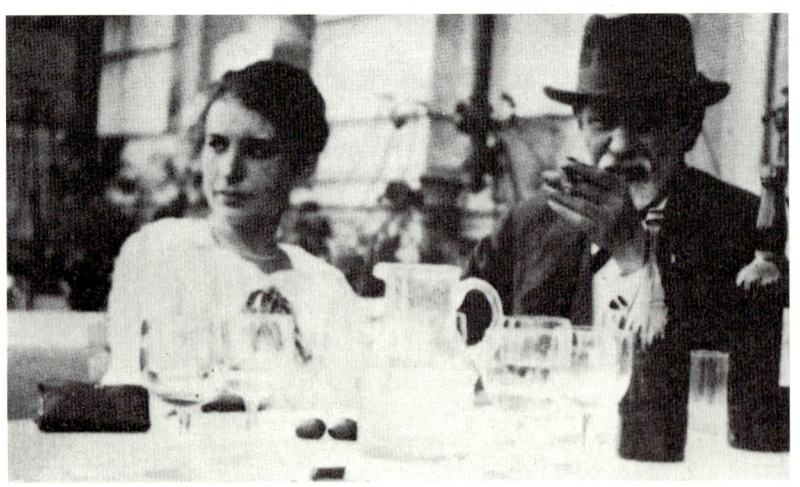

미술품 수집광

프로이트는 미술품 수집광으로도 유명하다. 환자를 진료하고 남는 시간을 이용해 세계 각국의 고대 미술품들을 수집했는데, 그가 모은 미술품은 흉상, 불상, 조각, 스핑크스, 인장, 주화 등으로 2,000점이 넘었다. 프로이트의 상담실은 원시 및 고대 문명의 미술품으로 뒤덮여 있다고 해도 과언이 아니다. 나치를 피해 허겁지겁 런던으로 망명하지 않았다면 수집한 미술품으로 박물관을 꾸밀 수 있을 그런 규모다.

프로이트는 "미술품이 몽롱하고 희미하게 가려져 있는 인간의 정신 세계를 드러내주는 경우가 흔히 있다"는 믿음을 갖고 있었다. 저마다 다른 문명권에서 과거의 신화를 바탕으로 만들어진 미술품과 토템. 프로이트는 어떻게 빈이라는 작은 도시 안에서 인간 심리의 깊고 깊은 대양을 항해할 수 있었을까, 누구나 궁금하게 생각하는 부분일 것이다. 나는 미술품과 토템들을 보면서 비로소 그 의문이 조금씩 풀려가는 것을 느꼈다. 프로이트는 미술품과 토템들을 관찰하면서 연구에 연구를 거듭했다. 그는 그 속에 비록 문명권과 시간은 각기 다르지만 인간이기 때문에 드러낼 수밖에 공통적 특성이 있을 것이라고 믿었다. 그의 연구는 그 공통점을 찾아내기 위한 피나는 노력의 과정이었다.

프로이트 박물관에는 방마다 사진이 빼곡히 걸려 있다. 관람객들은 이어폰을 귀에 대고 사진에 붙어 있는 고유 번호를 눌러 해당 사진에 대한 설명을 듣는다. 프로이트가 군복을 입은 두 아들과 함께 찍은 사진도 있다. 집에 무사히 돌아왔다는 안도감과 다시 아버지를 만난 기쁨이 두 아들의 얼굴에 그대로 드러나 있다. 세 아들을 모두 전장으로 보냈던 아버지 프로이트의 심정은 어땠을까.

우리는 프로이트 집에서 1차 세계대전의 비극과 오스트리아-헝가리 제국의 몰락을 다시 한 번 확인하게 된다. 1차대전은 알려진 대로 1914년 6월 28일 오스트리아-헝가리 제국의 황위 계승자 프란츠 페르디난트 대공이 사라예보에서 세르비아계 민족주의자 청년에게 암살되면서 시작되었다.

세르비아는 알바니아, 크로아티아, 슬로베니아로 영토를 확장하고 싶어했지만 오스트리아-헝가리 제국이 걸림돌이었다. 세르비아인들은 페르디난트 대공이 크로아티아와 화해 무드를 조성한다면 '위대한 세르비아' 건설 계획이 틀어질 것을 염려했다. 암살 계획의 직접적 계기는 페르디난트 대공이 하필 세르비아의 국경일에 사라예보를 방문하기로 했기 때문이다. 세르비아인들은 오스트리아-헝가리 제국의 오만함에 분노했다. 암살 계획을 꾸민 사람은 러시아 육군 무관.

페르디난트가 암살되자 오스트리아는 세르비아에 선전포고를 했다. 세르비아를 지원해 오던 러시아의 니콜라이 2세는 군사 동원령을 내렸다. 오스트리아-헝가리 제국은 프로이센(독일) 제국과 동맹관계를 맺고 있었기 때문에 두 나라는 자연히 한편이 되었고, 불가리아와 오스만투르크 제국이 여기에 동참한다. 17세기 두 차례나 빈을 집어삼키기 위해 공격했던 오스만투르크가 이번에는 동맹관계가 된다.

러시아, 프랑스, 영국, 이탈리아가 동맹으로 역시 한편이 되었다. 여기에 아메리카 대륙의 미국과 캐나다가 영국 편에 서서 연합군을 구성한다. 세계대전은 시작부터 승패가 정해져 있었다. 오스트리아·헝가리·독일 연합군은 적들로부터 완전 포위되어 전선이 절대적으로 불리했지만 전쟁 초반 독일은 막강한 군사력으로 프랑스를 압박했다.

프란츠 페르디난트는 원래 황위 계승자가 될 수 없었다. 프란츠 요제프 황제의 아들이자 황태자인 루돌프가 자살하면서 페르디난트의 운명도 바뀌게 된다. 페르디난트가 황위 계승자가 되지 않았다면 세르비아계의 암살 표적이 되지도 않았을 것이다.

루돌프는 수구적인 요제프 황제와는 달리 개방적이고 합리적인 사고방식의 소유자로 유럽의 국제 정세를 꿰뚫어보고 있었다. 그는 오스트리아-헝가리 제국이 독일과 동맹관계를 맺는 것은 화약을 지고 불로 뛰어드는 것이라고 생각했다. 그래서 수차례 요제프 황제에게 국제 정세에 대해 설명했지만 시대착오적 관념에 사로잡힌 합스부르크 왕가에서는 누구도 그의 말을 귀담아듣지 않았다. 시대에 숨막혀 하던 루돌프는 결국 황태자의 지위를 포함한 모든 것을 내던지고 젊은 애인과 권총 자살을 결행했고, 페르디난트가 황위 계승자가 되었던 것이다.

1차대전 당시 프로이트의 장남 마르틴은 이탈리아 전선에 나가 포로가 된다. 차남 올리버는 기술병으로 칼파시아 산맥으로, 막내아들 에른스트 역시 이탈리아로 출정했다. 1차대전 때 전차(탱크)가 처음으로 등장했고 비행기가 폭격용으로 개발되었다. 전쟁이 장기화되면서, 또 승전보다 패전 소식이 많아지면서 빈의 경제 사정은 점점 악화되어 갔다. 자연히 베르크 가세 19번지를 찾는 환자의 수도 줄어들었다. 프로이트 부부는 전장에 나간 세 아들 걱정에 잠을 이루지 못했다.

이와 관련된 또다른 사진은 1918년 환상도로변 국회의사당 앞을 찍은 것이다. '오스트리아 공화국 선포식'이라는 사진 설명이 달려 있다. 합스부르크 왕가가 다스리는 오스트리아-헝가리 이중제국은 아드리아해를 낀 대제국이었다. 오스트리아는 지금의 체코를 포함한 영토를 소유했으며 헝가리 역시 오늘날보다 두 배는 컸다.

1차대전에서 패전국이 된 오스트리아-헝가리 제국은 인구 5,000만 명의 제국에서 650만 명의 공화국으로 줄어들었다. 프로이트의 세 아들은 다행히 종전과 함께 건강하게 돌아왔다. 프로이트는 세 아들과 함께 오스트리아 공화국이 선포되는 광경을 지켜보았다. 세상의 흐름을

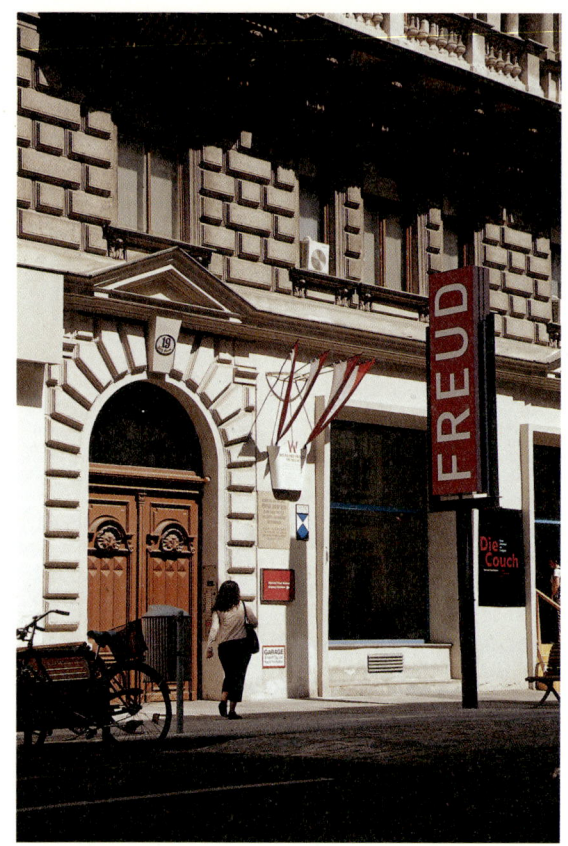

읽지 못한 국가 지도부로 인해 오스트리아는 제국의 영화를 뒤로 하고 약소국의 처지로 전락하고 말았다.

헬덴(영웅) 광장에 인파가 구름처럼 몰려 있는 사진도 있다. 호프부르크 궁전 안으로 들어가면 뉴부르크 궁전과 만나는데, 여기에 있는 넓은 광장이 헬덴 광장이다. 이 광장의 도로변에는 피아커 십여 대가 줄지어 손님을 기다리고 있고 두 개의 상이 세워져 있다. 시민정원 방향으로 서 있는 것이 카를 대공 기마상이고, 뉴부르크 앞에 오이겐 공 기마상이 서 있다. 뉴부르크에는 현재 민족학 박물관, 궁정무기 박물관, 고대악기 박물관, 에페소스 박물관이 들어가 있다.

베르크 가세 19번지의 프로이트 아파트. 현재는 프로이트 박물관으로 쓰인다.

피 한 방울 흘리지 않고 빈을 점령한 히틀러는 1938년 3월 15일 호프부르크 발코니에서 헬덴 광장의 수십만 군중을 향해 이렇게 말했다. "독일 민족의 영도자이자 수상으로서 나는 나의 고국이 독일 제국에 편입되었음을 역사 앞에 보고하는 바입니다." (히틀러의 고향은 오스트리아 린츠다.) 그 사진에서 이제는 약소국 처지로 바뀐 오스트리아가 어쩔 수 없이 2차대전에 휘말리게 되는 슬픈 운명이 보였다. 한국도 일본제국주의에 강점당한 뒤 원하지 않았지만 2차대전에 엮이게 되었고 종전과 함께 패전국의 불명예를 안게 되지 않았던가.

이상한 정신과 의사

루 안드레아스 살로메(1861~1937)의 젊은 시절 사진도 보인다. 살로메의 사진을 바라보던 나는 그 깊은 눈빛에 덜컥 붙잡히고 만다. 살로메는 1927년에 프로이트를 찾아왔다. 니체와 릴케로부터 동시에 청혼을 받았을 만큼 지적이고 매력적인 여성이었던 살로메는 1912년 빈에 정착한 이후 25년간을 정신분석학에 전력한다.

프로이트는 자신의 연구실을 찾아온 살로메에게 도스토예프스키의 《카라마조프의 형제들》 이야기를 꺼낸다. 프로이트는 이 소설이 소포클레스의 《오이디푸스 왕》이나 셰익스피어의 《햄릿》과 마찬가지로 부친 살해를 테마로 삼고 있는 것은 결코 우연이 아니라고 말한다.

문화권도 다르고 생존 시기도 다른 세 작가가 부친 살해를 주제로 작품을 쓴 것은 인류에게 부친 살해의 본성이 있다는 증거라고 프로이트는 확신했다. 1928년에 논문 〈도스토예프스키와 부친 살해〉를 발표한 그는 이 논문에서 《카라마조프의 형제들》에 대해 언급한다. 또한 부친 살해의 본능을 통해 토템과 터부에 대해 새로운 해석을 시도한다. 그의 '토템과 터부' 강의를 들어보자.

"인류는 최초에 유목민으로 수렵을 하면서 집단생활을 해왔다. 집단의 구성원들은 우두머리의 지배하에 놓이게 되었다. 우두머리는 집단의 모든 재산과 여성들을 독차지했으며, 자신의 지위를 위협하는 경쟁자는 살해하거나 추방해 버렸다. 그런데 어느 날 자식들이 재산과 여성을 독차지하는 우두머리(부친)를 질투한 나머지 살해해 버리고 만다. 부친이 살해된 이후 자식들은 모든 것을 혼자 차지하기 위해 서로가 서로를 죽이는 살육전을 벌이지만 결국 아무도 재산을 물려받을 수 없게 된다. 이러한 비극을 겪고 나서야 자식들은 후회한다. 그리고 두 번 다시 이러한 비극을 되풀이하지 않기 위해 토템을 숭배하는 공동체를 만들게 된다. 토템 공동체는 자신들의 토템 동물을 죽이지 않는다는 터부와 동일한 토템족 여성과의 성교나 결혼을 금지한다는 터부로부터 성립된다."(《프로이트의 '마음의 신비' 입문》)

프로이트 박물관에서 1938년 이전의 모습을 그대로 보존하고 있는 곳은 대기실이다. 크림슨빛의 붉은 융단 소파와 의자 세 개. 프로이트를 찾아왔던 수많은 환자, 세계 각지에서 프로이트를 만나기 위해 온 명사들이 앉았던 소파와 의자다.

이 집에 살던 초창기의 프로이트는 불우했고 소외되었다. 되는 일이 없었고 생계도 어려웠다. 기독교 반유대주의 운동이 그의 불운을 더욱 가중시켰다. 프로이트는 1893년부터 베를린에 있는 이비인후과 의사 빌헬름 플리스와 서신을 주고받기 시작한다. 그는 이 편지 교환을 '회의'라고 칭했다. 1897년 4월부터 프로이트는 플리스에게 종종 무의식적인 분노와 적의감을 표출하기 시작하더니 1900년 3월에는 플리스와의 '회의'를 중단하겠다는 편지를 쓴다. 후에 플리스 부인은 남편에게 보낸 프로이트의 편지 284통을 보관하다가 베를린 화랑에 내다 팔았다고 한다. 이것을 훗날 프랑스의 정신분석학자이자 프로이트의 제자인 마리 보나파르트가 구입해 빈 은행에 보관한다.

1895년 요제프 브로이어(Joseph Breuer) 교수와 함께 《히스테리 연구》를 출간한 프로이트는 빈 의학계로부터 모든 현상을 성욕으로만 해석하려 한다는 '범(汎)성욕주의자'로 공격을 받는다. 이후 브로이어 교수와 결별한 프로이트에게는 10년이 넘도록 그를 추종하는 학자들이 나타나지 않았다. 그는 기피 인물이 되었고 완전히 고립되었다. 실제로 프로이트와 동시대를 살았던 이 책의 주인공들, 클림트, 아돌프 로스, 오토 바그너와 관련된 책을 들여다봐도 프로이트에 대해 호의적으로 기술한 대목은 찾기가 어렵다. 그는 "이상한 정신과 의사 프로이트"였다. 관리들은 프로이트를 "머리가 돈 정신과 박사"로 치부했다.

프로이트는 초창기 시절과 관련해 《나의 이력서》에서 이렇게 쓰고 있다. "나는 히스테리를 넘어서 내 진료 시간에 수없이 찾아오던 소위 신경쇠약증 환자의 성생활을 연구하기 시작했다. 이 실험으로 인해 나는 의사로서 인기를 잃었지만 그것은 나에게 거의 30년이 지난 후에도 여전히 약화되지 않은 확신을 심어주었다."

그는 직업적 · 정치적으로는 좌절했지만 강요된 운둔과 고립 속에서 연구열로 불타올랐다.

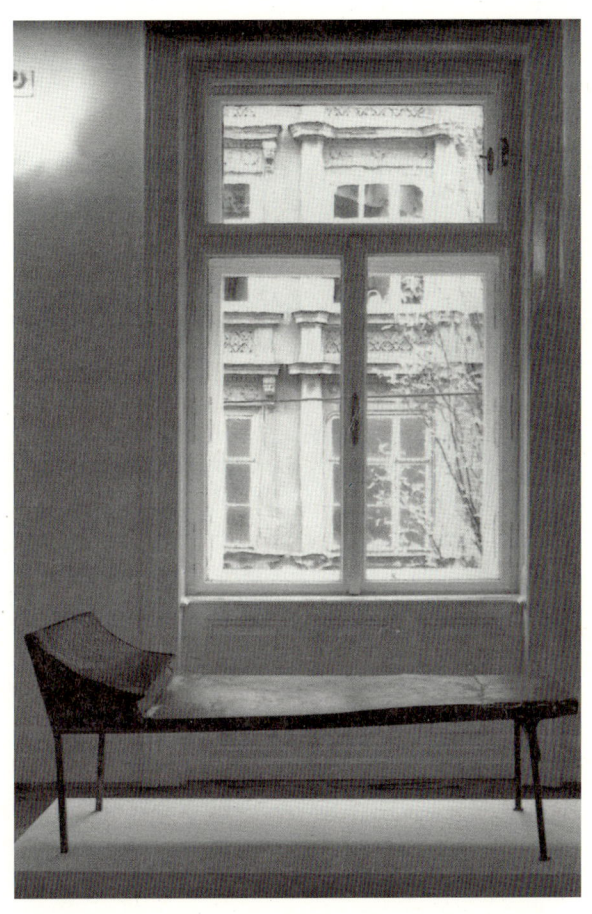

베르크 가세 19번지의
진료실 모습

1897년 프로이트는 어린 시절 보았던 모친의 나신에 대한 꿈을 꾼다. 그러면서 자신에게도 근친상간의 원망(願望)이 있다는 사실을 알게 되었고, 같은 해 7월부터 자기분석을 시작했다. 마침내 10월 15일 자신의 내면에 있던 오이디푸스 콤플렉스를 발견하게 된다.

1900년에 프로이트는 《꿈의 해석》을 출간한다. 여전히 빈 의학계는 그에게 냉담했다. 《꿈의 해석》에 대한 서평은 전혀 나오지 않았으며 출간 2년이 지날 때까지 고작 351권이 팔렸을 뿐이었다. 하지만 오스

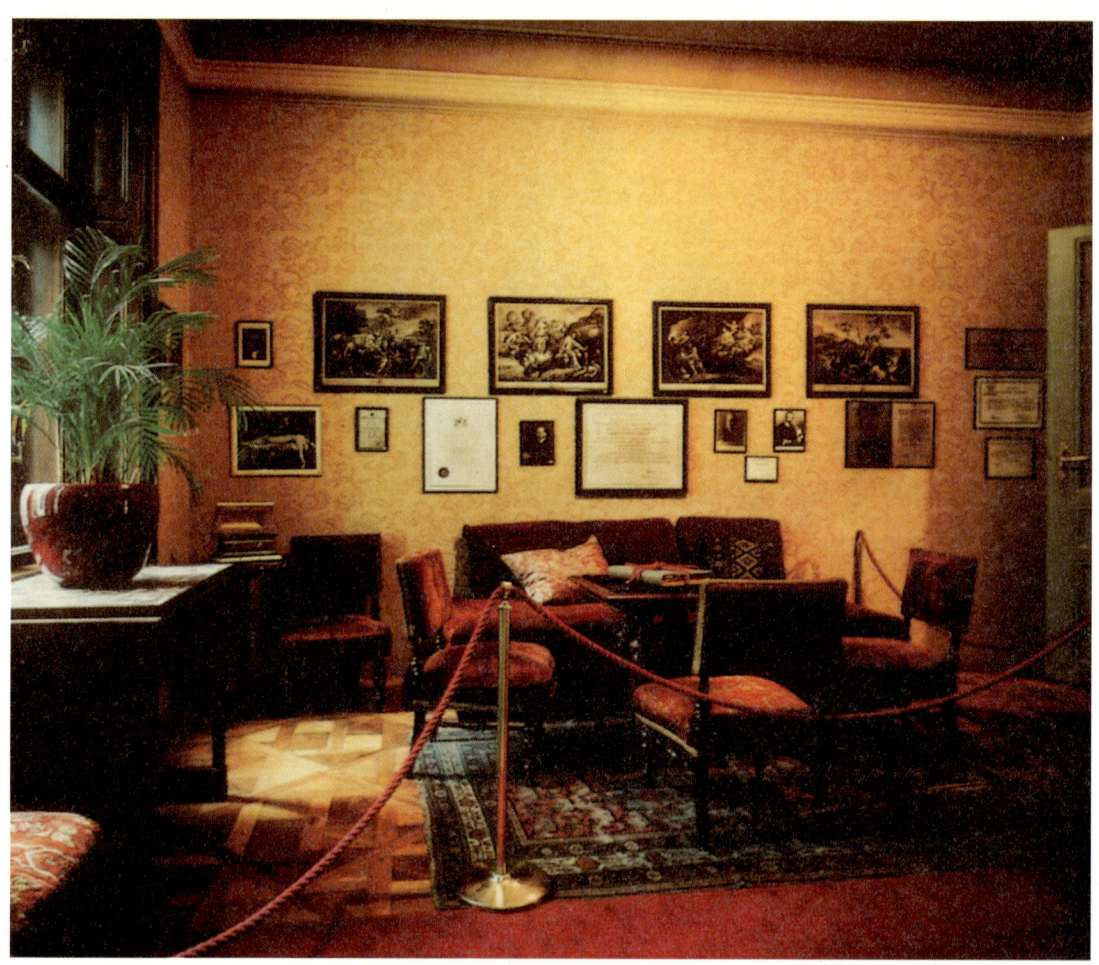

베르크 가세 19번지 대기실 모습

트리아 밖에서는 그에 대한 객관적인 평가가 나오기 시작했다. 위대한 천재는 고립과 소외의 고통 속에서 영롱한 인간 정신의 결정체를 빚어내는 것인가.

1906년 이후 프로이트의 고립도 서서히 끝나는 조짐이 보였다. 빈에서도 그를 따르는 제자들이 나타나기 시작했다. 취리히의 정신의학자들인 블로일러(Eugen Bleuler)와 그의 조수 융(Carl Gustav Jung) 등이 정신분석에 강한 관심을 보였다. 정신분석학에 대한 학계의 이단 판결은 정신분석학자들이 더 밀접하게 단결하는 결과를 가져왔다.

1910년 국제 정신분석학회가 결성되었을 때, 프로이트는 융이 초대 학회장이 되도록 힘썼다. 하지만 1911년과 1913년, 유럽에서는 두 번에 걸쳐 정신분석으로부터의 이탈 운동이 일어났다. 성욕을 중심으로 하는 프로이트의 이론에 의심을 품었던 융은 1914년 학회를 탈퇴하게 된다.

빈 대학에서의 좌절과 영광

1902년 3월, 박사학위를 받은 지 11년 만에, 《꿈의 해석》을 출간한 지 2년 만에 프로이트는 마침내 빈 대학의 원외 교수가 되었다. 남들은 8년 걸리는 기간을 그는 17년이 걸렸다. 그의 나이 마흔다섯이었다. 정교수가 되어 정신분석 강의를 한 것은 1915년부터 1917년까지였다. 이미 그는 정신분석학 분야에서 세계적 명성을 얻고 있었으며, 꿈에도 그리던 빈 대학에서 강의를 하게 된 것이다. 오랜 세월 교수 추천에서 누락되어 좌절을 맛보아야 했던 프로이트의 꿈은 결국 실현되었다. 프로이트의 강의를 잠깐 들여다보자.

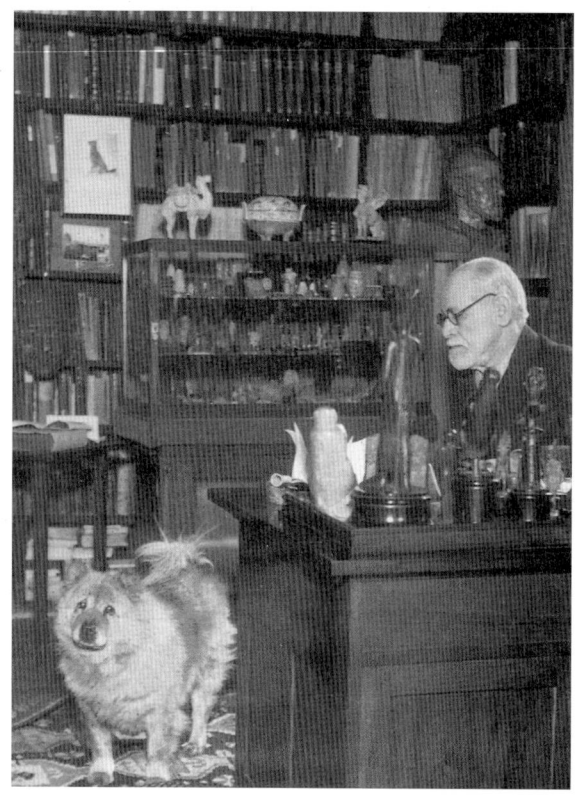

집무실에서 애견과 함께

"정신분석요법에서 제1의 기본 법칙은 머릿속에 떠오르는 것이라면 무엇이든 주저 없이 말하게 하는 자유연상법입니다. 제2의 기본 법칙은 내면적인 감정이나 욕구를 언어로 자각하여 입으로 표현하는 것입니다. 즉 이런 감정이나 욕구에 사로잡혀 그대로 행동해서는 안된다고 하는 금욕 규칙입니다."

프로이트의 강의는 계속 이어진다.

"정신분석요법은 억압되어 있던 무의식의 성적 욕구를 해방하기 때문에 성욕을 충족시켜 건전한 성장을 하도록 하기 위해서는 합리적인 절제와 자기 극복이 대단히 중요합니다. 강한 의지와 지성의 힘을 지닌 자아를 만들기 위해서는 엄격한 훈련이 필요합니다. 이것은 치료자나 환자 모두에게 대단한 인내가 요구되는 일이지요. 그런데 치료자는 환자를 도와야만 된다는 심정으로 성적인 만족을 준다든지 제멋대로 응석을 부리도록 내버려두어서는 안됩니다. 어디까지나 환자 스스로가 자신에 대해 더욱 강해져야 하며 스스로 과제를 해결해 가야 합니다. 우리는 환자의 내면세계를 풍성하게 만들어가야 한다는 치료 목표를 절대 포기해서는 안됩니다. 윤리적이고 합리적인 자아가 확립되면 히스테리나 노이로제 같은 신경증은 치유될 것입니다."

프로이트는 이때의 강의록을 토대로 1917년 《정신분석 입문》을 펴냈다.

1930년 8월, 프로이트는 괴테 문학상 수상자가 된다. 당연히 프로이트는 매우 기뻐했다. 그는 셋째 딸 안나에게 "괴테에 대한 강연을 듣게 된 것이 내가 의학을 시작하게 된 계기가 되었다고도 할 수 있다"고 말했다. 베를린의 수상식에는 안나가 대리로 참석한다. 같은 해 9월, 모친 아마리아가 95세를 일기로 운명한다.

란트만 카페의 프로이트 지정석

빈은 카페가 많기로 유명한 도시다. 프로이트가 좋아한 곳은 시청과 마주보고 있는 란트만 카페. 위치만을 놓고 보면 빈의 유서 깊은 카페 중 단연 넘버원이다. 국회의사당은 5분 거리, 빈 대학과 시청은 1분 거리, 부르크 극장은 코앞에 있다.

날씨 좋은 날 란트만 카페의 파티오(노천 좌석)로 나가면 부르크 극장은 배경화면이다. 부르크 극장을 배경으로 커피를 마시는 연인의 모습은 그것으로 영화의 한 장면이 된다. 왜 오스트리아 대통령들이 란트만에서 신년 기자회견을 갖는 전통이 있는지 알 만하다.

란트만 카페는 프로이트 집에서 도보로 20여 분 걸린다. 프로이트는 란트만에 올 때 마차를 이용했을까, 걸어서 왔을까. 마차를 타기에는 너무 가깝고 걷기에는 조금 먼 거리니 말이다.

이곳의 분위기는 첸트랄과는 확실히 다르다. 첸트랄이 자유분방하다면 란트만은 권위적이고, 첸트랄이 경쾌하다면 란트만은 엄숙하다.

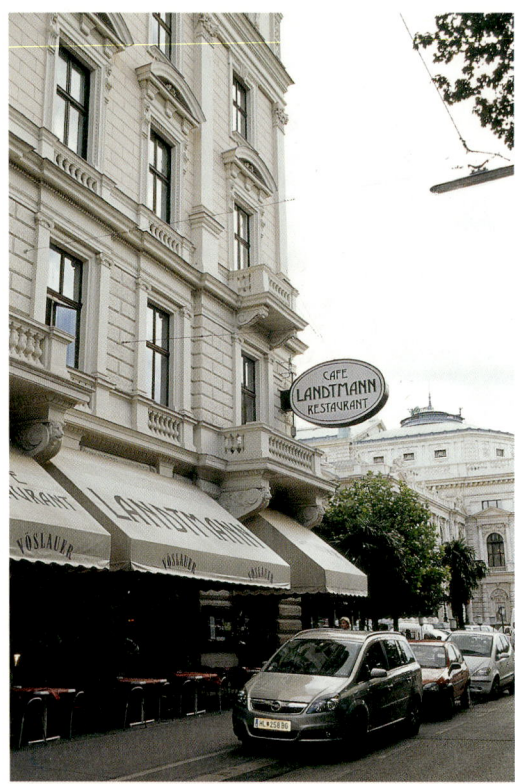

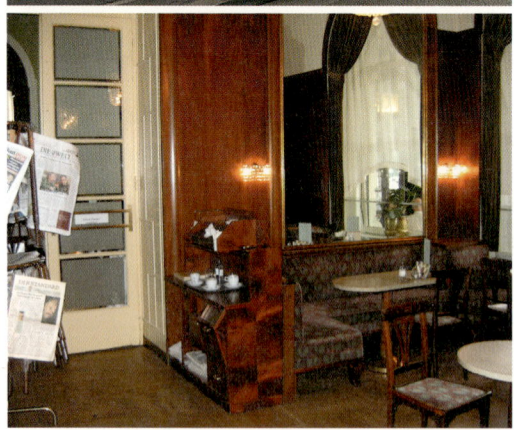

위 프로이트가 즐겨 찾은 카페 란트만.
아래 란트만의 프로이트 지정석. 프로이트는 거울을 등지고 앉곤 했다.

정신분석학자에게 란트만은 확실히 첸트랄이나 슈페를보다 더 어울린다. 인간 심리의 심연을 탐험하는, 무겁고 진지한 주제를 업으로 삼는 사람에게 적당한 긴장감을 제공해 주기 때문이다.

나는 환상도로 쪽의 옆문을 통해 란트만에 들어섰다. 키가 190센티미터도 넘어 보이는 인상 좋은 웨이터와 눈이 마주치자 그에게 다짜고짜 물었다.

"프로이트 박사가 자주 앉던 테이블이 어디입니까?"

"정문 오른쪽의 대형 거울이 있는 테이블이죠. 이쪽으로 따라오세요."

프로이트는 란트만에 오면 꼭 이 자리에 앉아 아인슈패너 커피(일명 비엔나 커피)를 마시고 신문을 읽었다. 웨이터에게 다시 물었다.

"혹시 프로이트가 왜 이 자리에 앉았는지 아십니까?"

"그 자리는 란트만에 들어오는 모든 사람들이 한번씩 눈길을 주는 자리죠. 설령 옆문으로 들어왔다 해도 화장실에 가려면 한번쯤은 시선을 던질 수밖에 없어요. 프로이트는 모든 사람들의, 특히 아름다운 여성들의 눈에 잘 띄는 이

자리를 좋아했습니다."

그의 대답은 나의 예상을 여지없이 깨버렸다. 프로이트라면 구석진 자리를 좋아하지 않았을까 생각했는데 여자들 눈에 잘 띄는 곳을 좋아했다니! 나는 프로이트가 더 친근하게 느껴진다.

웨이터는, 내가 "한국의 저널리스트이고 빈에 관련된 책을 쓰려 한다"고 말하자 놀라는 표정을 지으며 잠시만 기다리라고 했다. 내실로 들어가더니 몇 분 뒤 소책자를 들고 나왔다. 란트만 카페 역사가 소개되어 있는 영어 안내책이었다. 그리곤 한 마디 건넸다. "좋은 책이 되길 바랍니다."

책에는 란트만 카페의 단골손님 명단이 나와 있었다. 직업별로 보면 부르크 극장의 배우가 가장 많고 그 다음이 작가, 대통령, 국회의원 순이다. 명단에는 낯익은 이름이 꽤 많았다. 개리 쿠퍼, 마를렌 디트리히, 오스카 코코슈카, 비비안 리, 소피아 로렌, 토마스 만, 로렌스 올리비에……. 수많은 아름다운 여배우들이 란트만에 드나들면서 프로이트 박사와 인사를 나누는 장면이 떠올랐다.

프로이트가 란트만 다음으로 즐겨 찾던 곳은 브란트슈타트 9번지에 있는 코르브 카페이다. 이 카페는 슈테판 성당 부근에 있다. 프로이트가 빈 정신분석학회 모임을 갖곤 했던 곳이 바로 코르브 카페이다. 빈 정신분석학회는 1911년 들어 위기를 맞았다. 성격심리학자인 알프레드 애들러는 프로이트가 주창한 오이디푸스 콤플렉스를 인정하지 않았고 협회를 탈퇴했다. 1912년에는 빌헬름 슈테겔이 모임을 떠났다. 이때 등장한 것이 '위원회(The Committee)'다. 빈 정신분석학회를 지키자는 취지의 모임으로, 어니스트 존스의 제안으로 결성되었다.

코르브는 프로이트의 병원 겸 자택으로부터 가장 멀리 떨어져 있는 카페다. 나는 코르브를 두 번 가봤는데, 좁은 골목에 자리잡은 것은 첸

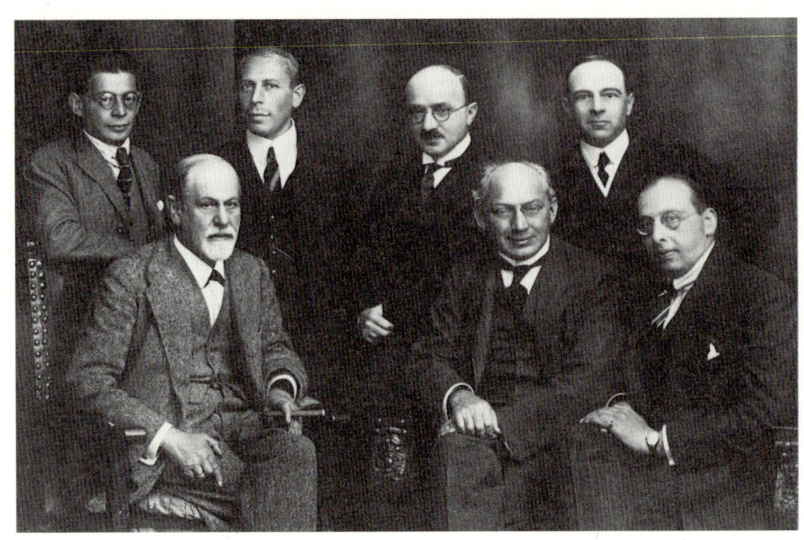

프로이트와 '위원회'
멤버들

트랄과 비슷하고 분위기는 란트만과 흡사하지만 실내는 훨씬 어둡다.
나는 코르브의 위치를 보면서 프로이트가 이곳을 단골로 삼은 이유가
한 가지 더 있을 것이라고 확신했다.

홀로코스트 위령탑

코르브 카페는 빈의 유대인 구역에서 매우 가깝다. 걸어서 10분이
면 충분하다. 빈의 유대인 타운은 유덴 가세와 슈테른 가세를 중심으
로 발달했다. 현재 유덴 가세는 유대인 거주지역이라는 역사적 상징
성보다 분위기 있는 술집과 디스코테크가 밀집되어 있는, 이른바 '버
뮤다 트라이앵글'로 불린다. 골목길은 폭이 2미터 정도로 비좁은데다
포석이 깔려 있어 예스럽다. 술집에서 왁자하게 떠드는 소리가 골목
길 끝까지 들린다. 슈테른 가세에는 영어책 서점 '셰익스피어 & Co'와

1683년에 사용된 오스만투르크 군의 대포 등이 있다.

빈의 유대인 타운은 12세기 이후 줄곧 번성해 왔다. 처음에는 유덴 광장을 중심으로 발전하기 시작해 이후 슈타트템펠이 유대인 타운의 중심이 되었다. 불행히도 유대인들의 상업적 성공은 다른 민족의 질투심을 자극했고 1421년 종교 살인사건의 책임을 물어 빈의 유대인 대부분이 괴멸되다시피 했다. 유대인들은 빈에서 살려면 기독교로 개종해야 했고 이를 거부하면 추방되었다.

이후 유대인들은 번영과 박해가 교차하는 유동적 운명에 놓이게 되었다. 1621년 빈 도심에서 쫓겨났다가 1781년 관용 칙령(Edict of Tolerance)이 선포되면서 유대인에 대한 법적 제재가 풀렸고 이후 19세기 말까지 빈의 문화는 유대인이 주도하게 된다.

유덴 가세에서 5분 걸리는 유덴 광장으로 가보자. 이곳은 프로이트와 그의 가족의 최후를 떠올리게 하는 장소다. 중세시대에는 유덴 광장에 유대인의 게토(getto, 유대인을 강제 격리하기 위해 설정한 유대인 거주지역)가 있었으나 현재는 나치의 홀로코스트(대학살)를 잊지 않기 위해 세워진 위령탑이 덩그러니 놓여 있다.

원래 유덴 광장 중앙에는 독일의 극작가이자 비평가인 고트홀트 에

왼쪽 카페 코르브. 프로이트는 이곳에서 '위원회' 모임을 갖곤 했다.

오른쪽 과거 유대인 밀집 지역이었던 유덴 가세와 슈테른 가세

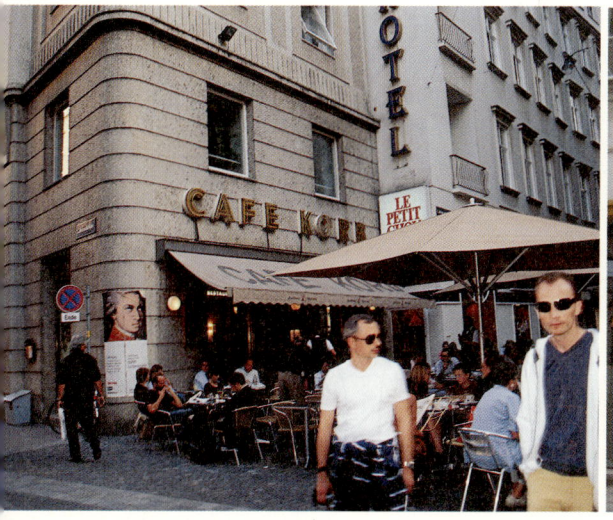

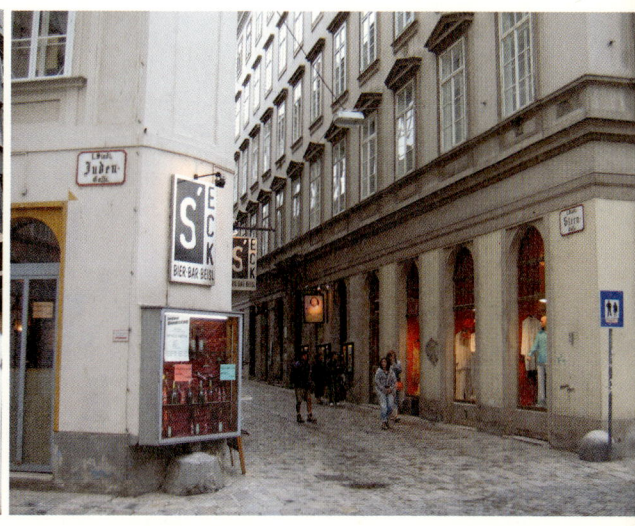

프라임 레싱의 동상이 서 있었다. 레싱은 작품을 통해 유대인에게 관용을 베풀 것을 호소했는데 나치는 이런 작가가 칭송받는 것이 못마땅했다. 나치는 빈을 점령한 다음해인 1939년 이 동상을 파괴했다. 동상은 훗날 같은 작가에 의해 다시 설계되어 1982년 광장에 세워졌다.

홀로코스트 위령탑은 1996년 영국 예술가의 디자인이 공모전에서 우승하면서 건립이 시작되어 1999년 11월 9일 제막식을 가졌다. 직사각형 상자 모양의 홀로코스트 기념물. 디자인은 언뜻 보면 유대인들이 강제수용소에서 입었던 줄무늬 죄수복을 연상시킨다.

2006년 8월, 내가 유덴 광장을 두 번째 찾았을 때에는 날씨가 흐려지더니 간간이 비를 뿌린다. 직사각형 광장의 사방은 온통 공사 중이다. 지저분한 공사 천막과 비계가 나오지 않게 사진을 찍으려니 구도를 잡기가 여간 어렵지 않다. 힘들게 사진을 찍은 뒤 한동안 이곳저곳을 둘러보다가 화랑 '아트 포럼'을 발견했다. '아트 포럼'은 유리창에 나붙은 포스터만으로도 홀로코스트와 관련이 있는 화랑임을 알 수 있게 해준다. 아나나 다를까 실내에는 홀로코스트의 참혹한 장면을 연상시키는 작품 20여 점이 걸려 있다. 화랑에 있던 한 중년 남자가 말을 걸어온다. 내가 간단하게 소개를 하자 그가 자료 몇 가지를 챙겨준다.

"이 화랑은 우리 아버지의 그림을 전시하고 파는 곳입니다. 뭐든 궁금한 것이 있으면 물어보세요."

자료 중 하나는 '아트 포럼' 브로슈어였다. 아돌프 프랑클(Adolf Frankl)이라는 이름 밑에는 '망각에 저항하는 예술(Art Against Oblivion)'이라는 글귀가 붙어 있고, 화랑 안에는 한 남자의 초상화가 걸려 있다.

"저 분이 선친인가요?"

"그렇습니다."

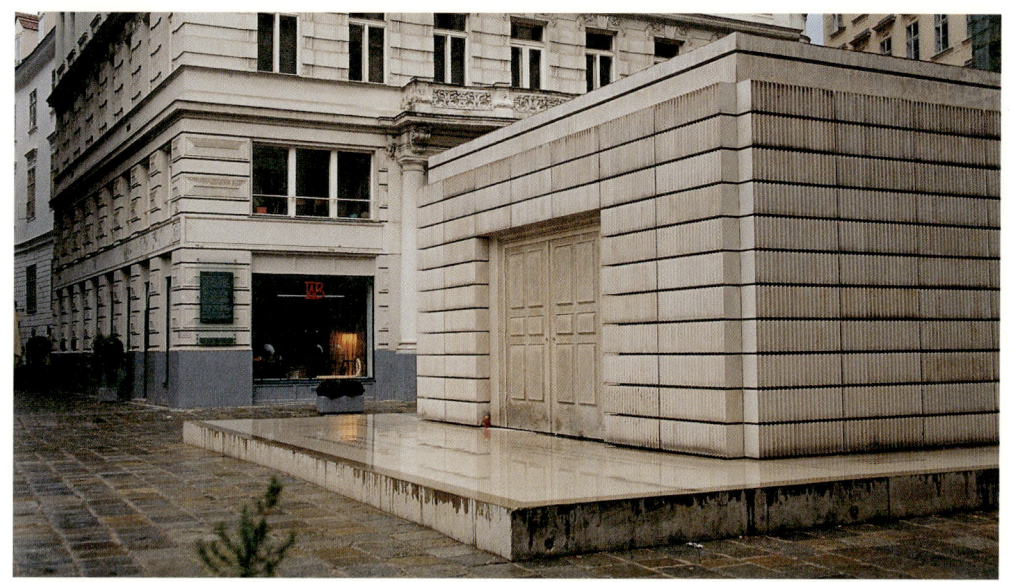

  아돌프 프랑클은 1903년 슬로바키아의 브라티슬라바에서 태어나 그곳에서 공예미술학교를 졸업한 뒤 인테리어장식회사를 운영했다. 1944년 9월, 그의 가족이 고향에서 체포되었고 11월 아우슈비츠로 이송되었다. 1945년 극적으로 살아남았고, 1949년 이후 가족과 함께 오스트리아로 이민을 와서 1983년 빈에서 사망했다. 아돌프 프랑클은 이런 말을 남겼다.

  "나는 그림을 통해서 세계 모든 국가의 사람들에게 추모비를 창조해 왔다. 어느 누구도 종교나 정치적 신념 때문에 다시는 이런 고통이나 이와 비슷한 잔혹함을 겪어서는 안된다."

  유덴 광장에서 '아트 포럼'을 만나지 않았다면 나는 홀로코스트를 관념적으로만 이해했을 것이다. '아트 포럼'에서 화가 아돌프 프랑클의 '망각에 저항하는 예술' 작품들을 보면서, 홀로코스트가 과거완료형이 아닌 현재진행형의 비극이라는 사실을 깨달았다.

화랑을 나와 다시 홀로코스트 위령탑을 쳐다본다. 화랑에 들어오기 전과 느낌이 다르다. 20세기 초 유럽에는 다시 한 번 반유대주의 물결이 일기 시작했다. 1931년 세계 경제는 극심한 침체기에 들어갔고 침체가 심화되면 될수록 반유대주의의 불길은 더욱 무서운 기세로 타올랐다. 독일에서는 히틀러가 등장해 이런 시대 분위기에 편승해 지지 기반을 확대해 가고 있었다.

1933년 히틀러가 권력을 장악하기에 이르렀고, 반유대주의에 자양분을 공급받는 나치즘의 등장은 이제까지와는 차원이 다른 유대인 수난을 예고하는 것이었다. 독일, 오스트리아를 비롯한 유럽 지역에 살던 유대인 지식인은 위기를 직감하고 망명을 꾀한다. 알베르트 아인슈타인, 슈테판 츠바이크 등이 망명의 대열에 합류했다.

1933년 5월에는 베를린에서 정신분석학 관련 서적이 금서 목록에 올라 불태워지고, 1936년에는 게슈타포에 의해 국제정신분석학 출판사의 전 재산이 몰수당한다. 빈의 유대인을 둘러싼 상황은 날로 악화되고 있었다. 하루가 멀다 하고 유대인에 대한 새로운 규제가 발표되었다. 대학에서는 유대인 교수들이 쫓겨났고 그 다음에는 학생들이 쫓겨났다. 유대인들은 일자리를 잃었다.

영국으로의 망명

여든살의 프로이트는 사방에서 옭죄어오는 나치의 마수를 느꼈다. 1936년 게슈타포에 의해 국제정신분석학 출판사의 재산이 몰수당하면서 더 이상 유럽에서 정신분석의는 설 땅이 없었다. 나치의 칼끝이 프로이트 자신에게 향하고 있음을 뜻했다.

이때 80회 생일을 앞둔 프로이트에게 미국의 아인슈타인으로부터 생일축하 편지가 날아오기도 했다. 절망과 실의에 빠져 있던 그에게는 큰 위안이 되는 편지였다. 프로이트는 알고 있었다. 빈 대학으로부터 교수직을 거부당하는 등의 차별을 받기도 했지만 그가 빈에서 보낸 78년의 세월은 유럽에서의 유대인 역사 전체로 보면 평화의 시기였다는 것을. 또한 독일에서 발원한 나치의 유대인 탄압이 유럽에서 반복적으로 일어났던 반유대주의 운동과는 차원이 다르다는 것도 알고 있었다.

왜 유대인에게는 박해받는 역사가 되풀이될 수밖에 없는가. 프로이트는 "종교는 집단 환상을 공유하는 것"이라고 정의한 사람이다. 종교의 본질을 꿰뚫고 있는 프로이트는 자신과 가족의 운명이자 유대민족의 숙명을 정신분석학의 관점에서 규명하고자 했다. 비록 육신은 깊은 병환에 시달리고 있었지만 모세에 대해 일생일대의 마지막 연구에 몰두했다. 유대인 지식인 프로이트는 왜 유대인이 유럽인에게 끊임없이 박해를 받는다고 생각했을까. 프로이트는 그 이유를 셋째 딸 안나에게 이렇게 설명했다.

"유대민족은 이집트에서 노예로 살던 중 모세에게 인도되어 이스라엘 민족이 되었다. 하지만 십계명을 전수한 모세를 거역하는 잘못을 저지르고 말았다. 사도 바울은 아담과 하와의 원죄가 사람들에게 계속 유전되고 있어 이를 해결하지 않으면 궁극적인 구원을 얻을 수 없다는 원죄의식에 눈뜨게 된다. 이 원죄는 하나님의 아들이신 주 예수 그리스도의 희생(죽음)으로 구원받지 않으면 안된다. 바울은 희생을 통해 원죄로부터 구원받기 위해 그리스도교에 대한 말씀을 만들었다. 이 원죄를 인정한 사람은 그리스도 교도가 되었지만 인정하지 않는 사람은 유대인으로 남게 되는 것이다. 그리하여 유대인들은 그리스도 교인들로부터 왜 원죄를 인정하지 않는지를 질책당하고 또 갖은 박해를 받게 되는 것이다."

프로이트는 이러한 가설이 매우 위험하다는 것을 알고 있었다. 오스트리아를 지배하는 가톨릭교회나 유대교 양쪽으로부터 공격을 받을 가능성이 있었다. 프로이트는 1937년 이 이론을 담은 책《모세와 일신교》를 출판했다.

1938년 3월 13일, 히틀러의 나치가 빈을 점령하고, 다음날 프로이트의 집(베르그 가세 19번지)이 나치에 의해 가택 수색을 당하게 된다. 3월 22일 게슈타포가 재차 집을 수색했지만 프로이트의 연구실까지 침범하지는 못했다. 세계 각국의 지인들은 프로이트에게 망명을 권유했으며, 제자인 어니스트 존스는 직접 영국으로부터 빈에 날아와 영국 망명을 권유했다. 프로이트를 만나러 온 밀사들은 아파트 계단을 오르면서 초조하게 되뇌었다. '프로이트 박사가 빈에 계속 남아 있다면 그놈들에게 끔찍한 일을 당할 텐데.'

1920년부터 이미 프로이트는 암과 싸우고 있었다. 살 날이 얼마 남지 않았다는 것도 알고 있었다. 그는 밀사들을 돌려보내면서 생각했다. "인생의 만년이 되면 고향을 떠났던 사람도 모천(母川)을 찾는 연어처럼 태(胎)를 묻은 고향으로 돌아온다지 않는가." 프로이트는 목숨을 부지하려고 78년을 산 빈을 떠나야 한다는 사실이 무엇보다 싫었다. 빈을 떠나는 것은 병사가 근무지를 무단이탈하는 것과 같은 있을 수 없는 일이라고 생각했다. 그는 빈에서 죽고 싶었다.

그러나 그토록 완고했던 그도 결국에는 망명을 택할 수밖에 없었다. 1938년 6월 5일이었다. 빈에서는 아무도 프로이트 일가의 망명을 알지 못했다. 빈을 황급히 떠나는 프로이트의 모습을 지켜본 것은 빈 베스트반호프(서부역)뿐이었다. 서부역에서는 프랑스, 독일, 네덜란

드, 스위스, 헝가리 행 열차가 출발한다. 프로이트 일가는 오리엔트 급행열차를 타고 밤새 달려 파리로 갔다. 프랑스의 정신분석학자 마리 보나파르트가 프로이트의 망명을 도왔다.

마리 보나파르트는 프랑스 황제였던 나폴레옹 1세의 동생 루시안 보나파르트의 증손녀다. 남편은 러시아 마지막 황제였던 니콜라이 2세와 사촌인 조지 공(公). 즉 마리 보나파르트는 그리스와 덴마크의 공비(公妃)였다. 프로이트에게 정신의학을 배웠던 그녀는 1925년 파리 정신분석학회를 창립했으며, 국제 정신분석학회 파리 지부장을 맡았다.

프로이트 가족은 파리의 마리 보나파르트 집에서 하루를 보낸 뒤 배를 타고 영국으로 건너갔다. 78년을 살아온 빈을 황급히 떠나야 했던 프로이트. 그는 영국 정부로부터 뜨거운 환영을 받지만 망명한 다음해인 1939년 런던에서 사망했다.

1939년 9월, 독일이 폴란드를 침공하면서 2차 세계대전이 발발한다. 1938년 빈에는 17만여 명의 유대인이 살고 있었다. 빈을 떠나지 않은 유대인 중 6만 5,000명이 살해되었다. 프로이트의 여동생 네 명은 1943년 나치에 붙잡혀 강제수용소로 보내져 처형당한다. 2차대전 직후 빈의 유대인 인구는 7,000명으로 줄어들었다. 오늘날 빈의 유대인 인구는 동유럽에서

런던으로 망명하기 전 잠시 파리에 머물던 프로이트와 가족

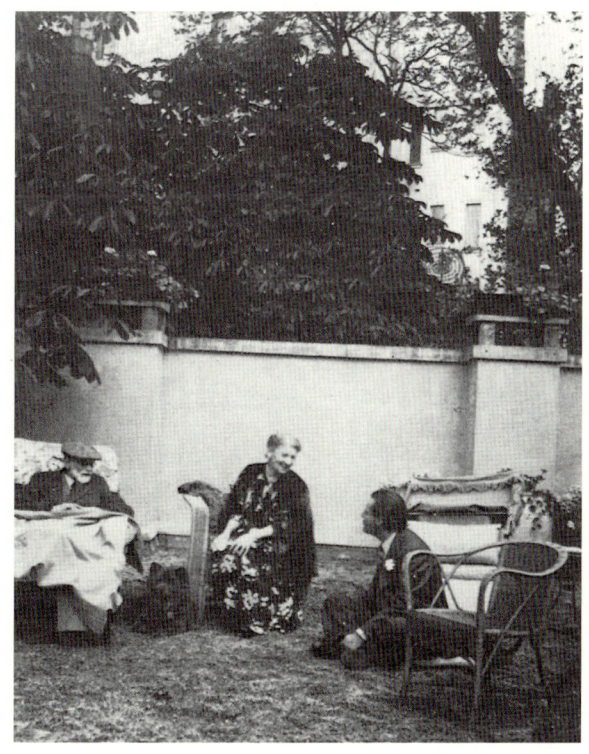

이민 온 사람들로 인해 조금씩 늘어나고 있다.

프로이트가 빈에서 쓴 최후의 저작 《모세와 일신교》에서 우리는 그의 탁월한 예언에 놀라게 된다. 그는 반유대주의의 근거를 세 가지로 설명했다. 첫번째는 앞서 언급한 것처럼 유대인이 그리스도를 십자가형에 처하는 죄를 범했다는 것이고, 두번째는 유대인이 그들이 사는 곳의 주민들과는 다른 외국인이라는 사실이다. 세 번째 이유는 이렇다.

"유대인들은 어떤 억압을 받든 억압에 저항한다. 가장 잔혹한 박해마저도 그들을 절멸시키는 데 성공하지 못했다. 오히려 반대로 그들은 실제 삶에서 자신의 것을 지켜내는 능력을 보여주며, 그들을 받아들인 곳에서는 그들을 둘러싼 문명에 귀중한 기여를 한다."

Wolfgang Amadeus
Mozart

모차르트,
신이 질투한 악동

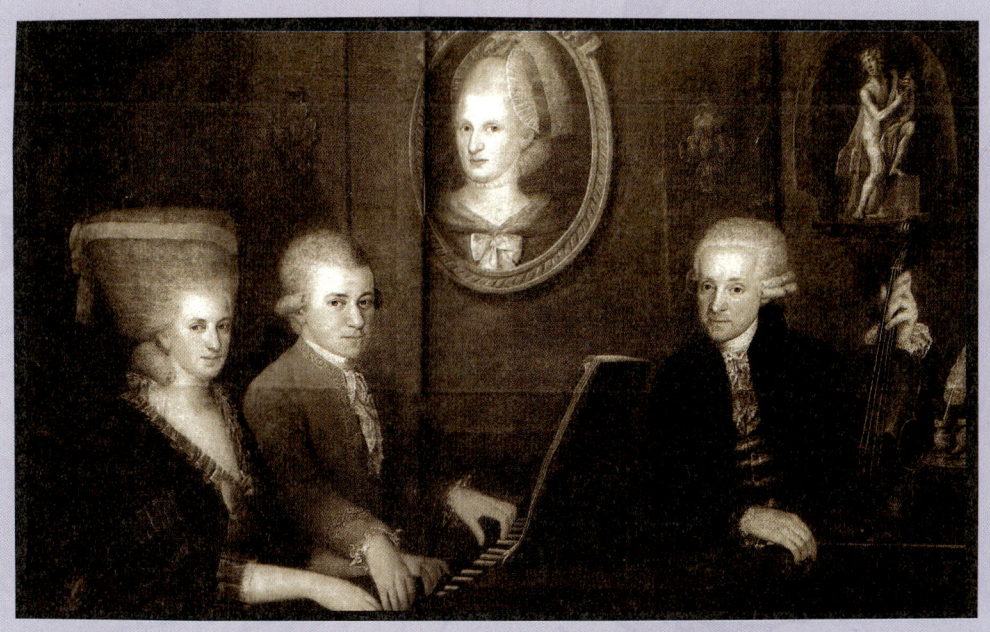

빈 도처에서 마주치는 모차르트

태아 때부터 어머니 뱃속에서 듣는 음악, 임산부들이 태교음악으로 가장 많이 선택하는 음악은 단연 모차르트다.

우리는 세상 밖으로 나와서도 모차르트를 피할 수 없다. 인종, 국적, 연령, 성별, 교육 수준에 관계없이, 때와 장소를 가리지 않고 불쑥불쑥 우리 앞에 나타나는 음악은 모차르트가 거의 유일하다.

모차르트 관련 서적이 진열된 빈 시내 서점과 모차르트 커피

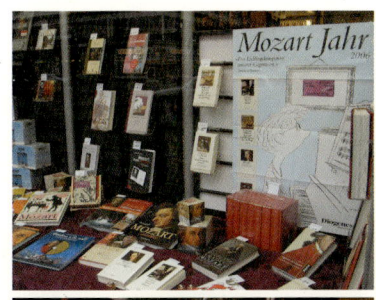

18세기 인물 모차르트의 작품은 19세기와 20세기를 넘어 21세기에도 쉴새없이 지구촌 곳곳을 흘러다니고 있다.

빈은 그 모차르트가 집약되어 있는 도시다. 만일 모차르트가 없었다면 빈은 얼마나 무료하고 권태로울 것인가. 빈에서는 모차르트를 좋아하든 그렇지 않든 도처에서 모차르트와 조우하게 된다. 모차르트는 청각과 미각과 시각으로 여행객을 사로잡는다. 모차르트 음악, 모차르트 책, 모차르트 커피, 모차르트 초

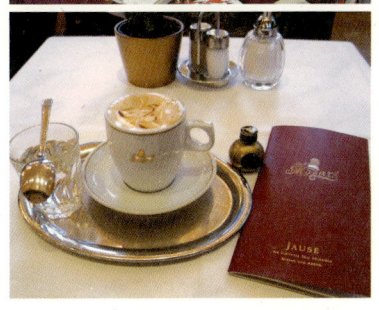

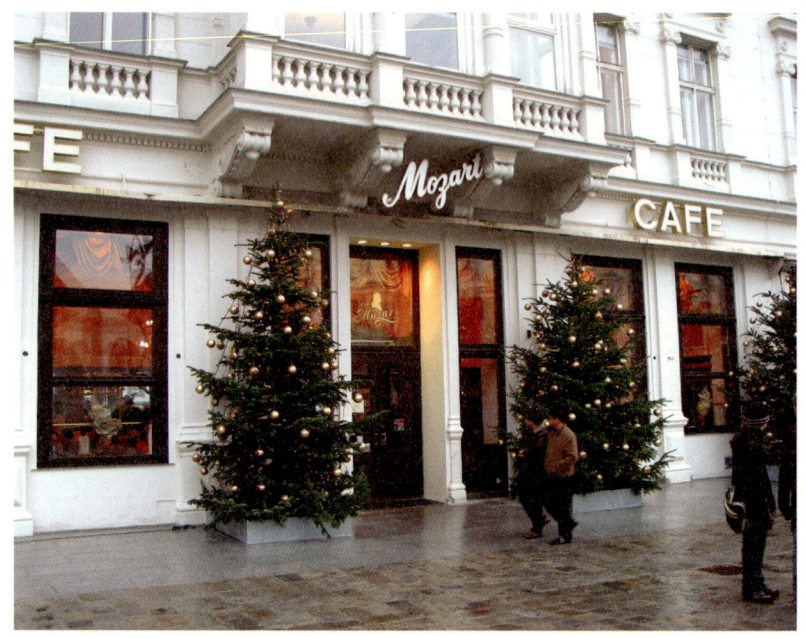

콜릿······.

　빈 중심가 알베르티나 광장에는 모차르트 카페도 있다. 빈을 처음 찾는 여행객들이 반드시 들르는 명소다. 유서 깊은 모차르트 카페에서 모차르트의 음악을 들으며 모차르트 커피를 마시면 진정 모차르트를 느낄 수 있는 것일까.

　모차르트를 만나기 위해 빈을 여행한다면 제일 먼저 생 마르크스 묘지부터 찾아볼 일이다. 모차르트의 짧은 생애와 쓸쓸한 죽음을 뼈저리게 느끼고 싶다면 12월에 모차르트의 묘지를 찾아가 보라. 생 마르크스 공동묘지는 현재는 묘지로 사용되지 않는다. 이 묘지는 규모로 보자면 아담한 편이고, 1784년부터 90년간 사용되었다. 1874년에 묻힌 마지막 시신을 기준으로 해도 130여 년이나 지났다.

　내가 생 마르크스 묘지를 찾은 때는 눈보라 휘몰아치는 겨울날이었

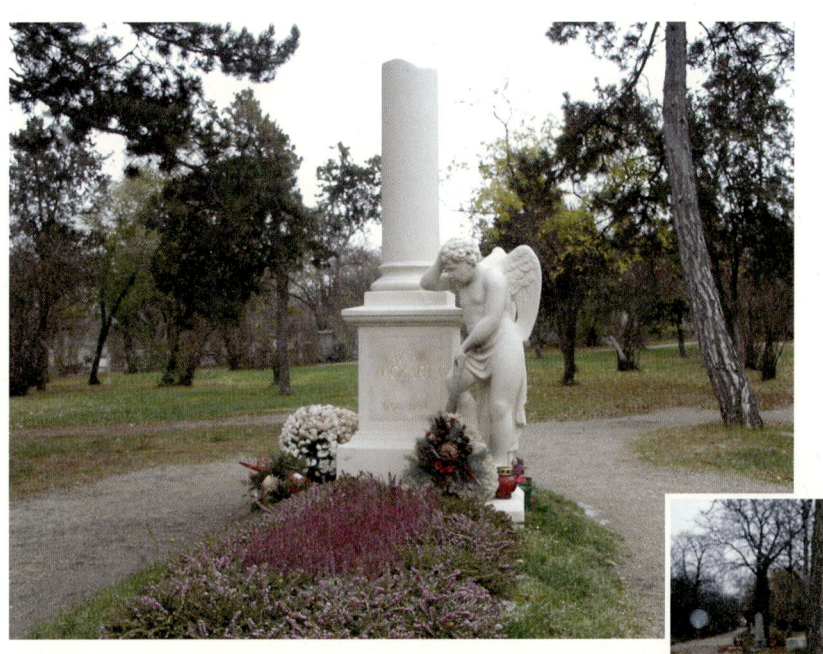

생 마르크스 공동묘지의
모차르트 묘지

다. 묘지 정문을 지나 완만한 오르막길을 오른다. 길 양
쪽으로 먼저 간, 이름 모를 이들의 사열을 받으며. 공동
묘지의 분위기가 으레 그렇지만 생 마르크스 묘지는 훨씬 더 스산하
다. 200년 이상 된 묘지의 묘비석 대부분은 세월의 풍화작용을 견디지
못한 채 흉측하게 허물어져 가고 있었다. 하긴 어느 누가 200년 전 조
상의 묘소를 찾아 기릴 것인가. 흙으로 돌아가면 그렇게 잊혀져가는 게
자연의 순환법칙이 아닌가.

　100여 미터쯤 걸어 올라가니 왼편에 '모차르트 묘지'라는 푯말이
보인다. 화살표 방향으로 고개를 돌려보니 사진에서 수없이 보아온,
천사가 지키고 있는 무덤이 쓸쓸하게 나를 맞아준다. 'W. A. Mozart,
1756~1791.' 이게 전부다. 그 흔한 묘비명도 없다. 어린 천사가 알 듯
모를 듯한 표정으로 요절한 천재의 곁을 지키고 있을 뿐이다.

모차르트는 빈에서 35년 인생의 마지막 10년을 보냈다. 1781년 봄부터 1791년 12월까지 10년 동안 빈의 13곳에서 살았으며, 20여 곳에 자신의 흔적을 남겼다. 모차르트의 흔적은 대부분 슈테판 성당을 중심으로 도보로 10~25분 거리에 펼쳐져 있다. 손바닥만한 공간에서 그는 십수 번이나 거처를 옮기면서 절정과 절망의 10년을 살았다.

모차르트가 살았던 당시 빈 인구는 20만 명을 조금 넘었다. 현재의 인구는 200만 명. 도시가 개발되고 확장되면서 모차르트가 살았던 흔적들은 몇 곳을 제외하고는 안타깝게도 원래의 모습을 잃고 말았다.

여섯 살, 첫 음악 여행

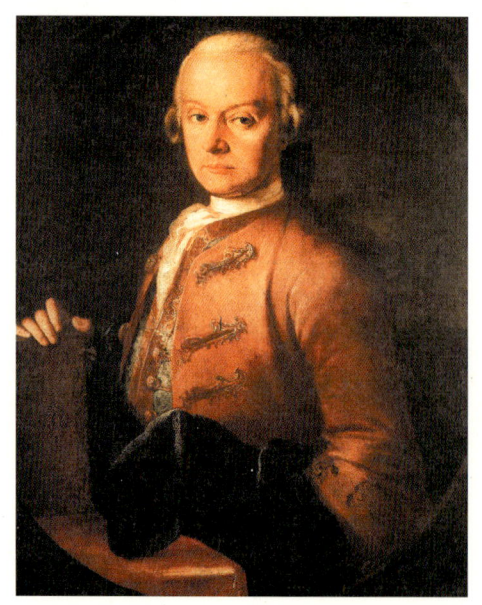

아버지 레오폴트
모차르트

볼프강 아마데우스 모차르트는 1756년 1월 27일 잘츠부르크에서 태어났다. 알려진 것처럼 아버지 레오폴트 모차르트는 바이올리니스트이자 궁정음악가. 레오폴트는 아들의 비범한 재능을 살려줄 만한 안목과 능력이 있는 사람이었다. 모차르트는 베토벤과 달리 유복한 음악적 환경을 선물로 받았다.

모차르트는 빈에 완전히 정착하기 전에 이미 두 번이나 빈에 연주 여행을 다녀왔다. 우리는 모차르트를 이해하기 위해 그의 첫 번째 빈 여행에 주목할 필요가 있다. 알프스 산맥 아래 중세의 도시 잘츠부르크에서 빈까지는 317킬로미터. 마차로 6일이나 걸리는 긴 여정이었지만 어린 모차르트에게는 전혀 지루하지 않았을 것이다. 합스부르크 제국의 황제를 만나러 가는 길이 아닌가.

클래식 평론가들은 모차르트의 음악이 시공을 초월해 연주되는 까닭을 그의 유목민 정신에서 찾는다. 아버지 레오폴트는 아들의 비범한 재능을 계발하기 위해 연주 여행을 선택했다. 여섯살 때부터 시작한 연주 여행은 당시는 말할 것도 없고 요즘 기준으로도 꿈꾸기 어려운, 대단히 예외적인 일이었다. 모차르트 부자(父子)는 1762년, 빈과 뮌헨을 방문한다. 그 다음해에는 장장 3년에 걸친 긴 음악 여행을 떠난다. 뮌헨, 아우크스부르크, 프랑크푸르트, 브뤼셀, 파리, 런던, 로테르담, 리옹, 제네바, 로잔, 베른, 취리히, 빈터투어, 울름……

열두살 때인 1768년에 모차르트는 아버지와 함께 첫 이탈리아 여행을 시작했다. 밀라노, 피렌체, 로마, 나폴리로 이어지는 이탈리아 음악

쇤브룬 궁전 전경. 여섯살의 모차르트는 이곳에서 연주를 했다.

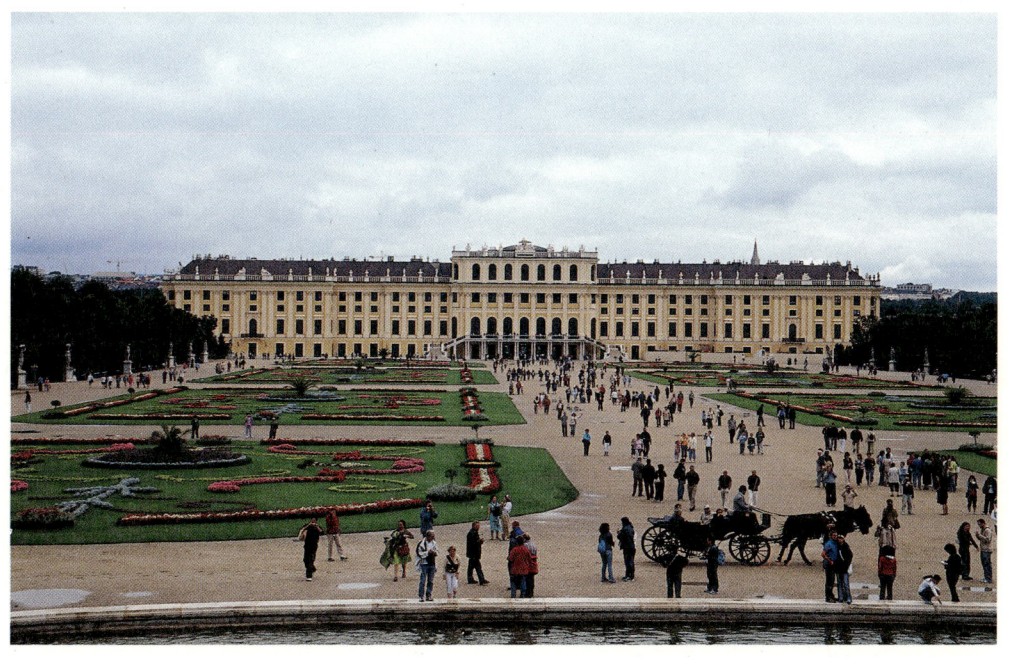

여행에서 어린 모차르트는 오페라의 기초를 다진다. 음악 여행은 20대 초반인 1777년까지 계속되었다.

어린 시절부터 마차 여행을 하면서 변화무쌍한 자연을 체험하고 가는 곳마다 각기 다른 삶과 문화를 목격하면서 다양한 유럽 음악을 폭넓게 접한 모차르트. 당대의 음악가들 대부분이 평생을 고향을 떠나지 못한 채 눈을 감은 것과는 너무나 대조적이다. 이런 경험이 모차르트의 내면에 녹아들어 훗날 시공을 초월하는 보편적 정서를 담은 음악을 탄생시켰다는 해석이다.

다시 첫번째 음악 여행지인 빈으로 가보자. 1762년 10월 13일, 여섯 살의 모차르트는 쉰브룬궁에서 마리아 테레지아 여제를 만난다. 이미 잘츠부르크 출신의 음악 신동에 대한 이야기는 합스부르크 왕실에까지 자자하게 전해져 있었다. 천재 소년은 쉰브룬 궁전 내의 '거울의 방'에서 마리아 테레지아 황제 내외와 자녀들이 보는 가운데 연주를 하기로 되어 있었다.

아버지 레오폴트의 손을 잡고 쉰브룬 궁전 앞마당에 내린 모차르트는 노란색 궁전의 웅장함과 정원의 크기에 놀랐다. 원래 쉰브룬 궁전 터에는 합스부르크 왕실의 사냥막이 있었으나 1683년 투르크군의 빈 포위 공격 당시 사냥막이 파괴되었다. 황제 레오폴트 1세는 1696년 새 궁전 설계를 피셔 폰 에를라흐(Fischer von Erlach)에게 의뢰했다. 쉰브룬 궁전이 완성된 것은 1730년. 이어 1740년 황제에 즉위한 마리아 테레지아는 1744년 건축가 니콜라우스 파카시(Nikolaus Pacassi)에게 쉰브룬 궁전의 리노베이션을 맡겼고 공사는 1749년에야 끝났다. 그후 쉰브룬 궁전은 합스부르크 왕가의 여름 궁전으로 쓰였다. 나폴레옹은 오스트리아를 점령, 1809년 쉰브룬 궁전으로 이사왔고 여기서 프란츠 1세의 딸과 결혼했다.

다시 1762년 아버지의 손을 잡고 쉰브룬 궁전으로 입성하던 여섯살 모차르트를 상상해 보자.

"아, 테레지아 황제님이 사시는 집은 정말 거대하구나."

대칭으로 설계된 정원과 기기묘묘한 정원수들, 그 사이사이에 서 있는 조각상들. 여섯살 모차르트에게는 모든 것이 신기할 따름이었다.

"말로만 듣던 황제가 사시는 궁전에 내가 오다니! 세상에서 가장 높고 지엄하시고 존귀하신 마리아 테레지아 황제를 만나러 내가 쉰브룬 궁전에 오다니!"

모차르트는 아버지 손을 잡고 오른편 계단을 올랐다. 휘황찬란한 방을 지날 때마다 그는 탄성을 지르며 아버지의 손을 잡아끌었다.

"아버지, 이것 좀 보세요!"

레오폴트는 짐짓 놀랄 게 없다는 듯 어린 아들에게 다시 한 번 다짐시킨다.

"황제님 앞에서 얌전하게 굴어야 한다고 아빠가 얘기했지!"

**쉰브룬 궁전 안의
'거울의 방'**

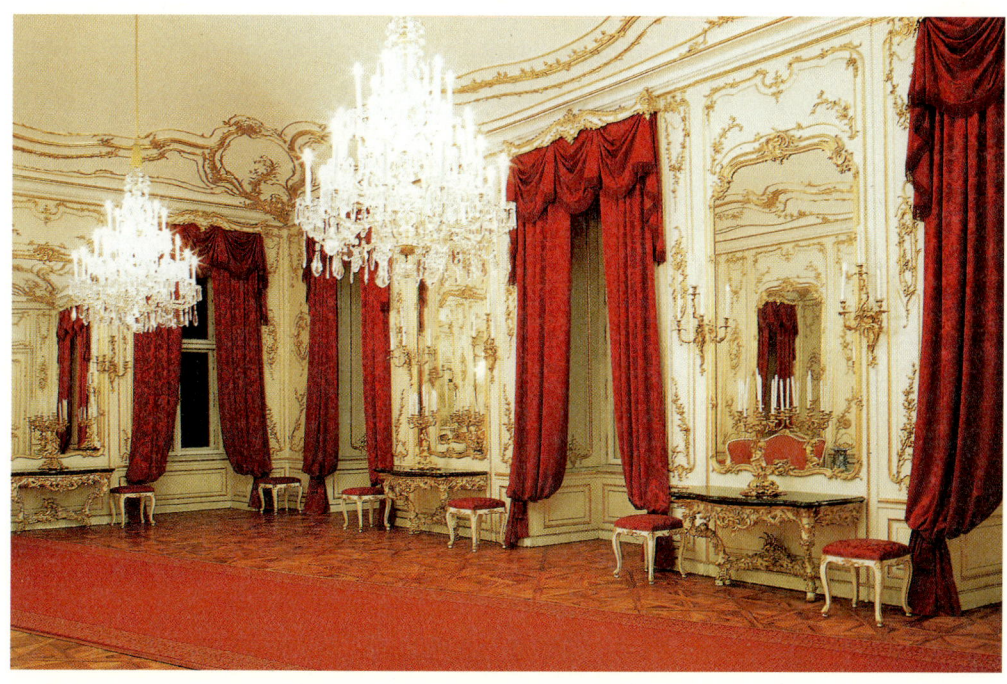

음악 신동의 자부심

모차르트 부자는 연주하기로 예정된 '거울의 방'에 거의 다다랐다. '거울의 방' 바로 전이 '발코니 방'이다. 이 방에서 모차르트는 눈이 휘둥그레진다. '발코니 방' 벽면에는 왕자와 공주들의 어린 시절 초상화가 걸려 있었다. 모차르트는 왕자와 공주들의 얼굴을 찬찬히 살펴보며 나이를 가늠했다. "나와 다를 게 없네. 이제 곧 왕자님과 공주님도 만나겠구나."

드디어 '거울의 방'에 들어선 모차르트는 방에 붙어 있는 거울을 세어본다. 하나, 둘, 셋, 넷, 다섯, 여섯, 일곱. 이제까지 지나온 방에는 대부분 처음 보는 사람들의 초상화가 걸려 있었는데 이 방은 거울이 많아 '거울의 방'이 되었구나. 모차르트는 아버지와 함께 황제 가족의 입장을 기다리며 양초를 세어본다. 네 개의 거울 앞에 초 10개가 꽂힌 양초대가 네 개 있었다. 모차르트는 이제 소파를 세었다. 3인용 소파가 2개. 1인용은 하나, 둘, 셋, 넷, 다섯, 여섯, 일곱…… 무려 13개나 되었다.

마리아 테레지아 황제와 지엄하신 대공이 먼저 입장했다. 그뒤를 따라 왕자와 공주들이 우르르 따라 들어왔다. 공주 중에는 모차르트보다 한 살 많은 막내딸이 있었다. 그녀의 이름은 마리 앙투아네트. 훗날 프랑스 루이 16세의 왕비가 되었지만 결국 단두대의 이슬로 사라진 비운의 여성이다. 순식간에 의자가 가득 찼다. 모차르트는 황제 가족에게 예를 표하고 하프시코드를 연주하기 시작했다.

다음 장면은 이젠 너무나 유명한 이야기가 되어버렸다. 아버지 레오폴트는 훗날 편지에서 "볼프강은 하프시코드에서 내려와 그녀의 무릎으로 곧장 달려가서는 그녀를 안고 키스를 퍼부었다"고 썼다. 레오

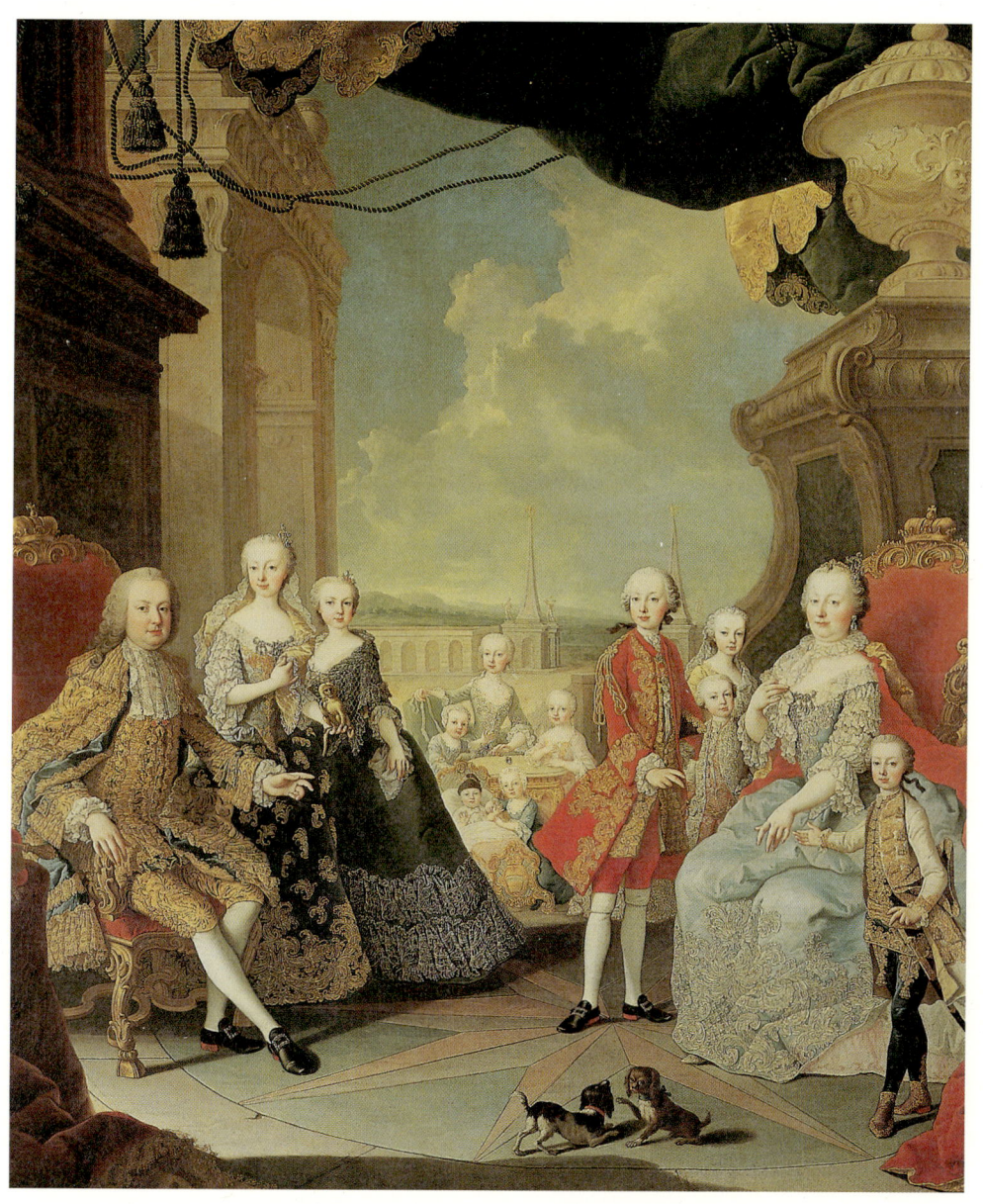

마리아 테레지아 여제 가족. 남편과의 금슬이 좋아 16명의 자녀를 낳았다.

폴트는 아들의 돌발적이고 무엄한 행동에 기겁을 하고 어쩔 줄 몰라했다. 그러나 마리아 테레지아는 웃으며 이렇게 대답했다.

"내버려두세요. 좋아서 그런 걸요. 아이들에 대해서는 잘 알고 있답니다. 우리 집에도 애들이 많이 있거든요."

모차르트는 쉰브룬 궁전을 나서면서 생각했다. '내 연주에 황제님이 감동하셨어. 왕자님과 공주님들도 박수를 치셨지.' 여섯살 모차르트는 가슴이 터질 듯 기뻤다. '내 음악과 연주가 세계 최고다. 황제 폐하도 인정하셨잖아. 누구도 나를 뛰어넘지 못해.'

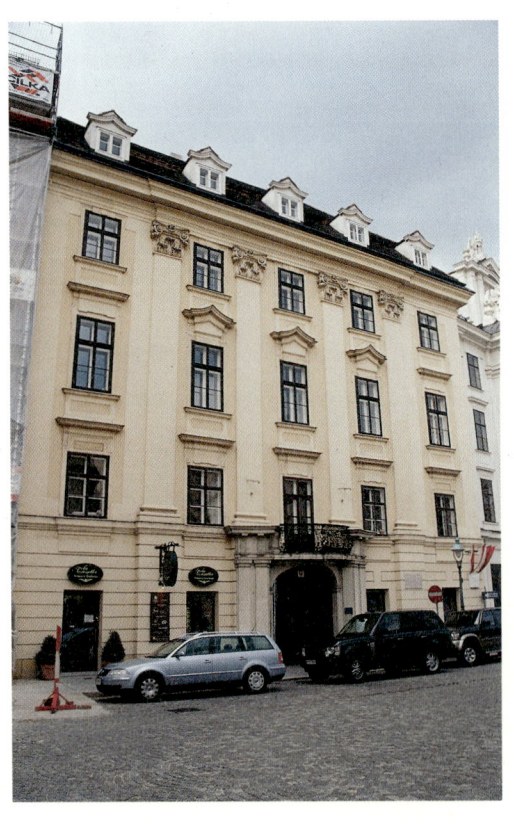

모차르트가 빈에서 데 뷔한 곳인 암 호프 13 번지의 팔래스 콜랄토

모차르트가 이날 쉰브룬 궁전에서 한 연주는 평생 동안 그에게 자부심과 자긍심의 원천이 되었다. 그가 훗날 고향 잘츠부르크와 과감하게 결별하고 빈을 선택하게 된 데는 자신의 음악에 대한 자신감 때문이었다. 음악을 제대로 알지도 못하면서 음악가를 하인 대접하는 잘츠부르크의 콜로레도 주교 밑에서 일한다는 것은 참을 수 없는 일이었다. 모차르트는 주교 밑에서 일하느니 차라리 종살이가 더 나을 것이라고 생각했다. 모차르트가 현실의 안락함과 타협하고 잘츠부르크를 버리지 않았다면 오늘날의 모차르트는 존재하지 않았을 것이다.

이제는 음악 신동 모차르트를 환상도로 안에서 느껴보자. 모차르트는 여섯살 때 빈에 와서 모두 네 번의 연주회를 가졌다. 한 번은 앞서 이야기한 대로 쇤브룬 궁전에서 마리아 테레지아 여제와 그의 가족 앞에서였다.

암 호프 13번지의 팔래스 콜랄토. 잘츠부르크의 음악 신동이 첫번째 빈 연주 여행에서 최초로 공식 데뷔한 곳이다. 모차르트는 이곳에서 연주를 마치고 쇤브룬 궁전으로 입성했다. 암 호프 13번지에서 모차르트는 누나 난네를과 함께 빈의 음악 애호가들 앞에 섰다. 어린 모차르트는 얼마나 긴장했을까. 아니다. 모차르트는 전혀 긴장하지 않았을 것이다. 오히려 너무나 태연하고 천연덕스럽게 웃으면서 연주하지 않았을까.

암 호프로 가보자. 암 호프는 슈테판 성당 광장과 미하엘러 광장에서 매우 가깝다. 슈테판 성당 광장에서 그라벤 거리로 나아가 콜마르크트와 만나는 지점에서 직진하면 보그네르 가세다. 이 골목길을 5분쯤 걸으면 암 호프가 나온다. 암 호프는 마차가 늘 대기하는 장소 중 하나. 말똥 냄새가 유난히 코를 찌른다.

암 호프는 모차르트가 아니더라도 꼭 한번 방문해 볼 만한 곳이다. 1806년 합스부르크가의 황제 프란츠 2세가 신성로마제국의 제위를 버리고 제국 해체를 선언한 곳이 바로 암 호프이다. 암 호프는 직사각형의 광장으로, 14세기 후반에 세워진 암 호프 교회, 은행 등 흰색 건물들이 광장을 빙 둘러싸고 있다.

슈테판 성당 뒷길에 있는
피아커 행렬

이 광장에서 특이할 만한 것은 중앙에 있는 마리아 기둥이다. 1667년에 세워진 이 기둥에는 빈의 슬픈 역사가 기록되어 있다. 기단부에는 무장한 천사들이 그려져 있다. 이들은 빈 시민들을 고통에 빠뜨린

네 가지 재앙(전쟁, 페스트, 기근, 이단)과 싸움을 벌였던 천사들이다.

빈 시내에는 페스트(흑사병) 관련 기념물이 여러 개 있다. 14세기 중세 유럽을 덮쳐 무려 2,500만~3,500만 명을 죽음으로 몰아넣은 흑사병. 원인을 알 수 없는 흑사병은 유럽인들이 가장 두려워한 대상이었다. 빈도 1541년, 1629년, 1679년 세 차례 흑사병의 공격을 받았다. 1629년의 흑사병 창궐로 빈 시민 3만 명이 목숨을 잃었다. 그라벤 거리의 한가운데 있는 페스트 위령비는 1679년의 흑사병 희생자를 기리기 위해 세워졌다.

여기까지 왔다면 티퍼 그라벤 18번지도 들러보는 것이 좋겠다. 암호프에서 쇼텐링 방향으로 한 블록을 가면 티퍼 그라벤 거리와 만난다. 1762년 처음 빈에 연주 여행을 왔을 때 가족과 함께 묵었던 집이다. 티퍼 그라벤 18번지는 현재 호텔로 꾸며져 있다. 호텔 티그라인데 '티그라'는 '티퍼 그라벤'을 줄인 말이다.

빈에서 하숙을 시작하다

1781년 모차르트는 일생일대의 결단을 내린다. 종교권력이 주는 안락하고 달콤한 빵을 내던지고 불안정하지만 자유로운 프리랜서 음악가의 길을 선택했다. 고향 잘츠부르크를 떠나 빈으로 온 것이다.

마리아 테레지아. 남편 프란츠 슈테판 대공과 금슬이 좋아 자녀를 자그마치 16명이나 둔 여제. 비록 황제 재위 기간 40년(1740~1780년) 동안 합스부르크 제국은 전쟁을 자주 치렀지만 제국의 수도 빈은 무풍지대였다. 종교의 자유를 허용했고 공중보건을 개혁했다.

무엇보다도 음악을 좋아했던 마리아 테레지아는 빈을 유럽의 '음악 수도'로 발전시켰다. 마리아 테레지아가 없었다면 모차르트도 고향 잘츠부르크를 떠나 빈으로 오지는 않았을 것이다. 황실에서 궁정 지휘자를 고용했고 음악회를 개최하면서 음악가들은 생계 문제에서 해방되었다. 하이든, 모차르트, 베토벤과 같은 음악가들이 빈으로 몰려들었다. 궁정에 소속되지 않은, 프리랜서 음악가의 시장이 유럽 최초로 형성된 곳이 빈이었다.

모차르트는 1781년 5월 빈에 와서 하숙을 시작한다. 밀크 가세 1번지. 밀크 가세는 콜마르크트와 이어지는, 그라벤 거리 뒤편에 있는 아주 좁다란 골목길이다. 모차르트의 하숙집 베버하우스는 길과 길이 만나는 모서리에 있어 앙증맞다는 느낌마저 준다. 빈 시절의 초기를 말할 때 빼놓을 수 없는 곳이 이곳 하숙집이다. 하숙집이 있던 자리에는 "1781년 이곳에 살면서 〈후궁으로부터의 탈출〉을 작곡한 곳"이라는 안내판이 붙어 있다. 모차르트는 1781년 5월 16일 아버지에게 보낸 편지에서 이렇게 쓰고 있다.

"베버 가족에 대해서 쓰신 내용에 대해 말씀드리자면, 정말로 그렇지가 않습니다. 랭 부인(알로이지아 베버)에 관한 한 물론 제가 바보였다는 걸 인정할게요. 하지만 사랑에 빠지면 누구도 예외는 아닐 거라고 생각합니다. 분명히 저는 그녀를 사랑했으며, 그녀도 지금은 저한테 그렇게 무심하지 않다는 걸 느낍니다. 그러나 다행인지, 그녀의 남편이 무척 질투가 심해서 아무 데도 내보내지를 않기 때문에 서로 만날 기회가 거의 없습니다. 하지만 베버 부인은 진실로 매우 친절한 분이시며, 제가 시간이 없어서 그녀의 호의에 아무 보답을 못해드리는 것

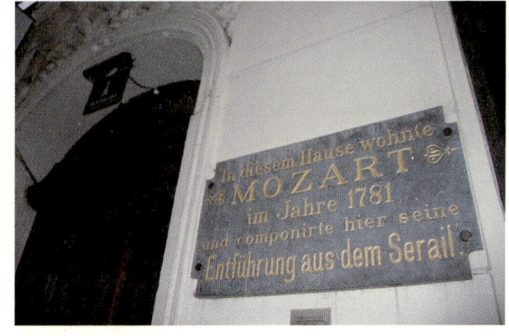

밀크 가세 1번지의 하숙집 베버하우스

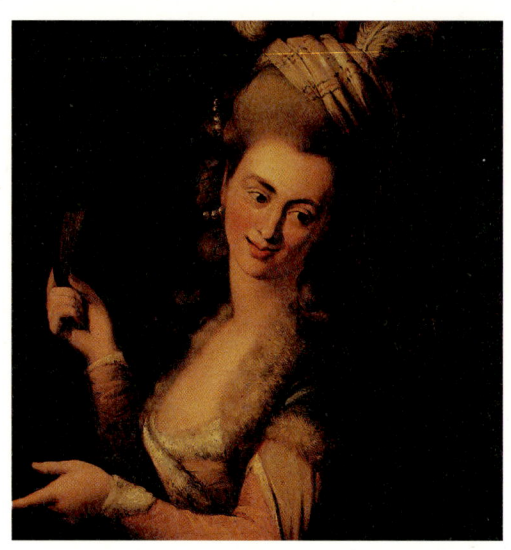

모차르트가 한때 사랑
했던 오페라 가수 알로
이지아 베버

이 안타까울 뿐입니다."

모차르트는 빈에 정착하기 전 이미 몇 차례 빈으로 연주 여행을 오면서 베버 씨의 큰딸인 오페라 가수 알로이지아 베버를 알게 되었다. 모차르트의 편지에 따르면 알로이지아는 모차르트의 곡을 썩 잘 소화했다. 모차르트가 이로 인해 알로이지아에게 호감을 갖게 되었고 결국 사랑에 빠지게 된다. 그러나 어린 알로이지아는 가난한 음악가 모차르트 대신 비극배우 랭을 선택한다. 알로이지아는 훗날 "나는 모차르트의 천재성을 알아차리지 못했고 그저 어린 남자로만 알았다"고 술회했다.

1781년 7월 30일 대본작가 고틀리프 스테파니가 모차르트에게 가져온 대본의 제목은 '벨몬트와 콘스탄체' 혹은 '후궁으로부터의 탈출'이었다. 대본은 터키풍의 이야기였다. 스테파니는 9월 중순에 공연할 예정이므로 최대한 빠른 시간 안에 작곡을 마쳐달라고 청했다. 영감을 받은 모차르트는 열정적으로 작곡에 매달렸고 무서운 속도로 작곡을 해나갔다. "이 대본으로 곡을 쓰는 일이 어찌나 즐거운지 벌써 카발리에리와 아담베르거의 첫번째 아리아를 다 썼고, 1막의 마지막 곡인 3중창곡도 끝냈습니다"라고 모차르트는 아버지에게 보내는 8월 1일자 편지에 썼다.

터키풍의 이야기라? 우리는 모차르트가 작곡한 622곡의 음악 중에서 경쾌한 〈터키행진곡〉의 리듬을 금방 떠올린다. 모차르트는 왜 터키풍의 음악을 두 곡이나 썼을까. 그리고 보니 베토벤도 〈터키행진곡〉을 썼다. 우리는 여기서 빈 역사, 더 나아가 유럽 역사에서 빼놓을 수 없는 한 대목과 조우하게 된다.

동로마제국을 함락시킨 오스만투르크 제국은 이어 유럽을 침략했다. 발칸반도와 동유럽을 유린하고는 1529년 중부 유럽으로 가는 관문인 빈을 공격한다. 합스부르크 왕가의 수도 빈은 요새의 도시였다. 당연히 빈의 저항은 거셌고 1차 공격은 실패로 돌아갔다. 오스만투르크 제국은 1683년 두번째로 빈을 공격한다. 터키군은 7월 14일부터 9월 12일까지 빈 교외에 진을 치고 장기전에 돌입했다.

빈 교외 지역은 지금의 환상도로 바깥쪽을 말한다. 그러나 빈을 포위하고 있던 카라 무스타파의 터키군 2만 명은 합스부르크 제국의 반격을 받고 퇴각하고 만다. 비록 터키군은 퇴각했지만 빈 교외에 터키 문화를 전파시켰고 이것은 자연스럽게 빈 사람들의 일상생활에 녹아들었다. 빈에 카페가 생긴 것도 오스만투르크 군의 빈 포위에서 비롯되었다. 빈에 최초의 카페가 등장한 것은 1684년. 빈을 1년간 포위했던 오스만투르크 군대가 남기고 간 커피 원두로 카페가 생겨났다.

1683년 투르크군이 요새의 도시 빈을 포위하고 있는 그림. 환상도로는 요새를 철거한 그 자리에 건설되었다.

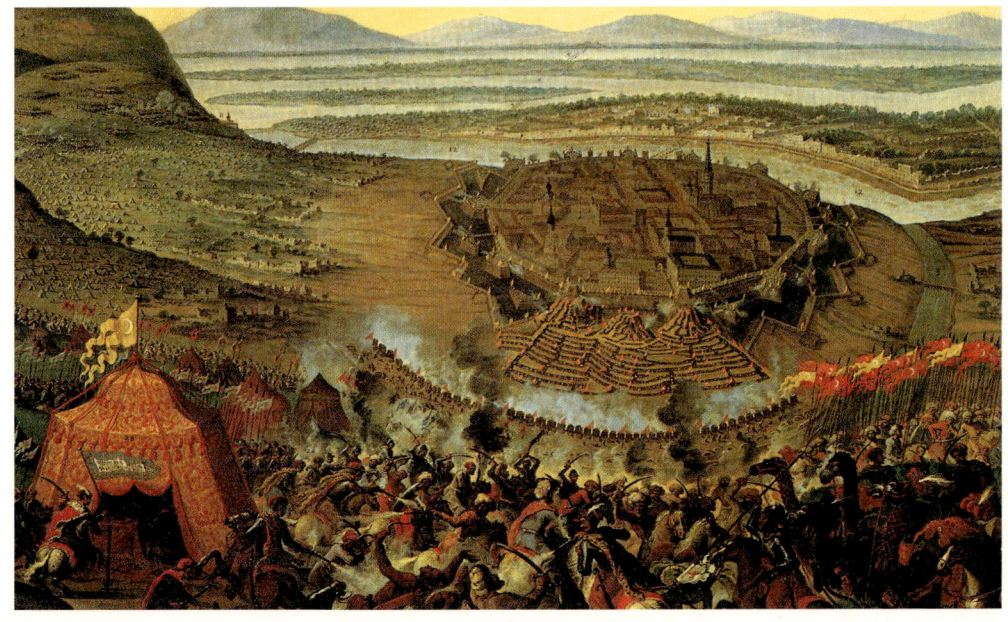

터키군을 패퇴시키는 데 주도적 역할을 한 인물은 오이겐 공. 그는 영웅으로 떠오른다. 시련을 이겨낸 제국의 수도 빈은 번성 일로를 걷게 되었다. 도시 안 호프부르크 궁성 주변에 거대한 궁전들이 세워졌고 카를 교회와 벨베데레 궁전이 들어섰다. 벨베데레 궁전은 오이겐 왕자의 여름 별장으로 지어졌다. 이후 빈은 제국의 가장 화려한 수도로 변모해 갔다.

하숙집 딸 콘스탄체 베버

베버 부인은 딸 넷을 두었다. 알로이지아, 요제파, 콘스탄체, 조피. 모차르트는 알로이지아에게 채였지만 다시 셋째딸 콘스탄체에게 끌리게 된다. 모차르트가 "그녀는 못생기지는 않았지만 예쁘다고도 할 수 없는 외모"를 지니고 있다고 묘사한 콘스탄체다. 모차르트가 같은 해 12월 아버지에게 쓴 편지를 보면 베베 부인의 네 딸에 대한 평이 재미있다.

"사실 한 집안의 자식들이 서로 그렇게 다른 것을 저는 처음 보았습니다. 맏이는 천박하고 뚱뚱하며 불성실해서 믿을 수 없는 사람이고, 랭 부인인 알로이지아는 진지하지 못하고 심술궂고 바람둥이 기질이 있습니다. 또 막내는 아직 어려서 뭐라 말하기 어렵습니다만 사랑스러우면서도 천방지축인 데가 있어서 혹 나쁜 길로 빠지지 않을까 그것이 염려될 뿐입니다."

콘스탄체에 대한 이야기는 지금부터다.

"그러나 사랑스러운 콘스탄체는 다른 자매들의 뒷바라지까지 하는 착한 성품을 지니고 있으며, 가장 총명하기도 하여 한마디로 그 중 최고의 규수라 할 만합니다. 그녀 혼자서 힘겨운 집안 살림을 도맡아하고 있지요. 오, 사랑하는 아버지. 그 집에서 우리 두 사람이 어떤 모습으로 있는지를 모두 설명해 드리려면 종이 몇 장으로는 턱없이 부족합니다! 굳이 물으시면 다음번 편지에 적겠습니다. 그러나 우선 사랑하는 콘스탄체의 성품에 대해 좀더 알려드리지 않을 수 없군요!"

여기서부터는 조금 진지하게 모차르트의 편지를 읽어야 한다.

"그녀는 못생기지는 않았지만 예쁘다고도 할 수 없는 외모를 지니고 있습니다. 그녀의 아름다움은 모두 그녀의 작고 검은 두 눈과 우아한 몸가짐에서 나옵니다. 또한 재기발랄하지는 않지만 아내와 어머니로서의 도리를 다하기에 모자람 없는 상식을 갖추었으며, 무엇보다 다행인 점은 낭비벽이 없다는 겁니다. 낭비벽이야말로 최악의 덕목이니까요. 그렇기는커녕 그녀에게는 소박한 옷차림이 몸에 배어 있다고 할 수 있을 거예요. 왜냐하면 그 어머니가 경제적으로 풍족하지 않은데다 다른 두 딸에 비해 콘스탄체에게 거의 신경을 쓰지 않았기 때문입니다. 그녀는 말쑥하고 깔끔한 편이지 세련됐다고는 할 수 없습니다.

또한 그녀는 여자들에게 필요한 대부분의 일을 스스로 처리해 낼 수 있습니다. 매일 혼자서 머리를 손질하며, 가사에 대한 이해가 풍부하고, 세상 누구보다 따뜻한 마음씨를 지니고 있지요. 게다가 우리는 온마음을 다해

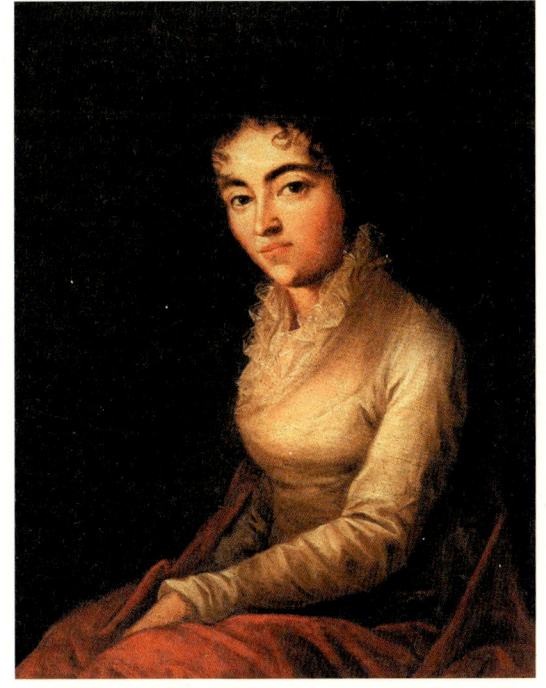

모차르트의 아내
콘스탄체 베버

모차르트가 아내 콘스탄체에게 쓴 편지

서로를 사랑하고 있습니다! 자, 말씀해 보세요. 아내로서 이보다 나은 여자를 바란다는 것이 가능한가요?

한 가지 더 꼭 말씀드려야할 것이 있군요. 제가 사직했을 당시에는 이런 사랑의 감정은 생기지 않았습니다. 제 사랑은 그 댁에 기거하면서 그녀의 따뜻한 보살핌과 봉사에 감동받은 나머지 싹튼 것입니다.”

모차르트가 밀크 가세의 베버하우스에서 지낸 시간은 몇 개월에 지나지 않았다. 그는 밀크 가세에서 가까운 아우프 뎀 그라벤 1175번지로 이사를 간다. 모차르트와 콘스탄체의 교제는 지금의 시각으로 보아도 좀 특이하다. 아니, 재미가 없었다고 하는 편이 맞을 것이다.

모차르트는 하숙집에서 콘스탄체를 하숙집 딸로 처음 알게 되었고 관심을 갖기 시작했다. 하숙집을 옮겨서는 역시 베버하우스로 매일 찾아가는 게 고작이었다. 모차르트의 편지 어디에서도 두 사람의 즐거운 데이트를 묘사한 대목은 나오지 않는다. 프라터 공원이 일반 시민에게 공개된 지 15년이 넘었건만 두 사람이 이곳에서 데이트를 했다는 기록도 없다.

모차르트는 사랑에 빠진 사람이라고는 볼 수 없을 만큼 객관적이고 냉정하게 콘스탄체를 설명한다. 사랑에 빠졌지만 눈이 멀지는 않았다. 콘스탄체의 초상화를 보면 모차르트의 말이 매우 사실적임을 알 수 있다. 우리는 여기서 밀로스 포먼 감독이 영화 〈아마데우스〉에서 콘스탄체를 얼마나 의도적으로 천박하게 그렸는지를 미루어 짐작할 수 있다. 모차르트는 진중한 여자를 좋아했고 콘스탄체는 베버 부인의 네 딸 중 여기에 가장 부합했던 것 같다. 나는 그 증거를 모차르트가 죽은 후 콘스탄체의 행동에서 알 수 있었다. 콘스탄체는 두 아들을 데리고 외교관과 재혼했다. 그런데 그녀는 새 남편으로 하여금 전 남편의 전기를 쓰게 했다.

모차르트와 콘스탄체는 1782년 8월 4일 성 슈테판 성당에서 결혼식을 올린다. 그러나 콘스탄체를 탐탁지 않게 생각한 아버지 레오폴트는 결혼식에 참석하지 않았고 결혼식이 끝난 뒤에야 둘의 결혼을 허락했다. 물론 모차르트가 콘스탄체와 결혼하는 데 아버지의 반대만 있었던 것은 아니다. 베버 부인도 딸이 모차르트를 만나는 것을 못마땅하게 생각했다. 그것은 남편이 사망한 후 후견인이 된 빈터가 베버 부인에게 모차르트에 대한 악담을 지어냈기 때문이다.

"모차르트를 조심해야 한다. 그자는 일정한 수입이 없다. 그자는 바람이 날 것이다. 결국 콘스탄체는 모차르트로 인해 인생을 망치게 될 것이다."

모차르트는 하는 수 없이 콘스탄체와의 교제를 허락받기 위해 혼인서약서를 작성하게 된다. "3년 안에 콘스탄체 베버 양과 결혼하기로 약정한다. 그 사이에 마음

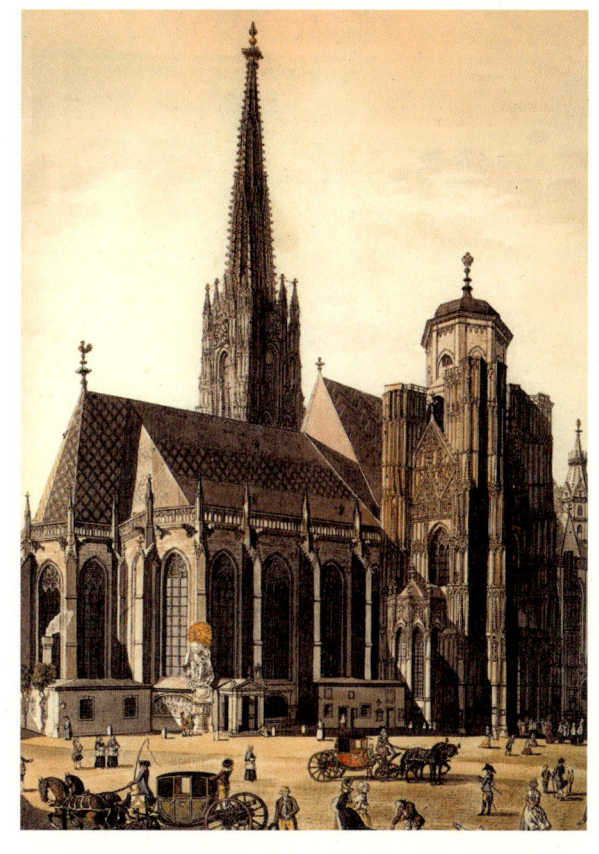

18세기 슈테판 성당 그림. 이곳에서 모차르트와 콘스탄체가 결혼식을 올렸다.

이 변하는 등의 문제가 생기면 그녀에게 연간 300굴덴의 위약금을 물어야 한다"는 내용이었다.

피가로의 집, 돔 가세 5번지

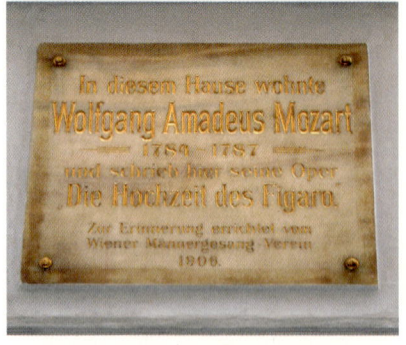

빈의 중심은 환상도로 안쪽 슈테판 성당 광장이다. 지하철 3호선 (U3) 슈테판 성당 광장 역에서 2~3분 거리에 돔 가세가 있다. 돔 가세 5번지에서 우리는 모차르트의 화려한 나날들을 만날 수 있다.

모차르트는 1784~1787년 돔 가세 5번지 2층에 살면서 유명한 오페라 〈피가로의 결혼〉을 작곡했다. 모차르트는 〈피가로의 결혼〉의 대성공으로 이곳에서 경제적으로나 명성으로나 가장 성공적인 시간을 보냈다. 1995년 《타임》지가 '지난 1,000년의 가장 위대한 음악'으로 선정한 곡이 바로 〈피가로의 결혼〉이 아니던가. 모차르트가 꿈꾼 정치와 사회와 사랑의 유토피아가 모두 녹아든 음악이 〈피가로의 결혼〉이다.

오페라 평론가들은 이 곡을 두고 "다른 사람들의 욕망을 억압하지 않고서 누구나 자신의 욕망을 실현시킬 수 있는 편견 없는 사회에 대한 비전"이라고 해석한다. 돔 가세 5번지는 이로 인해 '피가로의 집'이라 불리기도 한다. 모차르트는 〈피가로의 결혼〉을 쓴 1785년에 피아노 5중주곡을 썼다. 평론가들은 1785년을 "창작과 성찰에 있어 위대한 해"라고 평가한다.

돔 가세의 2층은 큰 방 네 개와 작은 방이 두 개나 되었다. 모차르트 가 빈에서 머무른 집 가운데 가장 넓고 화려한 집이었다. 이때 모차르 트 나이 스물일곱, 아내 콘스탄체는 스물둘이었다. 모차르트는 악상 이 떠오르지 않으면 상상력에 불이 붙을 때까지 방안을 중얼거리면서 왔다갔다 했다.

돔 골목길 5번지의 모차르트하우스는 음악사적으로도 중요한 의미 를 갖는다. 열일곱살의 베토벤은 모차르트의 명성을 듣고 독일 본에

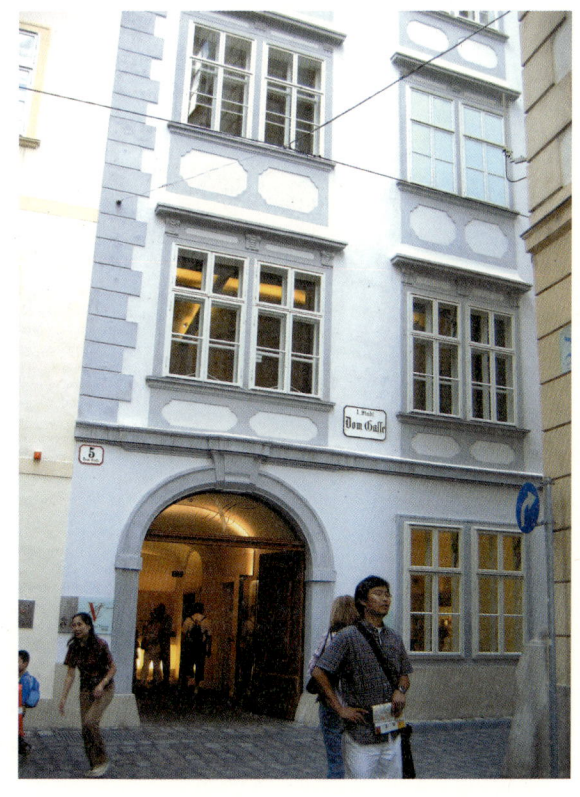

서 17일간의 마차 여행 끝에 빈을 찾아온다. 베토벤은 모차르트 앞 에서 피아노 연주를 했으며, 모차 르트는 베토벤에게 최고의 찬사로 격려했다. 동시대의 위대한 음악 가 하이든 역시 이 집을 방문했다. 18~19세기 위대한 음악가 3인이 흔적을 남긴 집이다. 《모차르트 — 황금 시 대 (Mozart: The golden years)》를 쓴 로빈스 랜던(Robbins Randon)은 "모차르트와 하이든이 영향을 주고받은 것은 레오나르도 다 빈치, 미켈란젤로, 그리고 라파 엘로의 관계에 비유할 수 있다"고 했다.

오페라 〈피가로의 결혼〉을 모르

는 사람이라도 저 유명한 피아노협주곡 21번을 이야기하면 고개를 끄덕일 것이다. 피아노협주곡 21번 2악장은 1967년 영화 〈엘비라 마디간〉의 배경음악으로 사용되면서 영화명이 별칭이 되었다. 모차르트의 작품들은 영화 주제음악으로 가장 많이 애용된다. 〈엘비라 마디간〉 외에도 〈아웃 오브 아프리카〉를 비롯해 모차르트 곡을 배경음악으로 쓴 대작 영화는 자그마치 47편이나 된다.

〈엘비라 마디간〉은 실화를 바탕으로 만든 영화다. 가족과 경력과 사회적 지위를 모두 내던지고 서커스단의 줄타기 곡예사와 사랑의 도피를 선택한 젊은 장교 식스틴 스파레. 관객은 덴마크 숲속에서 위험한 사랑을 나누는 탈영 장교와 줄타기 곡예사를 보면서 시종 가슴을 졸인다. 연인의 사랑이 깊어갈수록 비극의 그림자는 더욱 짙어간다. 연인이 눈부시도록 아름다운 숲속 오솔길을 걸을 때 피아노협주곡 21

오페라 〈피가로의 결혼〉
악보 표지

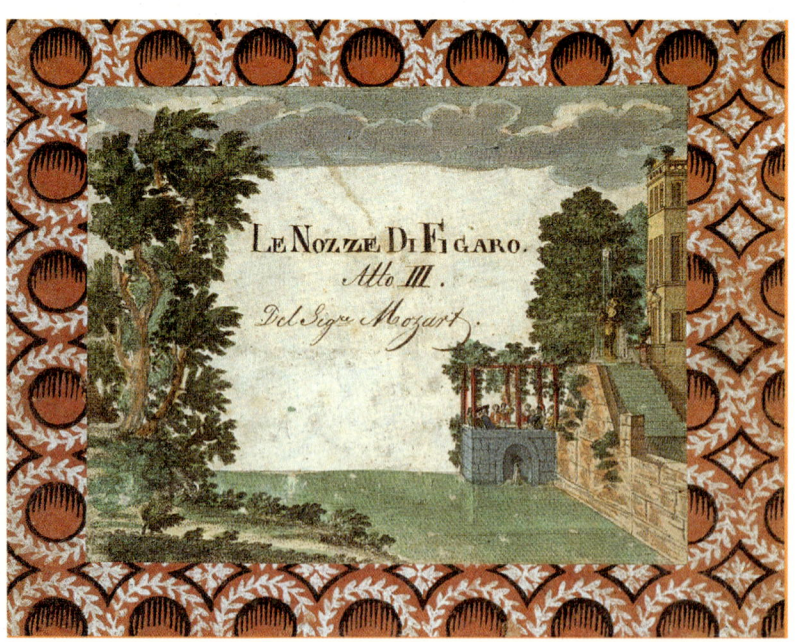

번(K 467) 안단테가 풀섶을 부드럽게 쓰다듬으며 미풍으로 울려퍼진다. 이 장면이 숨막히도록 아름답게 기억되는 것은 모차르트의 피아노협주곡이 눈부신 5월의 신록에 지상 최고의 서정성을 부여했기 때문이다.

모차르트 탄생 250주년이 되는 2006년을 맞아 돔 가세 5번지는 박물관 '모차르트하우스'로 거듭났다. 입장료는 성인이 9유로. 비엔나카드를 갖고 있으면 6유로. 조금 비싼 감은 있지만 빈에 와서 모차르트하우스를 보지 않고 가는 것은 빈에 오지 않은 것이나 마찬가지다.

관람객은 4층에서부터 2층으로 내려오며 모차르트를 보고 느낀다. 모차르트가 죽고 난 이후 〈마술피리〉가 유럽에서 얼마나 성공을 거두었는지를 실물로 보여주는데, 알려진 것처럼 빈 시절 모차르트는 비밀결사 프리메이슨에 가입했다. 프리메이슨 운동은 〈마술피리〉에 영향을 미쳤다. 프리메이슨 단원의 의복, 앞치마, 문양 등을 통해서 우리는 모차르트의 사회개혁 의지를 엿보게 된다.

모차르트하우스에서 우리는 당대 수많은 인물의 초상도 만날 수 있다. 살리에리 초상 앞에서 발길을 멈춘다. 영화 〈아마데우스〉로 인해 살리에리를 부정적으로 기억하는 사람이 많을 것이다. 분명한 사실은 18세기 후반 모차르트와 살리에리가 경쟁을 벌였고 18세기의 빈은 살리에리의 손을 들어주었다는 점이다. 살리에리는 당대 가장 대중적인 작곡가였다. 당시의 종교 · 정치 권력은 살리에리의 음악을 선호했고 살리에리는 명예와 부를 모두 차지했다.

그러나 오늘날 살리에리가 작곡한 음악의 멜로디를 기억하는 사람이 몇 명이나 될까. 물론 빈

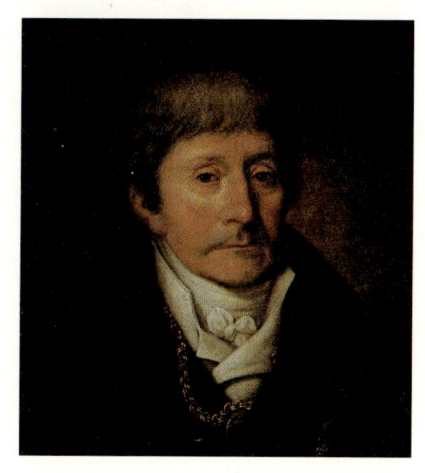

모차르트의 경쟁자였던
살리에리

에서는 요즘도 드물게 살리에리의 음악이 연주되곤 한다. 그러나 빈을 벗어나면 세계인은 기껏해야 살리에리의 이름만을 기억하고 있을 뿐이다(그것도 영화 〈아마데우스〉 덕분이다). 모차르트 탄생 250주년에 모차르트하우스에서 살리에리의 초상화를 보면서 잠시 상념에 빠진다. 당대의 인기, 당대의 부, 당대의 명성, 그리고 후대의 평가에 대해.

모차르트하우스에서 나는 모차르트의 죽음을 목격했다. 1791년 12월 5일에 발급된 모차르트 사망진단서(Autopsy report on Mozart). 순간 슬픔이 엄습해 온다. 인류에게 불멸의 유산을 남기고 간 모차르트의 사망진단서. 또 그의 재산목록 장부는 얼마나 초라하던지. 왠지 내가 죄라도 지은 듯하다.

1938년 빈이 나치의 손아귀에 들어갔고, 나치는 1941년 11월 28일 돔 골목길 5번지 2층에 모차르트 기념관을 열었다. 나치는 모차르트

오페라 〈마술피리〉의
한 장면을 담은 그림

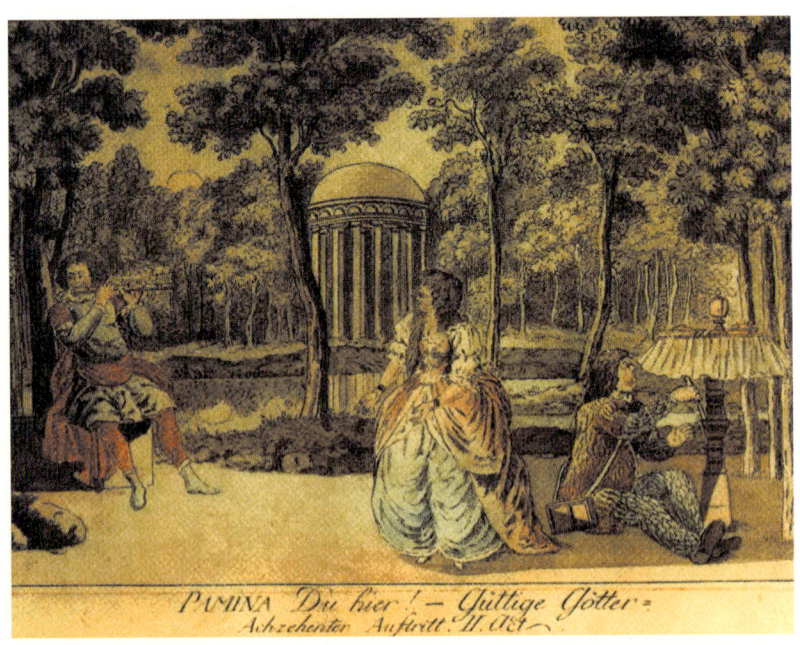

를 '독일' 작곡가로 칭송했다. 나치의 패망 이후 1950년대 들어 오스트리아 정부는 돔 가세 5번지를 다시 정비했다.

화려한 날은 가고

모차르트 일가는 돔 골목길 5번지에서 교외로 이사를 했다. 빈은 지금이나 18세기나 구시가(환상도로 안쪽)가 중심이다. 구시가를 둘러싸고 있는 요새 밖으로 거처를 옮겼다는 사실에서 우리는 모차르트의 형편이 나빠지고 있음을 추측할 수 있다.

란트슈트라세-하우푸트슈트라세. 무슨 도로 이름이 이리도 길고 어려운지. 어쨌든 이곳에 가려면 스투벤링의 공예학교 옆에서 74A 버스를 타야 한다. 란트슈트라세-하우푸트슈트라세 75~77번지는 모차르트가 1787년 4월부터 12월까지 9개월간 살았던 집이다.

이 집에서 모차르트는 가장 슬픈 소식을 듣는다. 그것은 아버지의 부음이었다. 아버지 레오폴트가 아마데우스에게 어떤 존재였는지는 굳이 설명할 필요도 없다. 1787년 6월 16일자 모차르트의 편지를 보자.

"사랑하는 누나! 사랑하는 아버지가 돌아가셨다는, 슬프고도 예기치 못한 소식을 나한테 전하지 않은 것에 대해 놀라지도, 충격을 받지도 않았어. 누나가 왜 그렇게 했는지 너무 잘 알고 있으니까. 부디 신께서 그분을 잘 거두어가시기를! 그리고 누나, 어떤 경우에든 상냥한 동생의 보살핌이 필요하다고 생각될 때는 거기 내가 있다는 사실을 잊지 말기를. 내가 가장 사랑하는 누나! 누나가 생활에 곤란을 겪는다면 이런 얘기를 할 필요도 없이 그 동안 늘 생각해 온 대로 정말 기쁜 마음으로 누나에게 아버지가 남기신 모든 걸 주고 싶어. 하지만 지금 나

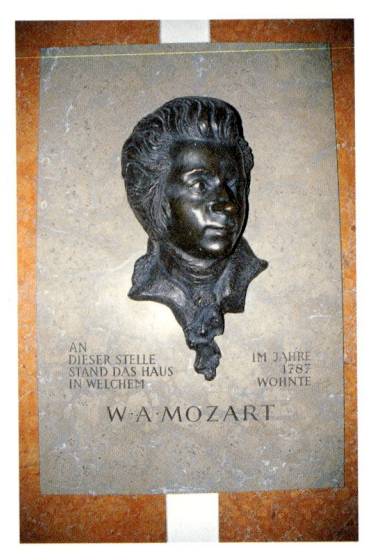

<돈 조반니>를 작곡한
집에 붙어 있는 부조

는 아내와 아이를 부양해야 하는 입장이고, 누나한테
는 별 필요 없겠지만 나한테는 큰 소용이 될 것 같으
니까 잘 생각해 봤으면 좋겠어.”

　모차르트가 이미 심각한 재정난에 빠져 있음을 엿
보게 하는 대목이다. 경제적으로 궁핍해져 가는 가운
데 모차르트는 이 집에서 오페라 <돈 조반니>를 썼다.
지금은 아파트로 변한 이 공동주택의 현관에 들어서
자 모차르트 얼굴이 벽에 부조(浮彫)되어 있다. 모차
르트의 부조 앞에 서서 나는 시대를 앞서간 예술가의
운명을 생각했다. 뱃머리에 서서 가장 먼저 폭풍우를
맞아야 했고 당대에 인정을 받지 못해 끊임없이 가난
과 궁핍 속에서 허덕여야 했던 위대한 음악가의 고독과 운명에 가슴이
아파왔다.

　빈에서 오페라 <돈 조반니>는 실패했다. 독설과 비난이 쏟아졌다.
빈 궁정음악계에서 벌어지는 음모는 모차르트를 더욱 궁지에 몰아넣
고 있었다. 모차르트를 두려워한 음악가들이 황제와 주교에게 모차르
트에 대해 좋지 않은 이야기를 퍼뜨렸고, 그 결과 모차르트에게는 안
정적인 일자리가 주어지지 않았다. 모차르트 역시 궁정음악계의 음모
에 환멸을 느끼고 있었다.

　<돈 조반니>가 초연되었을 때 빈에서는 혹평이 퍼부어졌지만 프라
하에서는 찬사와 갈채가 쏟아졌고 대성공을 거두었다. 지금은 프라하
가 체코 땅이지만 모차르트가 살았던 당시는 오스트리아 영토였다.
오스트리아-헝가리 제국 당시 합스부르크 왕가의 영토는 광대했다.
크로아티아, 슬로베니아, 슬로바키아는 헝가리에, 체코와 갈리치아는
오스트리아에 속했다.

〈돈 조반니〉는 프라하 노스티츠 국립극장에서 1787년 10월 29일에 막을 올렸다. 지역신문의 공연평을 보자.

"전문가들과 음악가들은 프라하에서 이런 음악은 전례가 없었다고 찬탄했다. 모차르트가 직접 지휘한 이 공연, 그가 오케스트라석에 나타났을 때 우레와 같은 박수가 터졌고 그가 떠날 때 관중들은 또 한 번 열광적인 박수를 아끼지 않았다."

눈보라에 실려오는 교향곡

빈에서 오전이나 오후 한나절밖에 시간이 없고 그 시간을 모차르트를 보는 데 쓰고 싶다면 어디를 가보는 것이 좋을까. 나는 돔 가세 5번지와 베링게르 슈트라세 26번지, 그리고 생 마르크스 묘지를 찾아볼 것을 권한다.

모차르트는 1787년 12월, 오페라 〈돈 조반니〉를 작곡한 란트슈트라세-하우푸트슈트라세의 셋집을 나온다. 다른 집을 거쳐 1788년 다시 빈 교외에 거처를 마련하는데, 그곳이 베링게르 슈트라세 26번지다. 전철 U2 쇼텐토어-우니베르시타트 역에서 내려 40번이나 41번 트램을 타면 10여 분 거리에 있다.

모차르트는 이 집에서 교향곡 39, 40, 41번을 비롯한 수많은 기악곡을 작곡했다. 너무나 불행했던 불멸의 음악가를 처절하게 느껴보고 싶다면 생 마르크스 묘지와 함께 베링게르 슈트라세 26번지도 겨울에 가보는 것이 좋다. 나 역시 겨울에 이곳을 찾았다.

전날 모차르트 전문 가이드에게 말했었다. 교향곡 40번을 작곡한 그 집을 꼭 가고 싶다고. 전철에서 나와 모차르트가 걸었던 베링게르 슈트라세를 걷는데 눈보라가 얼굴을 때린다. 나는 눈보라를 피해볼 요량으로 파커의 후두로 얼굴을 최대한 가린 채 고개를 숙이며 걸었다. 그때 어디선가 교향곡 선율이 눈발에 실려 들려온다.

처음엔 이게 무슨 곡인가 싶었다. 전혀 예상치 못했기 때문이었다. 그 곡은 교향곡 40번 G단조였다. 나도 모르게 콧노래로 따라 부르기 시작했다. 옆에서 걷고 있던 모차르트 전문 가이드가 나를 쳐다보더니 함께 따라 부른다. 우리는 G단조를 함께 읊조리면서 길을 걸었다. 교향곡 40번은 내 가슴 속에서 심장박동 소리보다 더 크게 울려퍼지고 있었다.

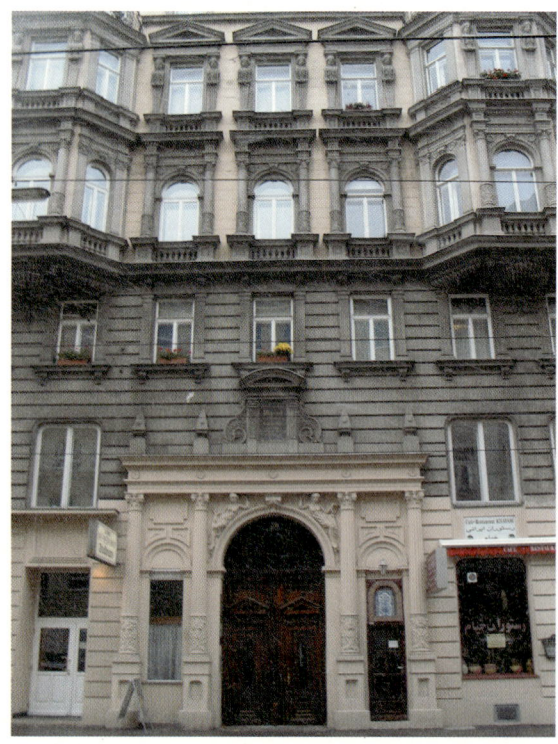

1788년 교향곡 39~ 41번을 쓴 집

모차르트는 월세로 이 집에 들어왔다. 그는 "시내 나가기가 어렵지만 봄, 여름, 가을에는 마치 정원이 있는 집처럼 풍광이 좋다"고 편지에 썼다. 그러나 1788년 무렵 모차르트는 경제적 궁핍이 극에 달했다. 가장으로서 그의 인생은 눈보라 휘몰아치는 혹독한 겨울이었다. 모차르트는 이 집으로 이사온 첫날 밤 프리메이슨 동지에게 돈을 빌려달라는 편지를 쓴다.

"아시겠지만 분할대금을 받아서 살다 보면 다음번 돈이 나올 때까지는 참 어렵거든요. 아니 생활해 나가기가 불가능하다고 해야겠지요. 얼마간이라도 모아둔 돈이 없으면 어떻게 해볼 도리가 없으니 말입니다. 역시 무일푼으로는 아무것도 할 수가 없군요. 그러나 이번에 호의를 베풀어주시면 저로서는 우선 급한 지출을 적당한 때에 해결할 수가 있겠습니다. 지금은 지불을 미룰 수 있는 한 미뤄온 상태라 수입이 들어와도 바로 빼앗겨버리기 때문에 상황이 아주 안 좋거든요."

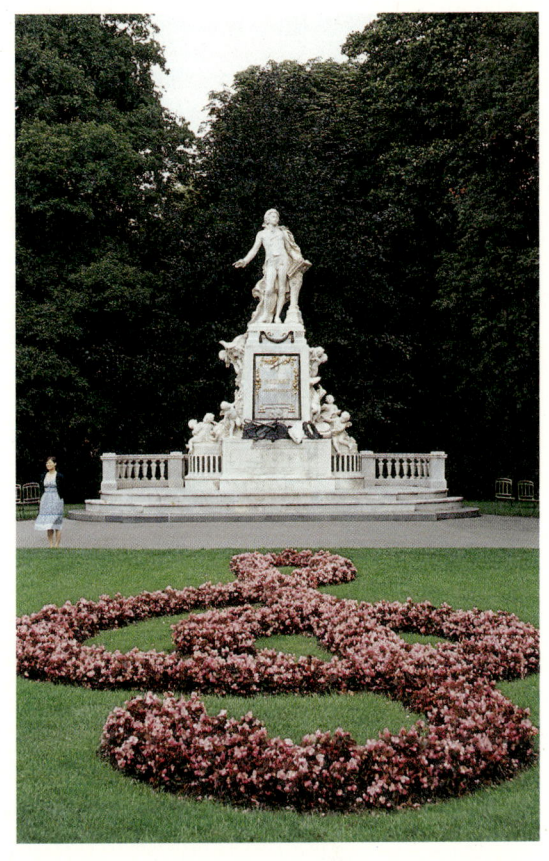

모차르트는 죽기 몇 년 전부터 궁핍의 한계상황에 내몰렸다. 베토벤도 말년에 돈 문제로 고충을 겪었지만 모차르트만큼 어렵지는 않았다. 왜 유명한 작곡가 모차르트는 궁핍의 수렁에서 헤어나지 못했을까. 모차르트가 도박을 좋아해 도박 빚이 늘어났기 때문이라는 설도 있지만 근거는 희박하다. 여러 정황을 종합하면 두 가지 요인으로 집약된다. 하나는 고정 수입원이 없었다는 점이다. 후원금과 공연 수입도 일정하지 않았다. 경쟁자였던 살리에리가 궁정 소속으로 안정적인 생활을 한 것과 대조적이다. 다른 하나는 콘스탄체가 여섯 명의 아이를 낳으면서 몸이 극도로 쇠약해졌다는 사실이다. 콘스탄체의 진료비, 약값, 온천 치료 등에 많은 돈이 들어갔다.

드디어 도착한 베링게르 슈트라세 26번지. 물론 모차르트가 월세로 들어와 살던 옛집은 사라지고 없다. 단지 "모차르트가 이곳에서 오페라 〈코시 판 투테〉와 교향곡 39~41번을 작곡했다"는 안내판이 붙어 있었다. 〈코시 판 투테〉는 독일어로 '여자는 다 그래'라는 뜻이다. 돈을 구걸하는 비굴한 편지를 써야만 했던 그 손으로 모차르트는 어떻게 지상에서 가장 아름다운 곡을, 그것도 단 10주 만에 쓸 수 있었을까. 그 앞에 서니 40번 G단조가 더 큰 음향으로 울려왔다. 그 순간 일찍이 경험하지 못한 신비한 전율이 느껴졌다.

교향곡 39번, 40번, 41번은 모두 명곡으로 꼽힌다. 어떤 사람은 교향곡 41번(일명 〈주피터〉)을 좋아하기도 하고 39번을 선호하는 사람도 있다. 나는 교향곡 40번이다. 인생살이가 힘겹게 느껴질 때, 어깨를 짓누르는 삶의 무게를 벗어던지고 싶을 때 교향곡 40번을 들으면 거짓말처럼 모든 번민이 눈 녹듯 사라지곤 한다. 가장으로서 힘겨운 나날을 보내던 모차르트는 이런 효과를 기대하며 이 곡을 쓴 것일까.

모차르트의 두 아들

빈에 잠시 들르는 여행객이라도 최소한 한두 번은 오게 되는 곳이 바로 미하엘러 광장이다. 단체 관광으로 오는 사람들은 대개 호프부르크 궁전의 화려한 파사드를 보기 위해 이곳을 찾는다. 건축가 지망생이라면 호프부르크 궁전과 마주 보고 있는 주상복합건물 로스하우스를 감상하러 온다.

어떤 목적으로 왔든 우리는 미하엘러 광장에서 모차르트를 만나지 않을 수 없다. 모차르트가 빈에 처음 온 것은 1762년, 두번째로 찾은 것은 그로부터 6년 뒤인 1768년. 이때 모차르트는 호프부르크 궁전에서 아버지 레오폴트와 누나 난네를과 함께 2시간 동안 가족 연주회를 열었다. 객석에는 마리아 테레지아 여제가 이 보기드문 가족 연주회를 지켜보았다. 모차르트는 두 번째 빈 음악 여행에 와서 그의 첫번째 오페라인 〈바스티안과 바스티엔〉을 작곡했다.

　미하엘러 광장 한가운데에는 발굴하다 중단한 중세시대의 유적이 있다. 중세 유적의 현장에서 호프부르크 궁전이 마주보이고, 오른쪽으로는 유명한 카페 그라인슈타델과 로스하우스가, 왼쪽으로는 미하엘 성당이 있다. 미하엘 성당은 모차르트와 콘스탄체에게 잊을 수 없는 곳이다.

　모차르트와 콘스탄체는 서로를 무척이나 사랑했고, 9년간의 결혼 생활에서 자식을 여섯이나 낳았다. 1782년 결혼해 이듬해 첫 아들을

미하엘러 광장에서 바라본 호프부르크 궁전. 파사드가 화려하다.

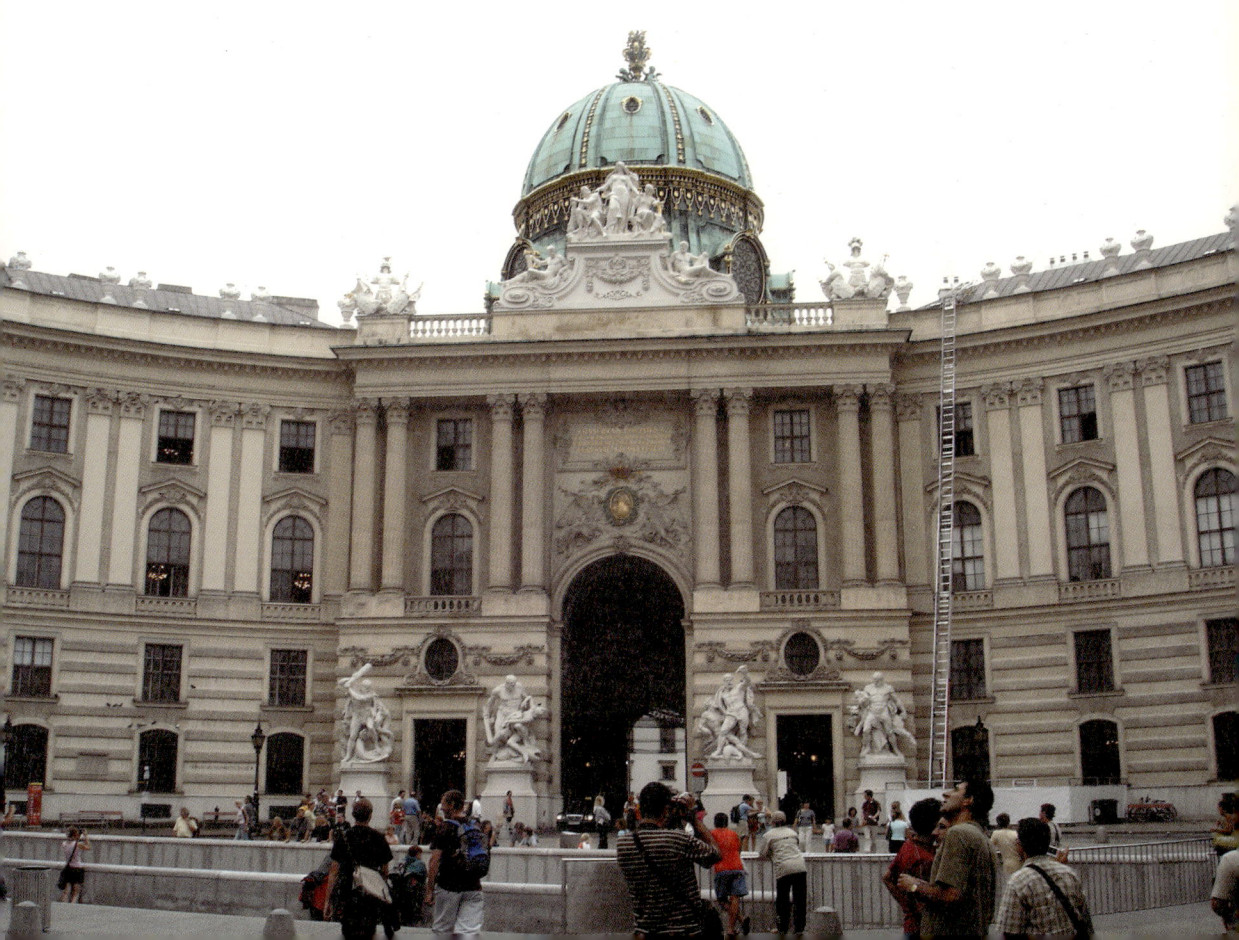

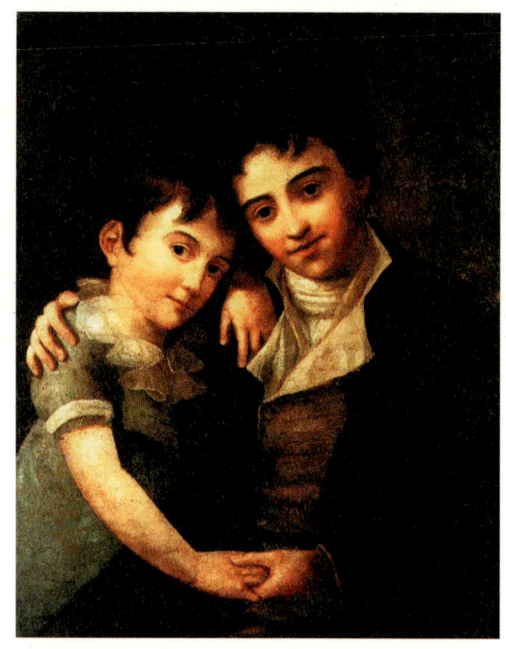

얻었지만 갓난아기는 부모에게 이름을 지어줄 시간도 주지 않은 채 하늘나라로 훌쩍 떠난다. 모차르트 부부는 그 이듬해 둘째 아들을 얻었다. 그가 카를 토마스 모차르트다. 이후 세 명의 아이를 더 낳았지만 모두 영아기에 죽고 그 다음 얻은 아들이 프란츠 자베르 모차르트. 밀로스 포먼 감독의 영화 〈아마데우스〉에 병약한 모차르트가 잠들어 있는 갓난아기를 보면서 행복해 하는 장면이 나온다. 그 아이가 프란츠 자베르다. 모차르트는 자녀 여섯 명 중 영아기를 무사히 넘긴 카를과 자베르에게 미하엘 성당에서 세례를 받게 했다.

미하엘 성당 내부는 매우 좁고 어둡다. 신부 앞에서 자식의 세례를 받던 부부의 모습을 떠올려본다. 모차르트와 콘스탄체는 세례의식을 치르면서 빌고 빌었다. "하느님, 제발 이 아이는 오래 살게 해주십시오." 모차르트는 모든 게 운명이라고 생각했다. "둘만이라도 살아남았으니 얼마나 다행인가."

잘츠부르크 성당교구의 통계에 따르면 잘츠부르크에서 1751～1760년에 1,795명이 태어났고 이 중 1,071명이 열살 이전에 사망했다고 한다. 모차르트의 부모는 일곱 명의 아이를 낳았으나 다섯을 잃고 모차르트와 난네를만이 살아남았다. 모차르트는 아홉살 때 천연두에 걸려 사경을 헤맸지만 극적으로 목숨을 건졌다. 영아 사망률이 60퍼센트에 달하던 시절이었다.

운좋게 살아남은 모차르트의 아들 둘은 결혼을 했으나 자식을 낳지 못했다. 결국 모차르트 가문은 그 아들 대에서 끊기고 말았다. 오스트리아 어디에도 모차르트의 후손은 없다.

말년의 모차르트는 고리대금까지 써야 했으며 돈을 돌려막는 일도 있었다. 장례식을 치를 돈도 묘지를 살 돈도 없이 비참하게 죽었기에 그는 생 마르크스 공동묘지 내 시신 여러 구를 한꺼번에 파묻는 샤흐트 구역에 묻힐 수밖에 없었다.

콘스탄체가 남편을 떠나보낸 지 5일 뒤인 12월 11일 황제 레오폴트 2세에게 보낸 서신을 보면 당장 두 아들과 거리에 내몰리게 된 콘스탄체의 처지가 눈물겹다. 콘스탄체는 "다시 한 번 온몸을 던져, 황궁의 자비심과 곤궁한 사람들에게 베푸시는 자애로움에 대고 간청드립니다"라고 썼다.

슬픈 장례식

모차르트가 1791년 12월 5일 숨을 거둔 곳은 라우헨슈타인 가세 8번지. 병약한 몸으로 의뢰받은 〈레퀴엠〉을 작곡하다 미처 끝내지 못하고 유명을 달리한 그 집. 영화 〈아마데우스〉에서는 살리에리가 〈레퀴엠〉 작곡을 부탁한 것처럼 묘사되지만 이는 사실과 다르다. 실제는 발제크 백작이 아내의 기일에 맞춰 연주하기 위해 의뢰한 곡이었다.

모차르트의 많은 팬들은 말년의 모차르트가 돈에 쪼들려 너무도 힘들어했다는 사실에 무척 가슴아파한다. 천재 음악가가 곤궁하고 비참한 나날을 보낸 그 집이 있던 자리에 지금은 빈에서 가장 화려한 스테플 백화점이 들어섰다. 역사의 아이러니가 아닌가.

캐른트너 슈트라세에 면해 있는 스테플 백화점 정문으로 들어가 다시 후문을 찾아갔다. 후문에는 "1791년 12월 5일 모차르트가 사망한 곳"이라는 안내판이 붙어 있다. 사망진단서에 기록된 그의 사인(死因)은 급성 속립성 발진. 프리메이슨단의 의식에 따라 두건이 달린 검은 외투가 입혀졌다.

장례식은 라우헨슈타인 가세 8번지에서 걸어서 10분도 걸리지 않는 슈테판 성당에서 치러졌다. 9년 전인 1782년 콘스탄체와 결혼식을 올렸던 성당이다. 그곳에서 위대한 음악가의 마지막 의식이 너무도 초라하고 쓸쓸하게 치러졌다. 성당 안 왼편에 있는 십자가 소성당에서 약식 장례식이 치러지고 시신은 성당 뒤편 시신보관소로 옮겨졌다.

시신보관소에서 모차르트는 여러 시간을 이름 없는 행려병자들과 함께 누워 있었다. 모차르트가 누워 있는 곳에서 돔 골목길 5번지까지는 100여 걸음이다. 모차르트는 누운 채 돔 골목길 5번지에서 가족과 보낸 아름다운 나날을 떠올렸을 것이다. 눈앞에 있지만 가볼 수 없는 그곳, 그 시간들을.

〈레퀴엠〉의 악보 원본

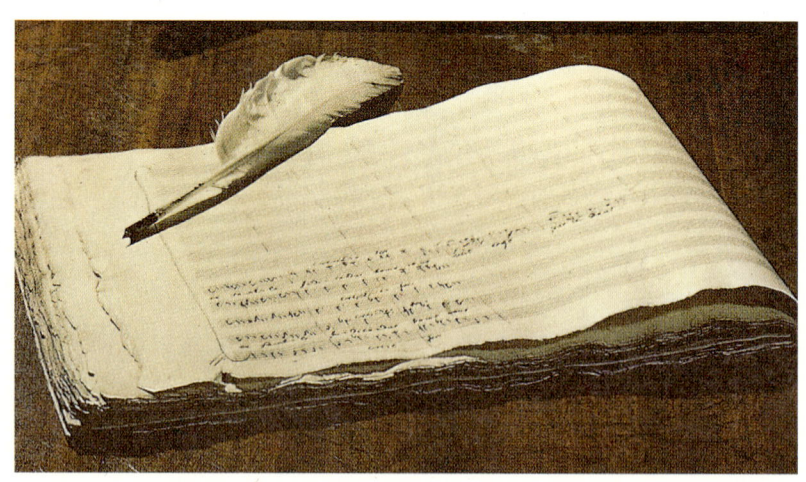

빈의 겨울은 뼛속 깊이 춥고 변덕스럽다. 유럽의 중앙부 내륙에 위치한데다 고위도(북위 48도 30분) 지방이어서 해가 유난히 짧은 까닭이다. 잔뜩 찌푸린 날씨는 비, 진눈깨비, 눈을 번갈아 흩뿌리며 하루에도 수십 번씩 오락가락한다.

그날 늦은 오후의 빈은 춥고 추적추적한 날씨였다. 빈 교외 생 마르크스 공동묘지에는 안개가 잔뜩 끼어 있었다. 모차르트의 부인 콘스탄체와 몇 명의 친구들이 마차를 타고 한 시간 걸려 이 공동묘지 입구에 도착했다. 묘지 인부들은 유가족과 일행을 묘지 안으로 들어오지 못하게 했다. 그리곤 대여섯 구의 시체를 마차에 싣고 가 미리 파놓은 구덩이에 내던졌다. 자루에 담긴 시신들은 아무런 표지(標識)도 없었고 그 위에 흙이 덮여졌다. 1791년 12월 6일 오후 빈 교외의 공동묘지 생 마르크스에서 있었던 일이다. 모차르트는 그날 그렇게 행려병자의 시신처럼 파묻혔다.

빈 시민들은 모차르트를 그렇게 보내놓고도 제정신이 아니었다. 빈 시민들은 뉘우칠 줄 몰랐다. 모차르트가 떠난 지 60년이 지나서야 그들은 자신들이 저지른 잘못을 깨달았다. 1851년 빈 시당국은 모차르트의 시신을 찾기 위해 묻힌 곳으로 추정되는 묘지를 파헤쳤지만 불행히도 찾

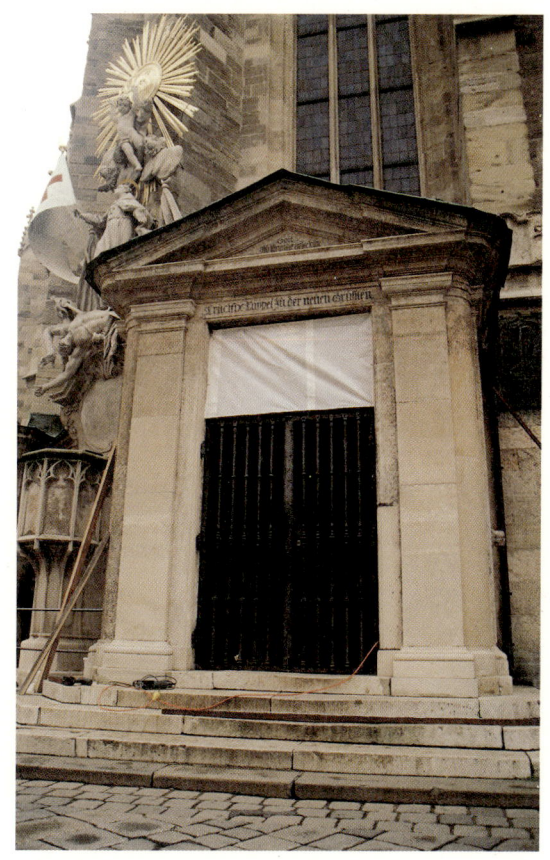

슈테판 성당 뒤편의 시신보관소. 모차르트의 시신은 이곳에 여러 시간 놓여 있었다.

을 수 없었다.

오늘날 세계의 모든 모차르트 팬들은 모차르트의 비참한 죽음을 애통해 한다. 그들은 묘비조차 세우지 않은 18세기 빈 사람들의 어처구니없는 처사에 분노한다. 우리는 18세기의 빈을 도저히 이해할 수 없다. 《모차르트 평전》의 작가 필립 솔레르스(Philippe Sollers)의 표현대로 "18세기의 유럽인들은 모차르트를 감당할 자격이 없었다."

35년이라는 짧은 삶을 살다 간 비운의 천재 모차르트. 생전에 돈도 명예도 없이, 영광을 누릴 후손조차 남기지 않고 그렇게 떠난 그는 비록 자신은 행복하지 못한 짧은 삶을 마감했지만 인류에게는 영원한 행복을 남겨주었다. 필립 솔레르스는 그의 죽음을 두고 이렇게 말했다.

"신은 우리에게 그를 보내주었다가 다시 데려갔다. 우리는 그를 감당할 자격이 없었지만, 그는 우리를 다른 세계로 데려간다."

Ludwig van Beethoven 베토벤,
폭풍 같은 운명

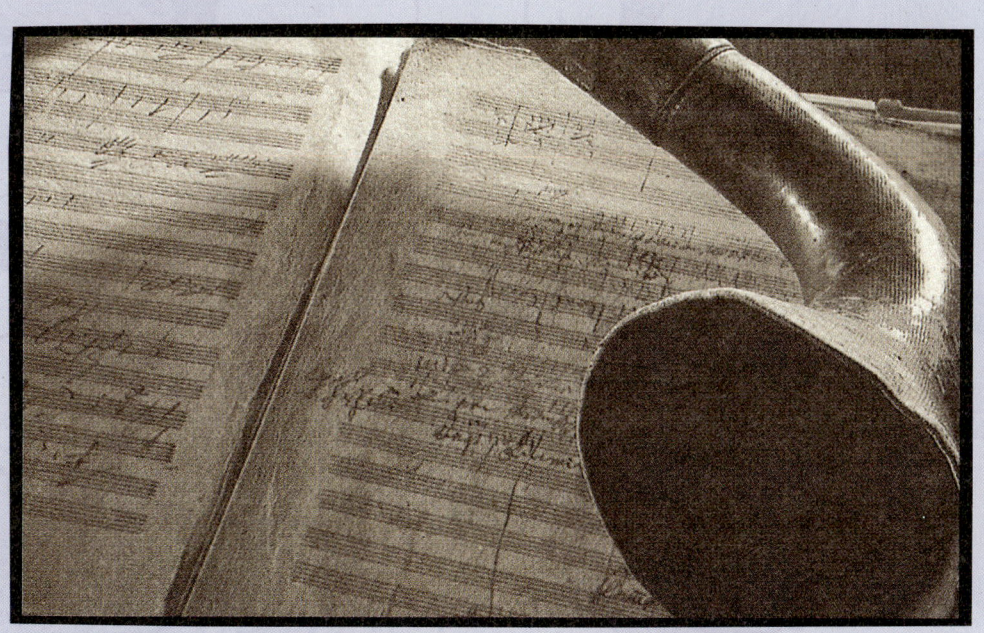

Ludwig Van Beethoven

천재를 품은 도시, 빈

모차르트와 마찬가지로 나는 베토벤도 운명적으로 만나지 못했다. 천둥치는 운명처럼 다가오지도, 여름날의 태양처럼 뜨거운 열정으로 찾아오지도, 가을밤의 월광처럼 감미롭게 영혼을 적시며 다가온 것도 아니었다.

역사학자 이광주는 대학 시절 우연히 〈전원〉을 듣고 그 충격에 잠을 이루지 못했다고 고백했지만 나는 안타깝게도 그런 기억이 없다. 어린 시절 음악적 환경이 주어지지 않았기 때문이거나 예민한 음악적 감수성을 타고나지 못했기 때문이리라. 불행히도 나는 베토벤과 모차르트를 성인이 되어서 이성적 판단에 의해 접했고 의무감에 의해 익숙해지려 했다. 로맹 롤랑이나 이광주처럼 베토벤과 모차르트를 이성을 마비시키는 충격으로 경험하지 못했으니 불운하다고 해야 할까.

이제 그 이름만으로도 우리를 가슴 아프게 하는 또다른 비운의 천재 베토벤을 만나보자. 루트비히 판 베토벤은 스물세살인 1792년에 고향 본을 떠나 빈에 정착한다. 모차르트가 타계한 지 1년 뒤, 프랑스 혁명이 일어난 지 3년 뒤였다. 작곡가로 성공하고 싶어했던 베토벤이

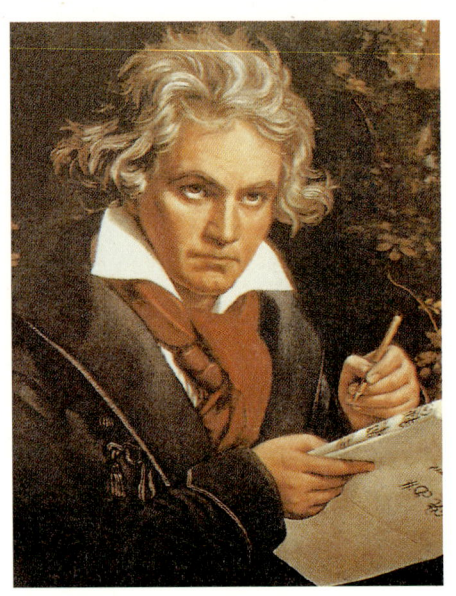

음악의 황무지나 다름없는 독일의 본을 떠나기로 한 것은 너무나 당연한 결정이었다. 본은 베토벤을 낳은 도시고, 빈은 베토벤에게 자양분을 공급해 위대한 음악가로 키운 도시였다. 음악의 수도 빈이 베토벤을 품안에 받아들이지 않았다면 오늘날의 베토벤은 탄생하지 않았다.

베토벤이 빈 생활을 시작하며 처음 집을 얻은 곳은 알저 슈트라세였다. 죽은 곳도 알저 슈트라세와 이웃한 곳이었다. 베토벤의 장례미사 역시 이곳에서 열렸다. 환상도로 쇼텐링(Ring)에서 빈 대학과 프로이트 공원 사이로 뻗어나가는 길이 알저 슈트라세다.

알저 슈트라세는 베토벤에게 제2의 고향 같은 곳이다. 외국 생활을 해본 사람은 대개 처음으로 머물렀던 나라의 도시를 잊지 못한다. 그곳에서 살 때 특별히 나쁜 기억이 없다면 말이다. 그 도시와 관련된 것이라면 모든 것에 가슴 설레고 관심을 갖게 된다. 알저 슈트라세가 베토벤에게는 그런 곳이었다. 베토벤이 빈과 빈 교외의 수십 곳을 떠돌다 말년에 다시 알저 슈트라세에 이웃한 곳으로 이사를 온 것도 결코 우연이 아니었다. 빈에서 35년간 살면서 50곳 이상을 옮겨다니며 살아야 했던 베토벤은 그토록 빈을 떠나고 싶어하면서도 결국 떠나지 못하고 빈에 뼈를 묻었다.

알저 슈트라세 45번지에 첫번째 집을 얻은 베토벤은 그토록 동경하던 빈에서 음악 공부를 시작한다. 그는 5년 전인 1787년, 모차르트를 만나러 17일 동안 힘들게 마차를 타고 빈에 왔었다. 돔 가세 5번지에

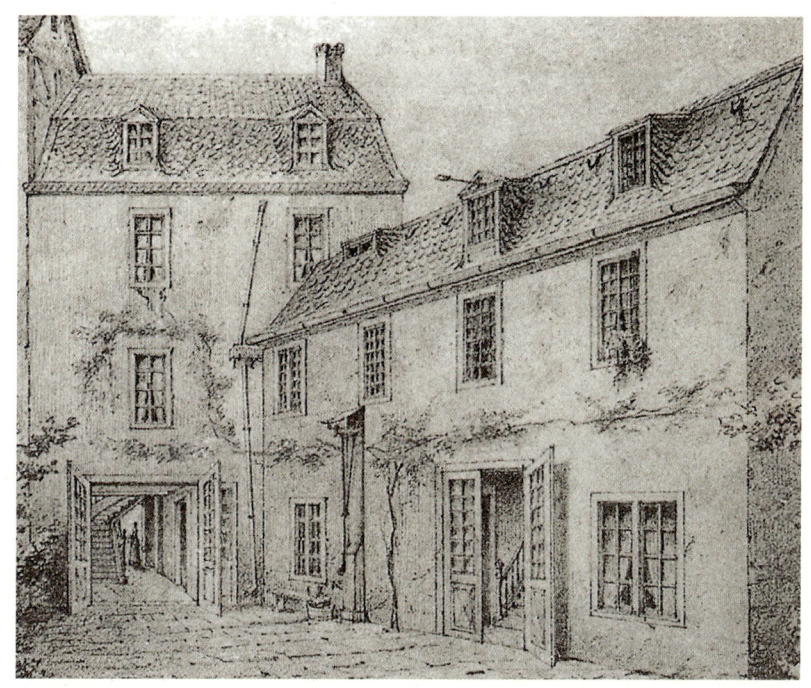

서 말로만 듣던 모차르트를 만났다. "베토벤은 경외의 대상이다. 언젠
가는 세상에 그의 명성이 자자할 것이다"라고 격려해 준 모차르트. 하
지만 베토벤이 다시 빈에 왔을 때 모차르트는 더 이상 없었다.

　다락방에 거처를 잡은 베토벤은 요제프 하이든에게서 음악을 사사
받는다. 베토벤은 이 집에 오래 살지 못하고 다른 곳으로 거처를 옮겼
다가 얼마 지나지 않아 다시 알저 슈트라세 45번지의 처음 살았던 집
으로 돌아온다.

　집주인 리히노프스키 후작은 이 집을 인쇄업자로부터 사들여 저택
으로 개조했다. 안타깝게도 현재 이 집은 재개발되어 존재하지 않는
다. 45번지가 있던 집은 지금은 30번지가 되었다. 베토벤은 리히노프
스키 후작의 집 1층에 방 두 개를 빌렸다. 다락방에서 1층으로 내려왔

다는 것은 베토벤의 형편이 조금 나아졌다는 것을 의미한다.

　베토벤은 이 집에서 리히노프스키 후작의 환대를 받으며 음악에 전념한다. 베토벤은 자신의 곡을 후원자에게 헌정하는 경우가 많았다. 피아노 소나타 8번 〈비창〉은 1798년 작품으로, 베토벤이 직접 제목을 붙였다. '비창'은 '슬픔'보다는 오히려 '감격'이라고 하는 것이 더 적절하다. 이 곡은 리히노프스키 후작에게 헌정되었다.

　후작은 베토벤에게 숙식을 제공했을 뿐만 아니라 빈의 귀족들을 소개하고 어울릴 수 있도록 도와주었으며, 무엇보다 음악가를 이해할 줄 아는 사람이었다. 하지만 그는 어쩔 수 없는 귀족이었다. 창의성을 좀먹는 최대의 적은 형식과 의전이다. 리히노프스키 후작은 음악적 심미안은 뛰어났을지 몰라도 의전과 형식을 중시하는 귀족이라는 숙명적 한계를 지니고 있었다. 베토벤은 그것을 참지 못했다. 위대한 천재에게 필요한 에너지는 안락한 삶이 아니라 구속이 없는 자유로운 삶이라는 것을 후작은 깨닫지 못했다.

　후작의 배려로 두 번씩이나 이 집에 머물렀던 베토벤이었지만 1805년 두 사람의 관계는 돌이킬 수 없을 정도로 악화된다. 나폴레옹이 오스트리아를 점령했을 때였다. 후작은 베토벤에게 결정적인 실수를 하고 만다. 베토벤에게 자신의 그래츠 성(城)에 초대한 프랑스 장군 앞에서 연주를 해달라고 부탁한 것이다. 베토벤은 스스로 황제 자리에 오른 나폴레옹에 분노를 품고 있었다. 그런데 조국을 침략한 적군(프랑스군) 장교 앞에서 연주를 하라니! 베토벤은 야반도주를 선택한다. 그리고 이후로 다시는 후작을 만나지 않았다. 후작은 베토벤이 죽는 순간까지도 그에게 큰 관심을 보였다.

베토벤 산책길

베토벤은 빈에 정착한 지 얼마 되지 않아 명성을 얻기 시작했다. 음악가로서 그의 인생은 탄탄대로인 것처럼 보였다. 그러나 가혹한 운명의 장난이 그를 기다리고 있었다. 청력 장애가 나타난 것이다. 청력이 날로 약화되자 의사는 조용하고 공기 좋은 곳에서 요양할 것을 권한다. 그곳이 하일리겐슈타트다. 전철 U4의 종점이 하일리겐슈타트 역이다.

건축가 지망생들에게 U4 종점은 베토벤이 아니라도 꼭 와봐야 할 곳이다. 하일리겐슈타트 역을 내려다보고 있는 '카를 막스 호프' 아파트는 오토 바그너의 제자인 카를 에너가 1930년에 지었다. 하일리겐슈타트 역사를 나오자마자 바로 보이는 곳에 견고하게 서 있다. '카를 막스 호프'는 유대인의 슬픈 역사를 간직한 곳이다. 이곳에 살던 유대인들이 나치 점령 시절 홀로코스트의 희생양이 되었다.

200여 년이 흘렀어도 하일리겐슈타트의 숲은 여전히 깊고 짙다. 베토벤이 소요한 산책길은 훗날 '베토벤 산책길'로 명명된다. 빈과 하일리겐슈타트의 관계를 어떻게 비유하면 좋을까. 지금이야 하일리겐슈타트가 빈 시에 포함되어 있지만 베토벤이 살던 19세기 초는 그렇지 않았다. 하일리겐슈타트는 작심하고 떠나야 하는 먼 시골길이었다. 하일리겐슈타트에는 농업과 축산업을 하는 사람들이 주로 살았고, 이들은 농축산물을 생산해 빈의 도시민에게 내다팔아 생계를 꾸렸다. 이곳에 사는 한국 교민들은 서울의 강남이 개발되기 전 포이동과 같은 곳이 바로 하일리겐슈타트라고 말한다.

시골길을 걷다 보면 '베토벤강'이라는 이정표를 만날 수 있다. '강(gang)'은 독일어로 '좁은 산책길'을 뜻한다. 산책로는 왼편으로 작은 개울을 끼고 있고, 오른쪽으로는 숲속에 숨은 전원주택들이 드문드문 보인다. 오전 열시가 조금 넘은 시간. 새소리와 풀벌레 소리, 그리고 시냇물 소리만이 들린다. 숲길은 끝없는 미로처럼 이어지고 또 이어진다. 숲이 너무 깊어 이러다 길을 잃는 건 아닌지 걱정이 앞선다.

베토벤은 아침 식사를 하고 나면 늘 이 길을 산책했다. 이 숲속 오솔길을 걷다가 영감이 스치면 눈을 감고 한참을 서 있곤 했다. 베토벤 강에 오면 누구나 베토벤을 오감(五感)으로 느낄 수 있다. 21세기를 사는 예술가에게도 베토벤강은 여전히 영감을 불러일으키는 창작의 샘이다.

숲길을 걷고 있는데 개를 데리고 산책을 하는 동네 노인들어 마주오고 있다. 저쪽 고급 주택에서는 아이들의 웃음소리가 희미하게 들려온다. 이런 환경에서 자라는 아이들은 얼마나 풍부한 정서와 안정된 성품을 갖게 될 것인가. 15분쯤 걸으니 베토벤의 흥상이 보이고 좀

베토벤 산책길 입구

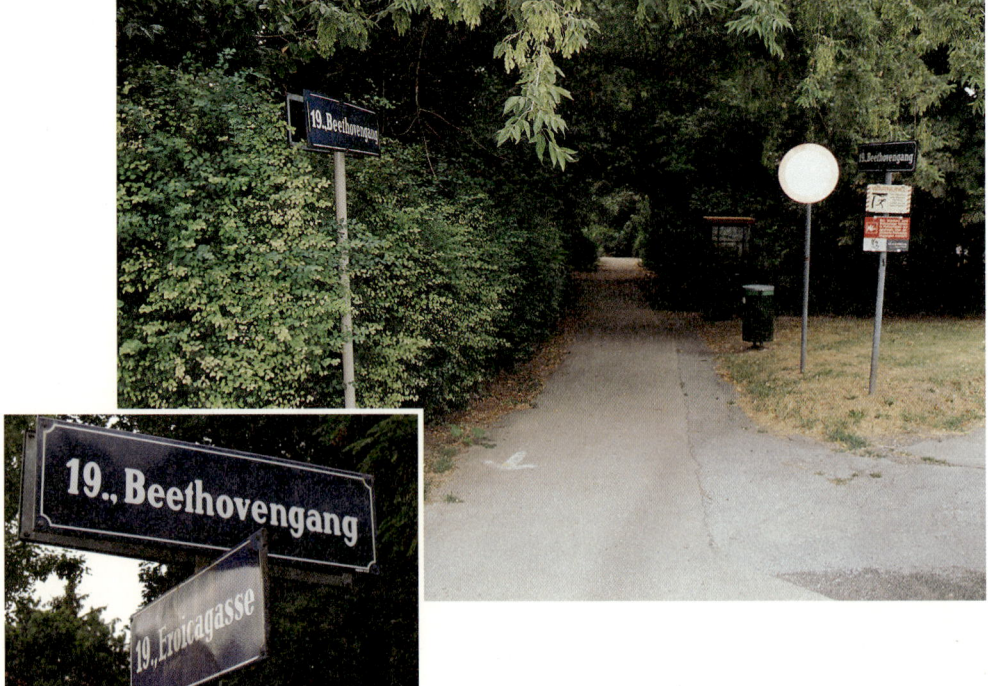

더 가면 프림멜 가세라 불리는 작은 길이 나온
다. 산책길은 하늘에서 보면 세워놓은 씨앗, 타
원형 모양이다. 베토벤강은 천천히 상념에 잠겨
서 걸으면 30분 정도 걸린다. 베토벤은 자주 이
산책길을 벗어나 농촌 마을을 헤집고 돌아다니
기도 했다.

형식과 장식을 극도로 혐오했던 베토벤은 산
책을 할 때에도 간소한 옷차림으로 길을 나서곤
했다. 호주머니에 8절판 대화용 노트와 오선지
와 목공용 연필을 끼워넣고 걷다가 문득 영감이
떠오르면 미친 사람처럼 손을 휘젓기도 하고 종
이에 뭔가를 기록하기도 했다. 베토벤이 누군지

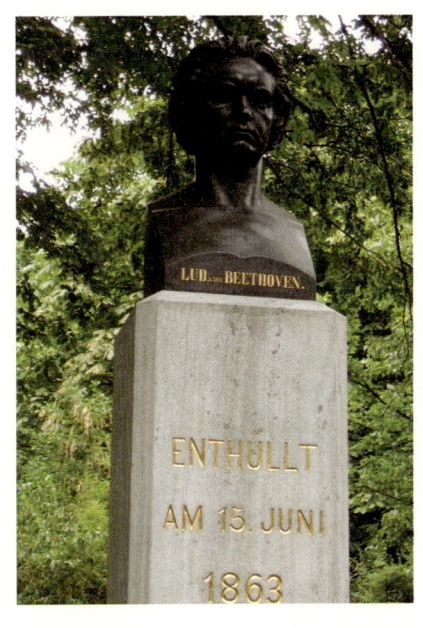

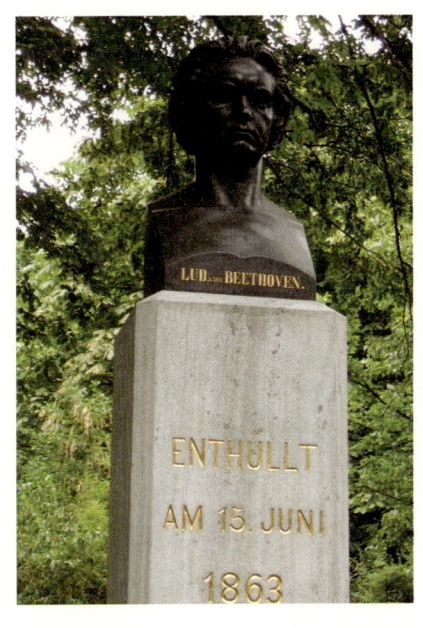

베토벤 산책길에 있는
베토벤 흉상

모르는 시골뜨기들은 시골길을 미친 듯이 돌아다니는 그를 이상하게
쳐다보았을 것이다.

베토벤은 하일리겐슈타트와 이웃한 마을 그린칭까지 산책하는 경
우도 많았다. 저 유명한 빈 숲으로 가는 길목에 있는 그린칭은 포도밭
과 와인 술집인 '호이리게(heuriger)'로 유명하다. 호이리게의 어원은
호이리크(heurig, 올해의). '호이리게 와인' 하면 '올해 만든 포도주'라
는 뜻이 된다. 그린칭의 식당들은 모두 각자의 포도밭을 소유하고 있
다. 자기 포도밭에서 수확한 포도주를 파는 술집 겸 식당이 '호이리겐
로칼(heurigenlokal)'인데, 이를 줄여서 '호이리게'라 부른다. 운이 좋
으면 〈하숙생〉을 비롯한 흘러간 한국 가요 레퍼토리를 갖고 있는 연주
가들도 만날 수 있다. 호이리게를 갈 때 반드시 기억할 것이 '아이겐
바우'라 불리는 소나무 가지다. 식당 현관 외벽에 아이겐바우가 걸려
있으면 올해의 새 포도주가 나왔다는 표시다.

하일리겐슈타트 유서

음(音)을 빚어내는 음악가에게 어느 날 청력 장애가 엄습해 온다면, 작가나 화가에게 갑자기 손에 마비 증세가 나타나 더 이상 만년필과 붓을 잡을 수 없다면 어떻겠는가. 그것은 청천벽력이다. 제3자가 이들이 느끼는 그 까마득한 절망감을 이해한다고 말하는 것은 거짓이다.

언젠가 자동차를 타고 서울 사당동 부근을 지날 때였다. 공해에 가까운 상가 간판들을 무심히 쳐다보다가 상가 2층 창문에 붙여놓은 글씨를 보고 가슴이 쿵 하고 내려앉는 기분을 느꼈다. '베토벤 보청기.'

베토벤을 절망의 나락으로 떨어지게 했던 청력 장애. 위대한 음악가의 불행도 세월이 흐르면 한낱 상표로 격하되는가. '베토벤 보청기'는 베토벤처럼 귀가 안 들리는 사람도 이 보청기를 끼면 들린다는 뜻인가. 설마 베토벤이 사용했던 보청기를 뜻하는 것은 아닐 테지.

귀가 안 들리기 시작하면 누구나 사람 만나는 것을 꺼린다. 베토벤도 그랬다. 그는 절망했고 남들이 그 사실을 알까 두려워했다. 박홍규 교수는 《베토벤 평전》에서 베토벤의 청력 장애가 심각한 정도는 아니었다고 썼지만, 베토벤이 스스로 느꼈을 절망감을 생각한다면 결코 심각하지 않은 정도는 아닐 것이다. 모든 장애는 발생 초기에 가장 견디기 힘든 고통을 수반한다. 현실을 받아들이기가 힘들기 때문이다. 후천적 장애인들이 시도하는 자살 기도가 장애 발생 초기에 가장 많이 일어나는 것도 이런 까닭이다.

베토벤강을 나와 유서를 쓴 집 프로버스 가세 6번지로 방향을 잡는다. 거리가 시작되는 지점에 앙증맞은 공터가 있는데, 이곳에 베토벤이 살았던 또다른 집이 있다. 사람들은 대개 프로버스 가세 6번지에 정신이 팔려 이 집을 외면한다.

프로버스 가세 가는 길은 즐겁다. 자동차가 겨우 한 대 지날 만큼 좁다란 길이지만 19세기 빈 교외의 시골 분위기를 느끼게 하는 고풍스런 건물들이 나 그네의 마음을 들뜨게 만든다. 위대한 음악가가 좌절하고 괴로워하며 유서를 쓴 집을 찾아가

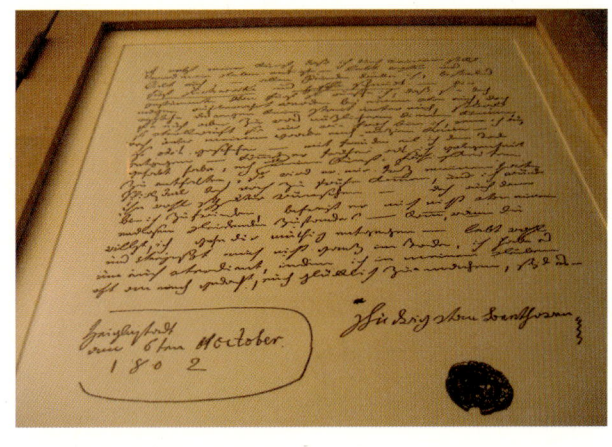

는데 왜 이리 설레고 즐거운 마음이 드는 걸까.

프로버스 가세 6번지. 베토벤은 이곳에 살면서 '하일리겐슈타트 유서'를 작성한다. 1802년 10월 6일, 베토벤이 하일리겐슈타트를 떠나기 이틀 전에 썼다. 베토벤이 동생 카를과 요한에게 보낸 편지 '하일리겐슈타트 유서'를 보자. 다소 길지만 그의 절망과 고통을 느끼기에는 충분한 가치가 있을 것 같아 인용해 본다.

오, 너희는 나를 적의에 차서 사람들을 싫어하는 고집쟁이로 여기고 또 그렇게 지껄이지만, 그것은 얼마나 부당한가! 외견상으로 그렇게 보이게 된 원인을 너희는 모른다. 어렸을 때부터 내 가슴과 머리는 따뜻한 선의로 가득 차 있었고, 난 위대한 목표를 성취하기 위해 계속 노력해 왔다.

하지만 생각해 보거라. 지난 6년 동안 절망적인 병에 시달리고, 분별없는 의사들 때문에 병은 점점 심해졌다. 이제 나아지리라는 희망은 점점 좌절되고, 설령 낫는다 하더라도 오랜 시간이 걸리거나 완치되는 건 기대조차 할 수 없는 고질병이 되고 말았다. 정열과

활기에 찬 기질을 타고나 사람들과 어울리는 것을 좋아하면서도, 일찍부터 사람들을 피해 고독하게 살 수밖에 없었다. (중략)

사람들과 가까이할 때면, 내 비참한 상태가 알려질까봐 몹시 불안해진다. 유능한 의사의 권유로 귀를 되도록 쉽게 하려고 전원에서 지낸 지난 여섯 달 동안에도 이런 상태는 계속되었다. 때론 사람들과 어울리고 싶은 충동을 느꼈지만, 그때마다 굴욕적인 기분을 맛보아야 했다. 함께 있는 사람은 멀리서 들려오는 플루트 소리도 들을 수 있는데 내게는 아무런 소리도 들리지 않고, 다른 사람에게 들리는 목동의 노랫소리를 나는 전혀 들을 수 없다. 그럴 때면 절망에 빠져 스스로 죽어버리고 싶은 생각밖에 들지 않는다. 오직 예술만이 나를 지탱해 줄 뿐이다.

이런 꼴을 자주 당하다 보니 나는 거의 희망을 잃었다. 스스로 목숨을 끊고 싶은 충동까지 일었다. 나를 붙잡은 건 오직 '예술'이었다. 내가 사명을 다하지 못한 채 이 세상을 저버려서는 안된다는 생각이 들었던 것이다. 이 비참하고 안타까운 삶을 지탱하고 있는 불안정한 육체는 아주 조그만 변화에도 나를 최선의 상태에서 최악의 상태로 몰아붙이고 있다. (중략)

내 동생 카를, 최근 내게 따뜻하게 대해준 것에 특히 감사한다. 너희가 나보다 행복하게 근심 없이 살기를 빈다. 너희 자녀에게 가르쳐라. 인간을 행복하게 하는 것은 결코 돈이 아니라 덕성임을. 그것은 내 경험에서 나온 것이다. 그 덕성이 나를 역경에서 구해주고, 예술 다음으로, 내가 스스로 목숨을 끊지 않게 지탱해 준 힘이었다. 잘 있어라. 그리고 서로 사랑해라. (중략)

죽음이 언제 오든 기쁘게 맞으리라. 내가 가진 예술적 재능을 모두 발휘하기 전에는, 설령 내 운명이 아무리 가혹하게 괴롭히더라도 죽고 싶지 않다. 늦게 내게 왔더라면, 그러나 일찍 내게 덮쳤어도 나는 만족한다. 죽음은 나를 끝없는 고뇌로부터 벗어나게 하리라. 죽음이여, 용감히 너를 맞으리니 언제든지 오라. 오고 싶으면 언제든지 오라. 나는 태연하게 너를 맞이하리라.

프로버스 가세 6번지로 들어서면 작은 중정(中庭)이 나온다. 정말 작은 중정이다. '하일리겐슈타트 유서'의 집 사진은 너무나 유명하다. 엽서에 나오는 구도로 사진을 찍으려면 중정 귀퉁이 바닥에 철퍼덕 앉아 가장 낮은 자세를 잡아야 한다. 중정을 'ㅁ'자로 에워싸고 방이 여러 개 있다. 베토벤은 이곳에 방 두 개를 빌렸다. 나머지 방에는 다른 세입자들이 살고 있었다. 베토벤이 살던 2층은 현재 박물관으로 운영되고 있다. 입장료는 어른이 3유로.

1802년이면 베토벤이 빈에 정착한 지 10년이 되는 때다. 베토벤의 명성이 널리 알려져 있을 시기다. 그런데 이 집에 들어가 본 나는 깜짝 놀랐다. 두 개의 방은 너무나 비좁았다. 또 천장은 얼마나 낮은지. 방

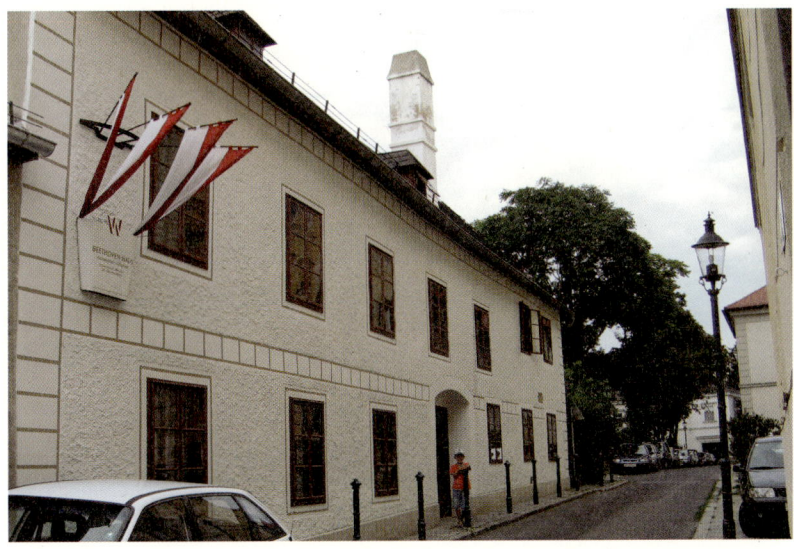

'하일리겐슈타트 유서'를 쓴 프로버스 가세 6번지 집

하나에 3~4평쯤 될까. 침대 하나를 놓으면 옴짝달싹하기도 어려운 공간이다. 방마다 하나씩 나 있는 창문 역시 방 크기를 닮아 답답해 보인다. 베토벤의 생애를 다룬 영화에서 이 집은 제법 널찍하게 묘사되지만 실제로는 그렇지 않다. 베토벤이 이 집에 살 때 식사 시간과 작곡을 하거나 글을 쓰는 시간을 빼고는 하루 종일 산책을 한 것은 집이 너무 좁았기 때문일 것이다.

첫번째 방에는 피아노 건반 모양으로 된, 음악을 듣는 시설을 설치해 놓았다. 두 번째 방에는 데드마스크와 하일리겐슈타트 유서의 복사본이 진열되어 있다. 데드마스크 앞에서 나는 숨이 턱 막힌다. 베토벤의 데드마스크는, 우리가 편안히 눈을 감은 이를 가리켜 묘사하는 '잠자듯 고요한 모습'과는 거리가 멀다. 죽음에 이르는 고통의 긴 여정이 고스란히 드러나 있기 때문이다. 툭 튀어 나온 광대뼈와 하관을 보니 걷잡을 수 없는 슬픔이 밀려온다. "자신의 가치를 자각하고 자신의 힘을 믿고 있는, 빈틈없는, 긴장된 눈매의 베토벤"이라는 유명한 표현을, 나는 도저히 데드마스크에서 연상할 수가 없다. 차라리 보지

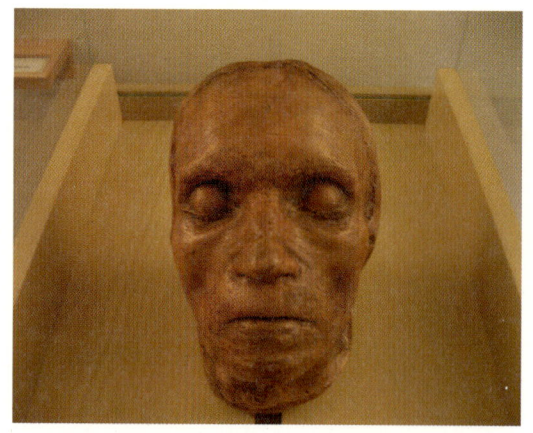

베토벤의 데드마스크

않는 편이 좋았을까. 베토벤의 데드마스크 앞에서 나는 요절한 배우 제임스 딘과 장국영이 떠올랐다. 여배우 그레타 가르보가 왜 말년에 숨어 살았는지도 이해할 수 있을 것 같았다.

이 좁은 집에서 베토벤은 처지를 비관하며 괴로워했다. 1802년의 그 집을 그대로 보존했기 때문에 관람객은 시간 차이를 두고 베토벤을 온전히 실감할 수 있다. 특히 이곳에서 음악을 들으면 베토벤의 괴로움이 감정이입되

어 고통스럽다. 아무리 바빠도 베토벤을 만나고 싶어 하일리겐 슈타트까지 왔다면 의자에 앉아 음악을 들어보라. 모두 7곡을 들을 수 있다.

베토벤은 프로버스 가세 6번지에서 나와 다른 곳으로 집을 옮겼다. 이미 빈 생활 10년 동안 여러 곳을 전전했으나 이유는 대개 대동소이했다. 집주인과의 불화 혹은 다른 세입자와의 마찰 때문이었다. 베토벤은 왜 이웃들과 그토록 사이가 좋지 못했을까.

작가, 화가, 작곡가와 같은 창작 활동을 하는 사람에게 가장 중요한 것은 몰입이다. 사람

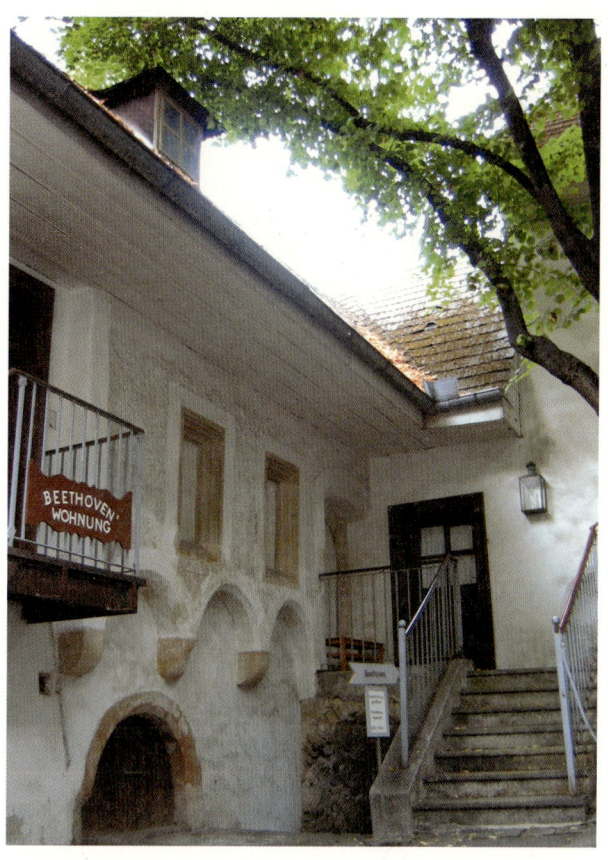

프로버스 가세 6번지 집. 베토벤은 2층의 방 2개를 빌려 썼다.

마다 몰입에 이르는 방법은 다르나 몰입의 순간만큼은 같을 것이다. 몰입은 최고조의 집중 상태를 말하며 이 과정에서 쏟아져 나오는 창작 에너지로 인해 몸은 열정으로 가득 차게 된다. 볼록렌즈로 종이를 태우려면 열기를 한 군데로 집중시켜야 하는 것과 같은 이치다. 몰입의 절정에서 창작의 영감은 샘솟는다.

예술가는 언제 어디서나 자신이 원할 때 쉽게 몰입 상태에 빠지고 싶어한다. 자신의 몰입을 방해하는 사람을 예술가는 가장 참을 수 없어한다. 더군다나 그 예술가가 불같은 성품의 소유자라면 더욱 그렇

다. 괴테는 베토벤을 만나고 나서 부인에게 보낸 편지에서 베토벤의 첫인상을 이렇게 적고 있다.

"나는 지금까지 그처럼 강한 집중력을 지니고 그처럼 정력적인 내면세계를 소유한 예술가를 본 적이 없소. 나는 그가 세상에 대해 왜 이상한 태도를 취할 수밖에 없었는지를 잘 이해하게 되었소."

예술가는 몰입의 상태가 끝나면 그 열기를 어떻게 식힐까. 애연가라면 창밖을 내다보며 담배 연기를 폐부 깊숙이 빨아들일 것이다. 운동을 좋아하는 사람이라면 미친 듯이 운동을 하며 땀을 흘릴 것이다. 목욕을 즐긴다면 욕조에 따뜻한 물을 받아놓고 긴장을 풀 것이다. 베토벤은 열기를 식히는 방법이 독특했다. 그는 물통을 들어올려 머리에 들이부었다고 한다. 열기가 식을 때까지. 이런 스트레스 해소법이 자기 집이라면야 무슨 상관이 있겠는가. 문제는 베토벤이 다른 세입자들과 함께 산다는 데 있었다.

앞서 말했듯이 베토벤의 집은 2층에 있다. 1층에 다른 세입자가 산다는 뜻이다. 1층 세입자는 안방 천장에 얼룩이 생기는 것을 이상하게 여겨 베토벤의 하녀에게 그 연유를 묻는다. 세입자는 베토벤에게서 다시는 물이 새지 않도록 하겠다는 다짐을 받지만 베토벤은 물을 끼얹는 습관을 그리 쉽게 바꾸지 못했던 모양이다.

물이 뚝뚝 떨어지는 건 그래도 견딜 수도 있는 일이었다. 베토벤은 영감이 떠오르면 시도 때도 없이 피아노 건반을 두들겨 댔다. 피아노 소리는 한밤중이나 새벽녘에도 울렸다. 베토벤이 아무리 명성이 높은 작곡가라 해도 세입자로서는 견디기 어려운 일이었을 것이다. "제발 잠 좀 자게 조용히 해달라"고 애원해 보기도 했겠지만, 섬광처럼 번득이는 영감은 대개 한밤중이나 새벽녘에 찾아오는 걸 어쩌겠는가.

"숲속에서 나는 행복합니다"

프로버스 가세 6번지에서 나온 나는 그린칭거 슈트라세 64번지로 향했다. 솔직히 말하면, 나는 1808년 작품 〈전원교향곡〉을 완성한 이 집이 가장 가보고 싶었다. 더군다나 베토벤이 살던 집에서 두 집 건너 70번지에 알베르트 아인슈타인이 살던 집이 있으니 그린칭거 슈트라세에는 뭔가 특별한 것이 있을 것 같았다.

이 집에서 작곡한 〈전원교향곡〉은 1808년 12월 22일 '안 데어 빈' 극장에서 초연되었다. 베토벤이 귓병으로 인해 두번째로 하일리겐슈타트에 요양을 갔을 때 자연에서 영감을 얻어 이 곡을 썼다는 사실은 널리 알려진 이야기다. 〈전원교향곡〉 제2악장에서 플루트는 꾀꼬리, 오보에는 메추라기, 클라리넷은 뻐꾸기 소리를 떠올리게 한다.

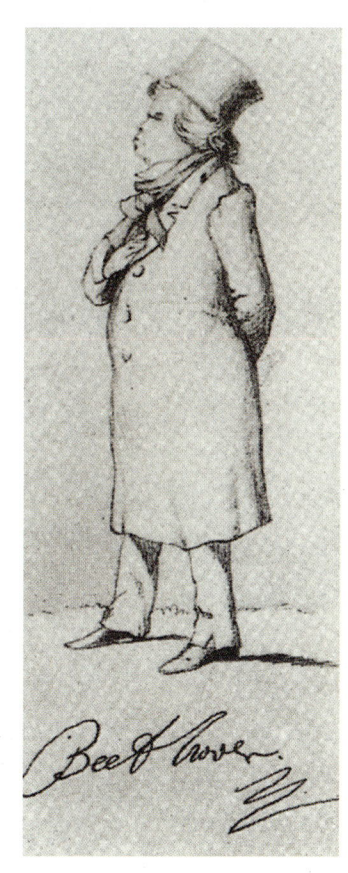

산책하는 모습의 베토벤

귓병이 심해지면서 베토벤은 세상과 거리를 두며 자기만의 성에 스스로를 가두었다. 오직 자연에서 위로를 찾았으며, 편지를 통해서만 세상과 소통했다. 그가 쓴 편지 몇 구절을 보자. "나만큼 전원을 사랑하는 이도 없을 것이다." "나는 한 인간을 사랑하는 이상으로 한 그루의 나무를 사랑한다." "숲과 나무와 바위가 되돌려주는 메아리는 사람에게 너무나 다정스럽다."

베토벤은 옥죄어오는 삶의 고통을 자연 속에서 이겨내려 했으며 동시에 산책에서 음악적 영감을 얻었다. 하일리겐슈타트 숲길을, 또다른 빈 교외 숲길을 베토벤은 미친 듯 걸었다. 햇볕이 내리쬐는 한낮에 모자도 쓰지 않고, 비가 쏟아지는 날에 우산도 없이 걷고 또 걸었다.

그래서 미친 부랑자로 오해받는 경우도 있었다. 베토벤은 편지에서 썼다.

"전능하신 신이시여! 숲속에서 나는 행복합니다. 그곳에서는 저마다의 나무가 당신의 말로 이야기합니다. 신이여! 이 얼마나 장엄합니까. 이 숲속, 언덕 위의 이 정적이여! 당신에게 다가서기 위한 이 정적이여!"

베토벤이 이 집에 머무는 동안 자연에서 위로를 찾으며 음악적 영감을 얻어 작곡한 교향곡 6번 F장조 〈전원〉에 대해 편지에서 이렇게 적고 있다.

"청중들에게 상황을 재발견하는 일을 위임하거나 성격적 신포니아(sinfonia), 시골생활의 회상에 관한 것이라고 할 수 있다. 악기 연주로 지나치게 회화적으로 묘사하려는 모든 시도는 실패할 것이다. 전원 신포니아. 그저 시골생활에 대한 하나의 단상을 가진 사람은 수많은 표제를 떠올리지 않고도 작곡가가 무엇을 나타내려 했는지 스스로 생각할 수 있을 것이다. 아무런 묘사 없이도, 표제 음악에 속하는 곡보다 더 많은 느낌을 주는 곡 전체의 느낌을 인식할 수 있다. 〈전원교향곡〉은 회화가 아니라, 자연을 만끽하고 시골 생활에 대한 몇 가지 감정을 묘사하려는 사람이 자신의 느낌을 표현한 것으로 이해되어야 한다."

하일리겐슈타트의 유서를 쓴 집이나 벤토벤강에는 아직도 19세기의 분위기가 남아 있지만, 그린칭거 슈트라세는 자동차들의 통행이 많아 너무 번잡하다. 그렇다고 해서 〈전원교향곡〉을 완성한 이 집을 찾는 보람이 없었던 것은 아니었다. 우리는 이 집에서 19세기 초 베토벤과 동시대를 호흡했던 한 인물을 만날 수 있다. 프란츠 그릴파르처(Franz Grillparzer)다.

그린칭거 슈트라세 64번지에는 '베토벤-그릴파르처 하우스'라는 안내판이 붙어 있다. 베토벤이 살던 집에는 작품명, 집주인, 번지수, 지명 네 가지로 표시가 된다. 그런데 〈전원교향곡〉을 작곡한 이 집만은 세들어 살던 위대한 두 사람의 이름이 붙었다.

이 집은 헤거라는 재단사의 소유였다. 이 집에는 베토벤 외에도 그릴파르처가 그의 부모와 함께 세들어 있었다. 그릴파르처의 아버지는 유명한 변호사였고 어머니는 음악가였다. 베토벤이 이 집에 살 때가 서른여덟살, 그릴파르처는 열일곱살이었다. 훗날 오스트리아를 대표하는 시인이자 극작가로 이름을 날리게 되는, 오스트리아 역사의 한 페이지를 장식하는 그릴파르처. 1872년 사망해 히칭 묘지에 묻혔고 헬덴 광장 옆 시민정원에 기념비가 세워졌다. 그는 베토벤을 연구하는 데서도 역시 빼놓을 수 없는 인물이다. 베토벤의 친구이자 숭배자로 베토벤과 함께 일생을 보낸 사람이기도 하다. 베토벤이 베링어의 교구 묘지에 묻힐 때 추도사를 쓴 사람도 그릴파르처였다.

베토벤과 그릴파르처 가족의 첫만남은 좋지 않게 끝났다. 음악가인 그릴파르처 부인은 유명한 작곡가와 같은 집에서 산다는 사실에 들떠 있었다. 부인은 베토벤이 방안에서 연주하는 모습을 몹시 보고 싶어

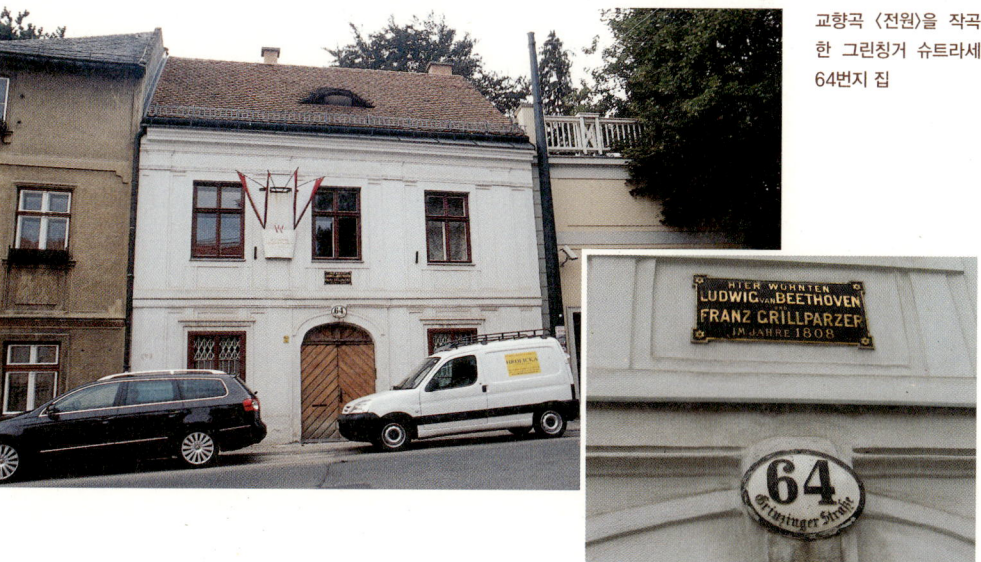

교향곡 〈전원〉을 작곡한 그린칭거 슈트라세 64번지 집

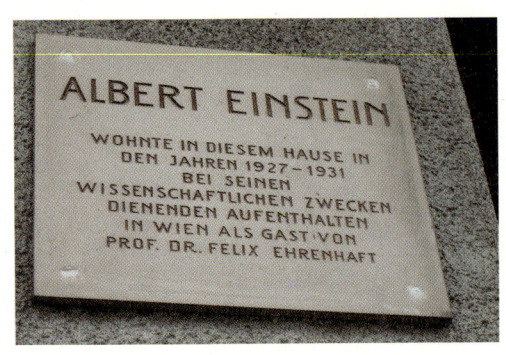

아인슈타인은 그린칭거 슈트라세 70번지에서 살았다.

했는데, 어느 날 열린 부엌문을 통해 베토벤의 연주 모습을 훔쳐보게 되었다. 누군가 자신의 몰입 상태를 엿보고 있다는 사실을 알아차린 베토벤은 모자를 집어던져 버렸다. 부인이 다시는 그런 일이 없게 하겠다고 용서를 빌었지만 베토벤의 마음은 풀리지 않았다. 베토벤은 늦가을 빈 시내로 거처를 옮길 때까지 한 번도 피아노 건반을 두드리지 않았다고 한다.

'베토벤-그릴파르처 하우스'의 두 집 건너에 있는 그린칭거 슈트라세 70번지는 알베르트 아인슈타인이 1927부터 1931년까지 산 집이다. 아인슈타인은 펠릭스 에른하프트 박사의 초청으로 이 집에서 3년간 살았다. 1933년에 히틀러를 피해 미국으로 망명했으니 망명 2년 전까지 산 집이다. 아인슈타인 역시 베토벤과 그릴파르처가 살았던 64번지 옆에 산다는 사실에 긍지를 느꼈을 것이다.

파스콸라티하우스에서 만난 〈운명〉

베토벤은 빈에서 셀 수 없이 많은 집을 전전했다. 35년간 50여 곳이라는 자료도 있고 80여 곳을 전전했다는 기록도 있다. 베토벤의 그 많은 거처를 따라가는 것은 벅찬 일이다. 아니 불가능하다. 수많은 베토벤 연구가들이 베토벤 사후 170여 년 간 그의 흔적을 좇았지만 빈에서의 35년 인생을 모두 복원하는 데는 실패했다.

파스콸라티하우스는 빈의 환상도로 안에 있는 베토벤의 흔적 중에

서 가장 감동을 준다. 첫번째 집인 알저 슈트라세에서도 그리 멀지 않
다. 닥터 카를 루에거 링에 빈 대학 본관이 있고 길 건너에는 란트만
카페와 부르크 극장이 자리잡고 있으며 그 사이에 작은 광장이 있다.
이 광장 뒤쪽에 높은 축대가 있는데 그 위에 5층짜리 집이 있다. 묄카
바스테이 8번지다. 묄카 바스테이의 높은 축대는 현재의 환상도로가
있던 자리에 1800년대 중반까지 요새가 있었다는 흔적이다.

  묄카 바스테이 8번지로 가는 길에는 아스팔트가 아닌, 포석(鋪石)이
깔려 있다. 포석은 나그네를 시간여행으로 인도하는 톨게이트다. 집
도, 가는 길도 18세기 그대로다. 파스콸라티하우스로 가기 위해 묄카
바스테이 언덕길로 접어들면, 빈 대학 너머로 눈이 시리도록 파란 하
늘이 들어온다. 묄카 바스테이는 아름다운 길이지만 프란츠 요제프
황제에게는 식은땀이 나는 악몽의 장소였다. 1853년 이 길에서 한 재
단사가 황제 암살을 기도했기 때문이다. 황제는 거의 죽을 뻔하다 가
까스로 목숨을 건졌다.

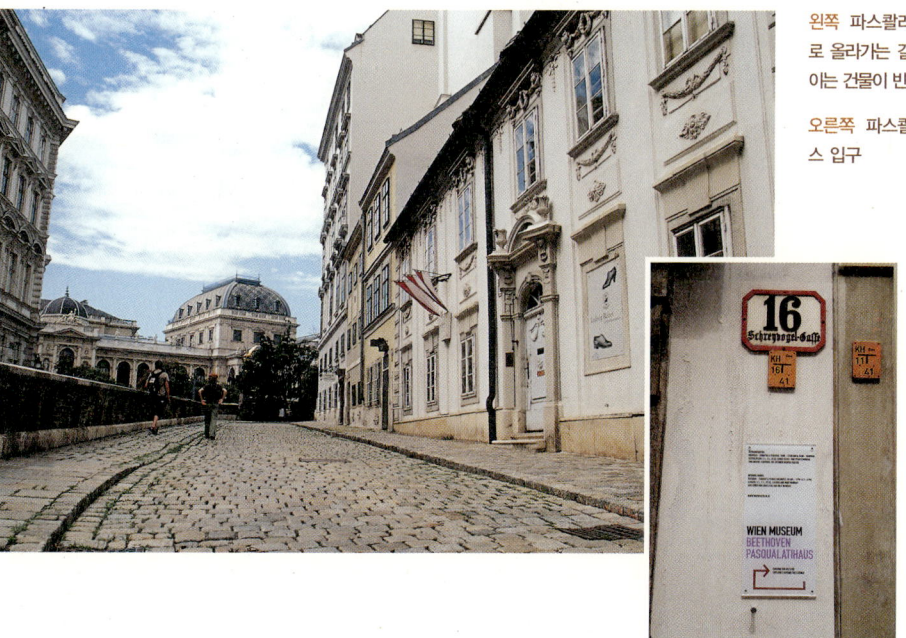

왼쪽 파스콸라티하우스
로 올라가는 길. 멀리 보
이는 건물이 빈 대학이다.

오른쪽 파스콸라티하우
스 입구

세입자 베토벤이 집을 고를 때 가장 중요시한 것은 창문을 열면 펼쳐지는 탁 트이는 전망이었다. 베토벤이 절정의 시기에 세 번이나 파스콸라티하우스에 머무른 것은 이곳이 빈 교외의 전원 풍경을 감상하기에 최적이기 때문이었다. 베토벤이 살던 5층 집은 지금은 박물관으로 꾸며져 있다. 5층 집으로 오르는 계단은 나선형이다. 계단은 한 사람이 겨우 올라갈 만큼 좁고 어둡다. 5층밖에 되지 않지만 층간의 간격이 높아 계단을 오르는데 숨이 차다.

물론 베토벤이 살았던 19세기 초만 떠올리며 현재의 파스콸라티하우스를 찾는다면 가로막힌 전망 때문에 실망할지도 모르겠다. 베토벤이 내려다보며 머리를 식히던 탁 트인 전망은 현재 빈 대학 건물이 가로막고 있다. 베토벤이 살았을 당시 빈 대학은 슈테판 성당 뒤쪽에 있었는데 환상도로가 들어서면서 이곳으로 옮겨온 것이다.

파스콸라티하우스는 베토벤이 살았던 집들 가운데 가장 유명한 곳이기도 하다. 다른 곳은 거리 이름(하일리겐슈타트 유서)이나 작품 이름(에로이카하우스)을 따왔지만 이곳은 집주인 이름이 붙었다. 집주인은 요한 폰 파스콸라티(Johann von Pasqualati) 남작. 베토벤은 1804~1808년, 1810년, 1815년 세 차례나 이곳에 살면서 교향곡 4, 5, 7, 8번과 오페라 〈피델리오〉, 피아노협주곡 4번, 현악 4중주 등을 작곡했다.

또 무엇보다도 베토벤은 이 집에서 1808년, 그의 나이 서른여덟에 교향곡 5번 〈운명〉을 작곡했다. 그런데 왜 이 곡은 〈운명〉이라는 제목이 붙었을까? 베토벤의 제자이자 훗날 베토벤의 전기작가로 이름을 날린 안톤 쉰들러(Anton Felix Schindler)가 어느 날 교향곡 5번 제1악장 첫머리에 나오는 주제의 뜻을 물었다. 베토벤은 "운명은 이렇게 문을 두드린다"고 대답했고, 이후 〈운명〉이란 표제를 달게 되었다고 한다.

베토벤 이후 많은 음악가가 〈운명〉에 대해 찬사를 보냈다. 먼저 슈만의 평을 들어보자.

"이 곡을 자주 듣고 있으면 우리 마음을 공포와 경탄으로 채우는 자연현상을 느끼게 된다. 이 곡은 그 피할 수 없는 힘을 우리에게 미친다."

로맹 롤랑은 또 이렇게 말했다.

"베토벤은 자연의 힘과 하나다. 그 원소적인 정력이 자연을 상대로 싸우는 모습에서 위대함을 느끼게 된다. 그의 생애는 폭풍을 닮았다. 갑자기 커다란 몇 개의 그림자가 가로지르고 비극적인 우레 소리와 무시무시한 술렁거림으로 가득 찬 조용함과 맹렬한 바람의 타격이 온다."

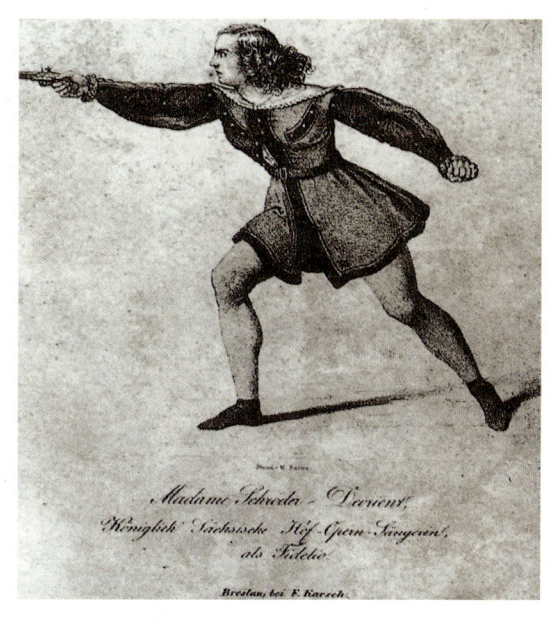

오페라 〈피델리오〉의 한 장면

피아노 소나타 23번 〈열정〉 또한 이 집에서 탄생한 작품이다. 〈열정〉이란 제목은 함부르크 출판업자 크란츠가 붙였으며, 베토벤의 연인 중 한 사람인 테레제의 오빠(브룬스비크 백작)에게 헌정되었다. 이 작품에는 테레제의 정적인 아름다움과, 역시 연인이었던 요제피네의 관능적인 아름다움 사이에서 방황하는 베토벤의 모습이 반영되어 있다는 평가를 받는다.

천재는 대개가 괴팍스럽거나 지독할 정도로 자기중심적 경향을 드러낸다. 파스칼라티 남작은 여느 집주인과는 달랐다. 교양이 있고 예술적 조예가 깊었으며 위대한 천재의 기벽까지도 다 포용할 만한 너그러운 사람이었다. 남작은 베토벤이 원하는 것을 거의 들어주었으며, 시종일관 위대한 음악가를 존중했고 친절하게 대했다. 베토벤이 남작의 집을 떠나 다른 곳으로 거처를 옮겼을 때도 베토벤이 좋아한 5층은 다른 사람에게 세를 놓지 않고 비워두었다. 베토벤이 들어오고 싶을 때 언제든 오라는 뜻이었다. 이보다 더 큰 배려가 어디 있겠는가.

파스콸라티 남작은 끝까지 베토벤을 후원했다. 베토벤의 병세가 위중해 가던 1927년 겨울, 베토벤이 좋아하던 디저트를 사들고 병문안을 가기도 했다. 앞서 살펴보았던 알저 슈트라세의 집주인 리히노프스키 후작도 베토벤을 후원한 사람이었다. 우리는 여기서 예술가와 후원자의 관계를 다시 한 번 생각하게 된다. 로맹 롤랑은 베토벤이 빈을 떠나지 못한 이유를 "빈에는 베토벤의 천재성을 알아보고 그를 놓치는 치욕을 원하지 않는, 음악을 열렬히 사랑하는 귀족들이 있었다"고 썼다.

베토벤은 논란 많은 인물이었다. 그의 자유분방함과 기벽, 그리고 음악을 놓고 말들이 많았다. 모차르트보다 형편이 나았던 것은 사실이지만 빈 사회는 위대한 음악가를 온전히 받아들이지 못했다. 특히

피아노 소나타 〈열정〉
1악장 원고

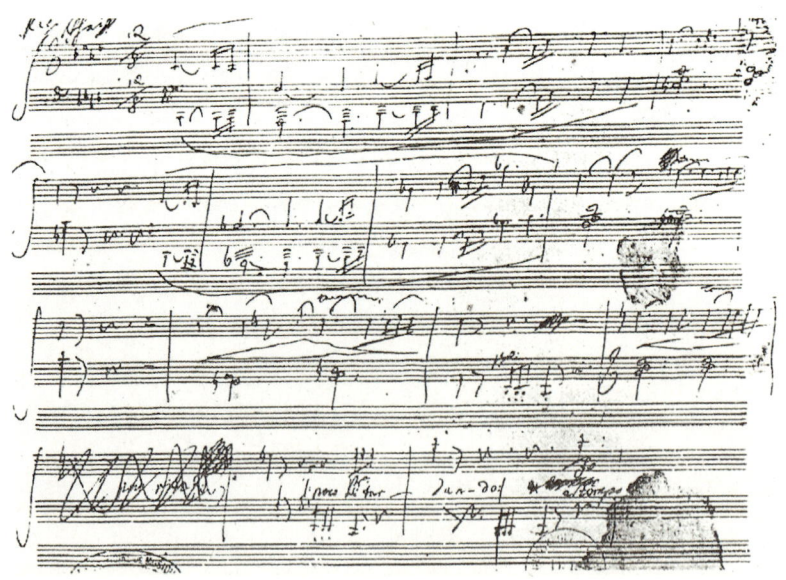

베토벤의 음악은 귀족들이 좋아하는 음악과는 도입부에서부터 달랐
다. 시류에 영합하기를 거부한 것이다. 교향곡 〈운명〉을 보라. 당시의
주류 사회는 〈운명〉과 같은 음악에 심한 거부감을 느꼈다. 또한 베토
벤은 청력 장애를 숨기려다 보니 성격도 나날이 괴팍해져 갔다. 사람
들은 그를 미쳤다고 말했다. 80여 년 뒤 빈 분리파가 내건 전시회 주제
는 '사회의 몰이해와 고독과 싸운 베토벤'이었다.

　자신을 모함하는 목소리가 커질 때마다 베토벤은 빈을 떠나고 싶어
했다. 파스콸라티하우스에서 4년을 살고 나오던 1808년 베토벤은 이
제 정말 오스트리아를 떠날 결심을 한다. 웨이스트파리아의 왕 제롬
보나파르트의 초청을 받아들이겠다고 마음을 굳혔던 것이다.

　물론 그는 실행에 옮기지 못한다. 빈에는 베토벤의 음악을 사랑하
는 귀족 그룹이 존재했다. 그들은 빈이 모차르트를 비참하게 보냈음
을 잘 알고 있었고 그 사실을 치욕으로 생각했다. 파스콸라티 남작, 라
수모프스키 왕자, 리히노프스키 후작 등이 베토벤을 지지한 귀족 그룹

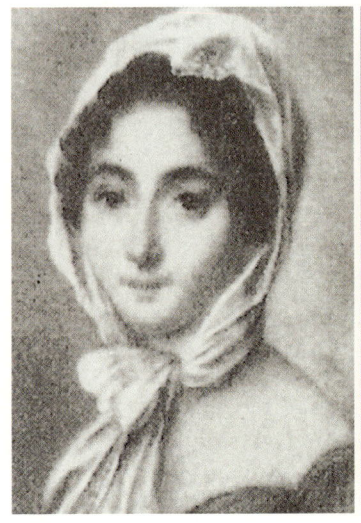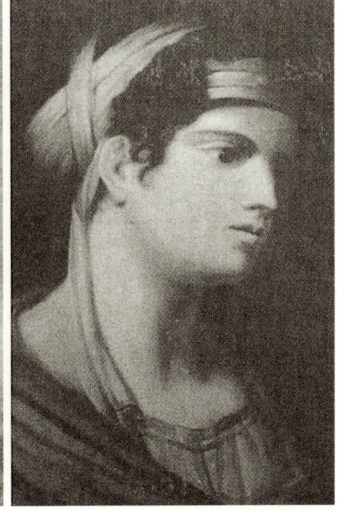

베토벤이 사랑했던 여인
들. 왼쪽이 요제피네이고
오른쪽이 테레제이다.

이었다. 베토벤에게 배
운 루돌프 대공, 로프코
비치 공, 킨스키 공은 베
토벤에게 현실적인 조건
을 제시해 붙잡기로 한
다. 빈을 떠나지 않는다
면 연금 4,000프롤린을
지급하겠노라고. 이들이
만든 계약서의 문구를
들여다보자.

　"사람은 염려가 없어

야 일에 전념할 수 있다. 다른 어떤 일에도 시달림을 당하지 않아야 위대하고 숭고한 작품으로 예술의 품위를 높이는 창작 활동이 존재함은 자명한 사실이다. 아래의 서명인들은 루트비히 판 베토벤이 생활고로 괴로움을 받지 않고 그 천재적 악동이 좌절당하지 않도록 생활보장을 제공하기로 결의하였다."

베토벤이 살던 전망 좋은 5층 집 파스콸라티하우스는 현재 박물관으로, 입장료를 내고 들어가면 베토벤의 체취가 느껴지는 물건들을 볼 수 있다. 베토벤과 관련된 주요 신문 기사, 베토벤이 쓰던 설탕그릇과 탁상시계, 후원자들의 초상화, 악보 등이 진열되어 있다. 전시물 중 가장 특이한 것은 베토벤의 머리카락 타래와 라이프 마스크(life mask)이다. 서구 문화에서 데드마스크는 흔한 편인데, 라이프 마스크라니? 싫다는 베토벤을 설득해 1812년에 제작했다고 한다.

베토벤이 흔적을 남긴 수십 군데의 집 중에서 왜 이곳에만 유독 집주인의 이름이 붙었을까. 두 가지 이유를 추론할 수 있겠다. 하나는 19세기 초의 옛날 집이 원형 그대로 보존되어 있다는 것이고, 다른 하나는 집주인이 베토벤에게 변치 않는 호의를 베풀었고 베토벤이 이 집에서 불멸의 작품을 많이 썼기 때문일 것이다. 빈 박물관협회는 위대한 음악가를 알아보고 죽는 날까지 베토벤을 후원한 귀족의 이름을 붙임으로써 그 빚을 갚았다.

그것은 소동이었다!

빈 중심가 웅가르 가세 3번지. 슈타트파크 뒤쪽에 있다. 웅가르는 독일어로 헝가리를 뜻한다. 웅가르 가세는 헝가리 사람들이 빈에서 공동체를 형성하고 살았던 흔적을 간직하고 있는 곳이다. 1030년 헝가리 부족들이 빈을 점령해 살기 시작했고 1493년 황제 막시밀리안 1세에 의해 추방당했다.

베토벤은 1823년 10월부터 다음해 5월까지 이 집에 살면서 교향곡 9번 〈합창〉을 완성했다. 베토벤은 이때 이미 완전한 귀머거리가 되어 있었다. 교향곡 9번 1악장 알레그로에 대해 음악가이자 소설가인 로맹 롤랑은 이렇게 찬사를 보냈다.

"커다란 소용돌이의 최고조에서 갑자기 어둠이 찢어져 무명이 천공에서 쫓겨나고 의지의 행위에 의해 한낮의 밝고 맑은 빛이 되돌아온다. 어떤 승리가 이 승리와 견줄 수 있단 말인가? 보나파르트의 어떤 승리, 아우스텔리츠에서의 빛나는 날이, 지금까지 그의 정신이 이룬 가장 빛나는 영광이 (베토벤의) 초인적 노력과 승리의 영광에 필적할 수 있단 말인가? 불행하고 가난하고 병들고 고독한 인간, 세상으로부터 환희를 거부당한 그 인간이 스스로 환희를 만들어낸다. 그것은 세

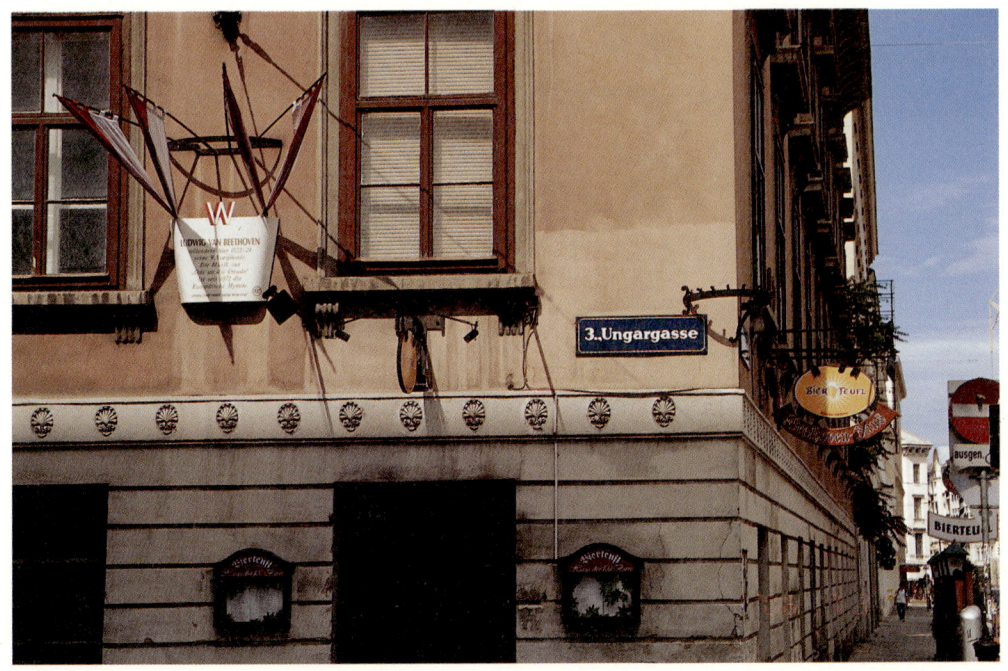

교향곡 〈합창〉을 쓴 웅가르 가세 3번지 집

상에 보낸 선물이다. 그는 자신의 불행으로 환희를 빚어냈다."

1824년 5월 7일 빈에서 〈장엄미사곡〉과 교향곡 9번 〈합창〉이 초연되었다. 베토벤이 교향곡 9번을 지휘했다. 연주가 끝나자 청중들은 장내가 떠나갈 듯 기립박수를 보냈다. 그러나 베토벤은 듣지 못했다. 아니 들을 수가 없었다.

한 여가수가 오케스트라 쪽을 향해 서 있는 베토벤의 손을 잡고 객석 쪽으로 돌려세웠다. 그제야 베토벤은 모자를 흔들며 기립박수를 하는 청중을 볼 수 있었다. 베토벤이 무대로 내려왔을 때 박수갈채는 무려 다섯 번이나 계속되었다. 그것은 소동에 가까웠다. 황실 가족이 객석에 나타날 때도 세 번만 갈채를 보내는 것이 오스트리아의 관례였다. 베토벤은 자신의 성공을 귀로 듣지는 못했지만 눈으로 확인했다.

마지막 거처

알저슈타터 글라시스 200번지에 있던 슈바르츠스파니어하우스(Schwarzspanierhaus)는 '검은 스페인의 집'이라는 뜻이다. 글라시스(glacis)란 19세기 중반, 그러니까 프란츠 요제프 황제가 환상도로를 만들기 전에 빈에 있던 방어벽(요새)과 관련된 용어다. 빈에 방어벽이 세워진 것은 1137년이었다. 빈은 요새의 도시가 된다. 그 요새 안에 호프부르크 궁전, 슈테판 성당, 관공서, 은행, 병원, 학교, 상가, 주택들이 밀집해 있었다. 글라시스는 거대한 방어시설인 요새와 연결되어 보루로 사용되는 경사진 구역을 말한다. 요새가 헐리고 환상도로가 들어서면서 글라시스는 더 이상 필요없게 된다.

알저슈타터 글라시스 200번지는 현재 도로 이름과 번지수가 바뀌어 슈바르츠스파니어 슈트라세 15번지가 되었다. 환상도로 쇼텐링과는 불과 네 블록 떨어져 있다. "베토벤이 숨진 곳"이라는 안내판이 붙어 있으니 찾기도 쉽다.

슈바르츠스파니어는 세입자 베토벤을 만족시켰다. 베토벤은 이승의 마지막 거처가 된 이 집의 3층에 살았다. 창문을 열면 빈 중심가의 슈테판 성당과 궁전이 한눈에 들어온다. 베토벤은 1825년 10월 15일부터 1827년 3월 26일 운명할 때까지 이 집에서 살았다.

이 집에 살면서 베토벤은 회복할 수 없는 마음의 상처를 입는다. 사랑하는 조카 카를의 자살 기도 때문이었다. 삼촌 베토벤의 감당할 수 없는 기대가 부담스러웠던 것이었을까. 베토벤은 사랑했던 여인 요제피네를 떠나보낸 후 더 이상 사랑을 베풀 상대가 없자 조카 카를에게 집착했다. 과도한 집착이 불행을 부른다는 진리를 베토벤은 알지 못했을까. 그토록 애정을 쏟은 조카 카를이 1826년 여름 바위산 꼭대기에서 투신자살을 기도했을 때 베토벤은 영영 헤어나지 못할 정신적 충

1827년 3월 26일
베토벤이 운명한 집

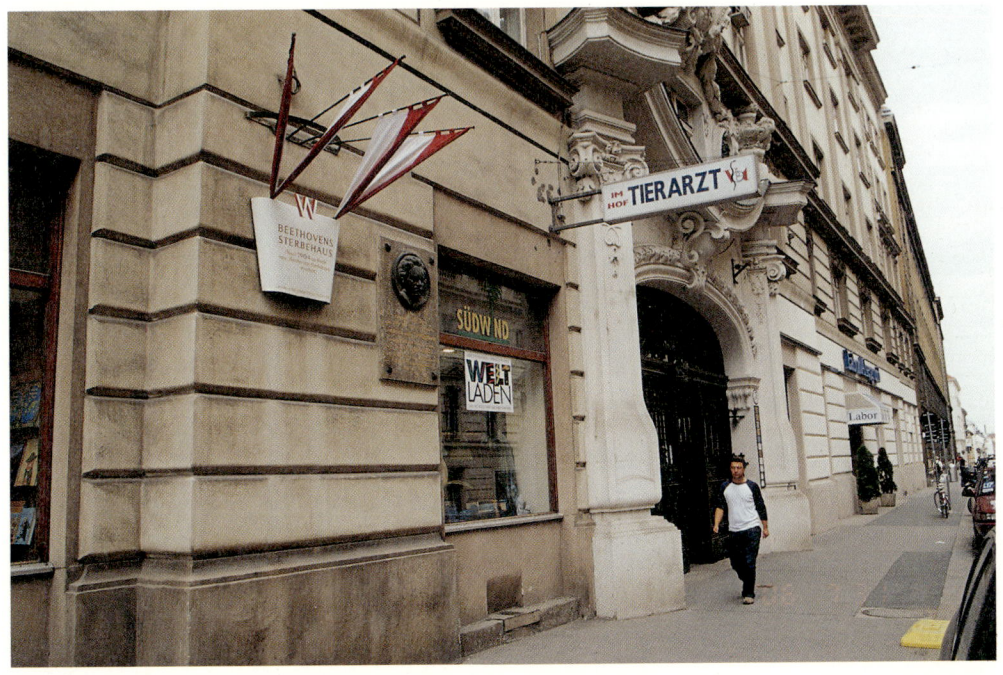

격에 빠진다. 사람이 일생 동안 받는 상처 중에서 가족으로 인한 것보다 더 깊은 것은 없을 것이다. 친구 에밀 쉰들러는 이 무렵의 베토벤을 이렇게 기록하고 있다.

"그가 당한 깊은 고통의 증거인 양 구부정하게 굽은 자세 속에 상심의 흔적이 배어 있었다. 일흔살은 됨직해 보이는 연로한 노인이 아무런 의지도 없는 듯이, 유순하게, 매호흡마다 가쁜 숨을 몰아쉬며 우리앞에 서 있었다."

베토벤은 1826년 늦가을 동생 요한이 사는 도나우 강변의 그나이크센도르프 성에 가서 잠시 시간을 보낸다. 이곳에서의 생활도 하일리겐슈타트에서의 그것과 똑같았다. 아침과 오후 시간을 산책으로 보내며 영감을 구했다. 그런데 11월 말 빈으로 돌아오는 길에 늑막염성 감기를 얻어 몸져 누워버리고 말았다.

아내가 있었다면 아마도 금방 떨치고 일어나지 않았을까. 베토벤은 조카 카를에게 의사를 불러달라고 부탁했지만 카를은 이틀 동안이나까맣게 잊고 있었다. 그 사이 독감은 치명적으로 위대한 음악가의 육신을 갉아먹었다. 의사는 너무 늦게 왕진을 왔고 게다가 치료도 어설펐다. 베토벤은 3개월 동안 홀로 병마와 싸우며 네 번의 수술을 받는다.

1827년 1월 3일 베토벤은 조카 카를을 유산 상속자로 지정했다. 건달 카를은 베토벤의 임종도 지키지 않았다. 베토벤의 임종을 지켜본 가족은 한 사람도 없었다. 그의 외롭고 쓸쓸한 죽음을 지켜본 사람은 작곡가 안젤름 휘텐브렌너(Anselm Huttenbrenner)였다. 그는 베토벤의 죽음을 이렇게 기록했다.

"도처에 짙게 드리운 먹구름이 한낮의 햇살을 점점 더 두텁게 가리더니, 심한 눈보라와 우박을 동반한 뇌우가 쏟아지고 한 줄기 번개가 내려치며 임종을 맞을 방안이 순간적으로 번쩍 밝혀졌다. 예기치 않았던 이런 자연 현상이 지나간 연후에 베토벤이 눈을 뜨더니 오른손을 들어올리며 주먹을 꼭 쥔 채 심각한 표정으로 몇 초 동안 공중을 뚫어지게 응시했다. 들어올린 그의 손이 다시 침대 위로 내려졌을 때는 눈이 반쯤 감겨 있었다. 숨소리도, 맥박소리도 더 이상 들리지 않았다. 천재적이고 위대한 음악의 거장은 이 미망의 세계를 벗어나 진리의 제국으로 날아갔다."

빈은 베토벤을 사랑했다

베토벤은 가족도 곁에 없이 외롭게 눈을 감았지만 장례식은 결코 쓸쓸하지 않았다. 장례식은 3월 29일 오후 3시에 치러졌다. 당시로서는 보기 드물게 장례식 초대장이 만들어졌다. 음악가 슈베르트, 극작가 그릴파르처와 같은 동시대의 예술가 대부분과 일반 시민들이 장례식에 참석해 위대한 음악가의 마지막을 지켜보았다.

베토벤의 장례식에 참석한 사람은 자그마치 1만 명을 넘어서 국가적 사건으로 기록되었다. 논란의 중심에 있던 음악가였지만 빈 시민들은 베토벤을 사랑했고 그의 마지막 모습을 보고 싶어했다. 알저 슈트라세 17번지 성당 마당에는 수많은 시민이 모여들었다. 모차르트의 장례식 때에는 빈 시민 대부분이 그의 죽음조차 알지 못했지만 베토벤은 그렇지 않았다. 합스부르크 왕가의 장례식을 제외하면 최대의 인파가 몰린 장례식이었다. 빈 사람들은 뉘우치고 있었다. 모차르트를 냉대하고 비참하게 떠나보냈다는 사실을 치욕스러워하고 있었다. 모차르트는 숨진 다음날 묻혔지만 베토벤은 나흘 뒤 매장되었다.

19세기 빈 역사에서 베토벤의 죽음은 가장 큰 사건이었다. 베토벤

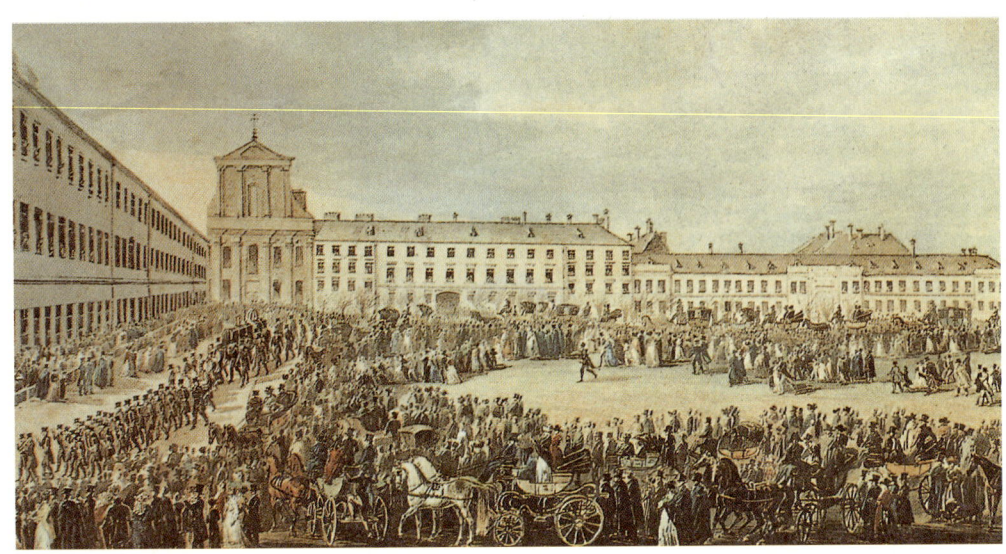

베토벤의 장례식에는
1만 명 이상의 시민이
참석해 애도했다.

의 장례식은 그림으로도 남아 있다. 그림을 보면 성당 앞 광장에 수많은 조문객들이 모여 있는 것이 보인다. 장례식이 치러진 알저 슈트라세 17번지 성당은 지금은 빈 대학 캠퍼스를 마주보고 있다. 그림 속 풍경과는 많이 달라졌다. 베토벤이 살던 시절 알저 슈트라세에는 빈 대학 캠퍼스도 없었고 오스트리아 중앙은행도 없었다. 드문드문 주택이 있었을 뿐이다. 따라서 성당과 슈바르츠스파니어하우스가 광장을 사이에 두고 서로 마주보고 있는 모습이다.

장례식이 끝난 뒤 여덟 명의 악장이 관을 멨고 서른네 명의 예술가들이 관을 따라갔다. 운구 행렬은 베토벤의 마지막 거처 주변을 한 바퀴 돈 뒤 가까운 마을인 베링어에 닿았다. 베링어오르츠 교구 묘지 앞에서 추도사가 낭송되었다. 베토벤의 친구이자 베토벤을 숭배했던 그릴파르처가 쓴 조사를 배우인 하인리히 안쉬츠가 낭송했다.

베토벤의 장례식이 치러지고 얼마 뒤 그의 마지막 거처에 동생들이 들이닥친다. 베토벤의 통장을 찾기 위해서였다. 이들은 낡은 캐비닛의 비밀 서랍에서 통장들을 찾아냈다. 비밀 서랍에는 통장 외에도 대화첩, 육필 악보, 편지, 안경, 보청기 등 수 많은 유품이 있었다. 이 유품 속에서 1802 년 하일리겐슈타트 시절 동생들에게 쓴 편지가 발견되었다. 이 편지는《알게마이 네 무지칼리셰 차이퉁》지 1827년 10월 17 일자에 실렸고, 훗날 '하일리겐슈타트 유 서'라 불리게 되었다.

이제 베토벤이 잠들어 있는 빈 중앙묘 지를 가보자. 오스트리아에는 국립묘지가 없다. 시립묘지인 빈 중앙묘지가 사실상 국립묘지 역할을 하고 있다. 환상도로에 서 71번 버스를 타면 벨베데레 하궁(下宮) 을 지나 모차르트가 묻혀 있는 생 마르크 스 묘지 부근을 지난다. 지리적으로 보면 빈 중앙묘지는 생 마르크스 묘지를 지나 쳐 훨씬 외곽 쪽으로 벗어나 있다. 규모도 생 마르크스 묘지보다 20배는 크다.

38A 구역에 베토벤의 묘지가 있다. 사실 묘지 주소를 몰라도 찾는 데 아무런 지장 이 없다. 중앙도로를 따라 100여 미터쯤 걷 다가 왼편에 사람들이 많이 모여 있는 곳 이 음악가의 묘지다. 혹시 이른 아침이어

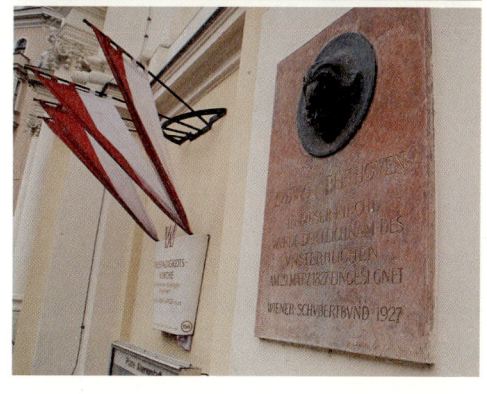

베토벤의 장례식이
치러진 성당

서 찾는 이가 없다면 조화(弔花)가 가장 많이 놓인 곳을 찾으면 된다. 그 곳에 빈을 무대로 불멸의 작품을 남긴 음악가들이 오손도손 모여 있다.

1827년 3월, 알저 슈트라세 17번지 드라이팔티케이트 성당에서 장

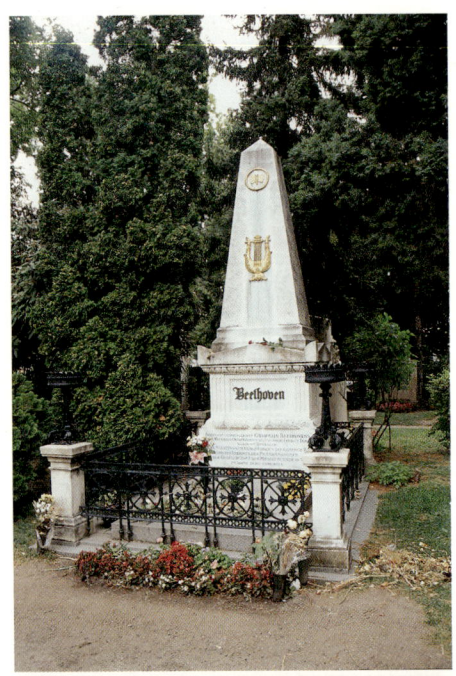

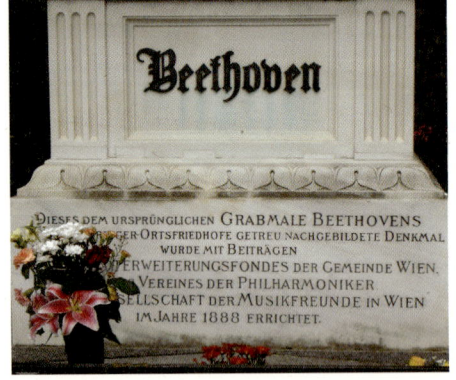

빈 중앙묘지 내
베토벤 묘지

레식이 치러진 뒤 베토벤의 시신은 베링어오르츠 묘지에 61년 동안이나 외로이 묻혀 있었다(나는 베링어오르츠 묘지를 찾아보았으나 찾지 못했다). 1888년이 되어서야 빈 중앙묘지로 이장되었다. 이곳에서 베토벤은 이승에서 잘 볼 수 없었던 음악가 친구들을 만났다. 슈베르트, 요한 슈트라우스 2세, 브람스, 요한 슈트라우스 등이 그들이다. 어떻게 빈은 세계적인 음악가를 여섯 명이나 품을 수 있었을까. 음악가 묘지에는 이들 외에도 많은 훌륭한 음악가들이 함께 잠들어 있다.

음악가들의 묘지는 뭔가 특별한 것이 있지 않을까 하여 장식물들을 살펴보니 오르페우스가 눈에 들어왔다. 그리스 로마 신화에 나오는 '하프의 명수'다. 한번 수금을 타기 시작하면 동물은 물론이고 바위와 나무까지도 황홀하게 만들었다는 오르페우스가 아닌가. 거의 모든 음악가의 묘지에는 오르페우스의 수금이 다양한 형태로 조각되어 있었다.

음악가의 묘지 가운데에는 모차르트의 동상과 기념비가 서 있다. 음악가 묘지에 모차르트가 빠져서는 안되겠지. 그런데 이를 어쩐다? 모차르트 유골은 생 마르크스 묘지에서 결국 찾지 못해 이장을 할 수 없었으니 말이다. 시립묘지 측은 그 대신에 기념비라도 세워놓은 것이다.

슈베르트도 이곳에 함께 묻혀 있다. 그 또한 모차르트와 베토벤처럼 빈 시내 곳곳에 삶의 흔적을 남긴 음악가이다. 슈베르트는 베토벤이 죽은 다음해인 1828년 사망해 이곳 중앙묘지에 묻혔다. 생전에 제대로 인정받지 못한 그는 "베토벤 곁에 묻어달라"는 유언을 남겼는데, 1888년 베토벤이 베링어오르츠 묘지에서 중앙묘지로 이장해 오면서 마침내 슈베르트는 생전의 소망을 이루게 되었다.

요제피네와 미노나

음악가 묘지를 지나 48A 구역으로 걸음을 옮긴다. 48A 구역으로 가려면 반드시 닥터 카를 루에거 성당과 그 앞의 오스트리아 초대 대통령 묘지를 지나쳐야 한다. 오토 바그너의 제자 막스 헤겔레가 설계한 이 성당은 대통령의 묘지를 지긋이 내려다보는 형태로 서 있다. 대부분의 외국인 여행객들은 2차대전 후 오스트리아 초대 대통령이 누구였는지에 관심을 보이지 않는다. 나 역시 그랬다. 권력은 찰나지만 예술은 영원하다!

베토벤은 모를 것이다. 자신이 묻혀 있는 곳에서 얼마 떨어져 있지 않은 곳에 자신의 유일한 혈육인 미노나 폰 슈타켈베르크(Minona von Stackelberg)가 묻혀 있다는 사실을. 그런데 왜 베토벤의 혈육은 베토벤의 성을 따르지 않았을까.

알려져 있듯 베토벤은 평생을 독신으로 살았다. 사랑하지 않고는 단 하루도 살지 못한 남자였지만 클림트와 마찬가지로 자유로운 영혼의 소유자였다. 클림트와 다른 점이라면 결혼을 간절히 원하기도 했었다는 점이다. 비록 신분의 차이, 여자들의 배신, 지독한 불운으로 결

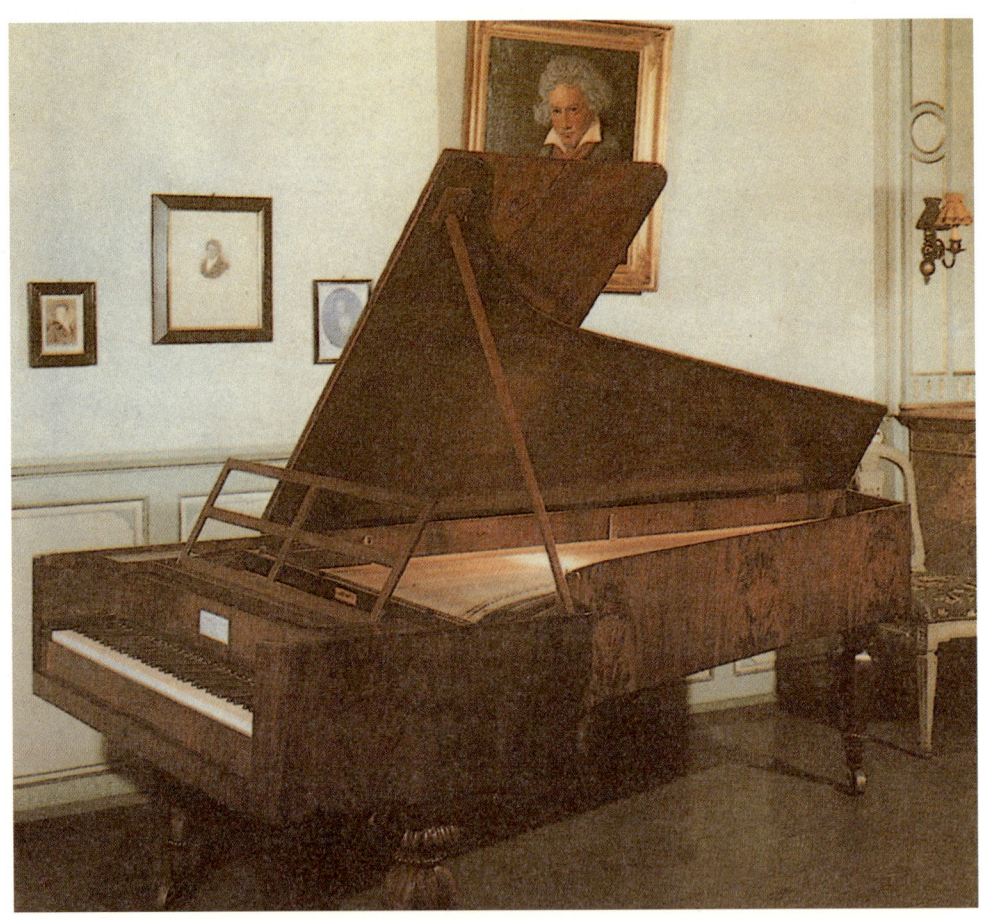

베토벤 기념관에 있는 베토벤의 피아노. 베토벤이 마지막으로 사용한 피아노이다.

혼에 이르진 못했지만 말이다. 또 그가 사랑한 여자 중에는 유부녀가 많았으니 불운은 스스로 자초한 것이라고 해야 할까.

요제피네 브룬스비크. 1799년 여름 이미 작곡가로 명성이 자자한 스물아홉의 베토벤은 스무살의 요제피네를 처음 만났다. 요제피네는 백작의 딸이었다. 베토벤은 그녀에게 피아노를 가르치게 되면서 그녀에게 빠져들었고 그녀도 베토벤에게 마음이 가 있었다. 그러나 아무리 유명한 음악가로 이름을 날리고 있더라도 명성이 그의 낮은 신분을 보상해 주지는 못했다.

요제피네의 어머니 안나 브룬스비크는 딸을 스물여섯살 연상의 다임 백작과 결혼시킨다. 어머니는 부유한 백작 사위를 얻어 자신의 노후를 편하게 보낼 계산이었다. 그녀의 배신에 괴로워하던 베토벤은 이 무렵 친구에게 편지를 썼는데, 거기에는 "이미 찢어진 나의 가슴은 더욱 괴롭힘을 당할 것이기에 그녀를 그만큼 피하게 되네"라는 대목이 나온다. 요제피네는 다임 백작 부인이 되어서도 베토벤에게 피아노 레슨을 받았다. 베토벤은 요제피네가 부모 때문에 사랑하지 않는 남자와 억지로 결혼했다고 생각했고 언젠가 자신에게 돌아올 것이라고 믿었다.

요제피네가 첫 딸을 낳은 후 불행은 그 실체를 드러내기 시작했다. 부유하다고 알려진 다임 백작의 재정 상태가 형편없었던 것이다. 어머니는 요제피네에게 이혼을 강요했지만 그녀는 어머니의 말을 따르지는 않았다. 결혼생활은 숱한 우여곡절을 겪으면서도 지속되었고 그녀가 넷째 아이를 가졌을 때 남편이 폐결핵으로 사망한다.

베토벤은 이제 요제피네가 자신과 결혼해 줄 것이라고 확신했으며 그녀에 대한 사랑이 더욱 불타올랐다. 소나타 〈열정〉은 이때 탄생했다. 베토벤은 그녀의 사랑을 갈망했지만 그녀는 베토벤의 경제적 능력을 가늠했다. 그녀는 네 아이의 새아버지로서 베토벤의 능력을 따지지 않을 수가 없었다. 그녀는 또다시 베토벤의 청혼을 거절하고 에스토니아 출신의 건달 슈타겔베르크와 결혼한다. 그녀는 첫딸을 낳은 뒤 결혼이 잘못되었음을 깨달았지만 그런 가운데 둘째 딸이 태어났다. 이때부터 슈타겔베르크와의 결혼생활은 사실상 끝장이 난다. 이혼 서류에 도장 찍는 일만 남았을 만큼 상황은 악화되어 있었다.

베토벤의 사랑은 여전히 변함이 없었다. 요제피네가 아이를 여섯이나 낳고 몸과 마음이 상처를 입었음에도 불구하고 요제피네와의 결혼을 간절히 원했다. 1812년 7월 초 베토벤은 마침내 요제피네와 이틀을 함께 지내게 된다. 13년 만의 사랑이었다. 요제피네는 베토벤의 아이를 가졌고 1813년 4월 9일 딸 미노나가 태어났다.

아직 요제피네의 불행은 끝나지 않았다. 건달 슈타겔베르크는 이혼을 해주지 않았고 걸핏하면 빈에 나타나 요제피네를 괴롭혔다. 그는 요제피네의 세 딸을 빼앗아 무모한 여행을 감행했으며, 18개월밖에 되지 않은 미노나를 강제로 에스토니아로 데려가기도 했다. 요제피네는 정신적 충격을 이기지 못하고 숨을 거두고 만다.

미노나는 자라면서 슈타겔베르크의 아이들과는 많은 차이를 보였다. 아버지의 피를 받아 음악에 재능을 보였다. 실제로 그녀는 작곡가로 많은 작품을 남겼다. 그녀는 자신의 출생의 비밀을 알고 있었고 어머니와 아버지에 대한 자부심을 갖고 있었다. 1841년 슈타겔베르크가 죽자 미노나는 마침내 자신이 태어난 빈으로 돌아와 정착했다. 물론 빈에는 이미 아버지 베토벤이 없었다. 그녀는 호프부르크 궁전에서 가까운 합스부르거 가세 5번지에서 죽을 때까지 살았다.

아버지처럼 미노나도 평생을 독신으로 산다. 미노나의 언니들도 역시 결혼을 하지 않았다. 복잡한 가정환경, 그리고 어머니 요제피네가

잘못된 결혼으로 끝없는 불행의
늪에서 헤어나지 못하는 것을 보
고 자랐기 때문이리라. 미노나는
1897년 폐렴으로 죽었는데 빈 중
앙묘지에 묻힘으로써 아버지와
한 공간에서 잠들게 되었다.

크리스 슈타틀렌더 (Chris
Stadtlaender)는 저서《베토벤과 그
의 여인들》에서 48A 구역 1열에
있는 미노나의 묘지 사진을 실었
다. 책에 따르면, 가족이 없던 미
노나는 빈 시 회계관의 부인 요한
나 폰 반피와 함께 합장되었다.
미노나의 묘지는 베토벤 연구가
들이 오랜 추적 끝에 발견한 것인
데, 묘석 앞에는 기도하는 천사상
이 세워져 있었다. 비문은 안타깝

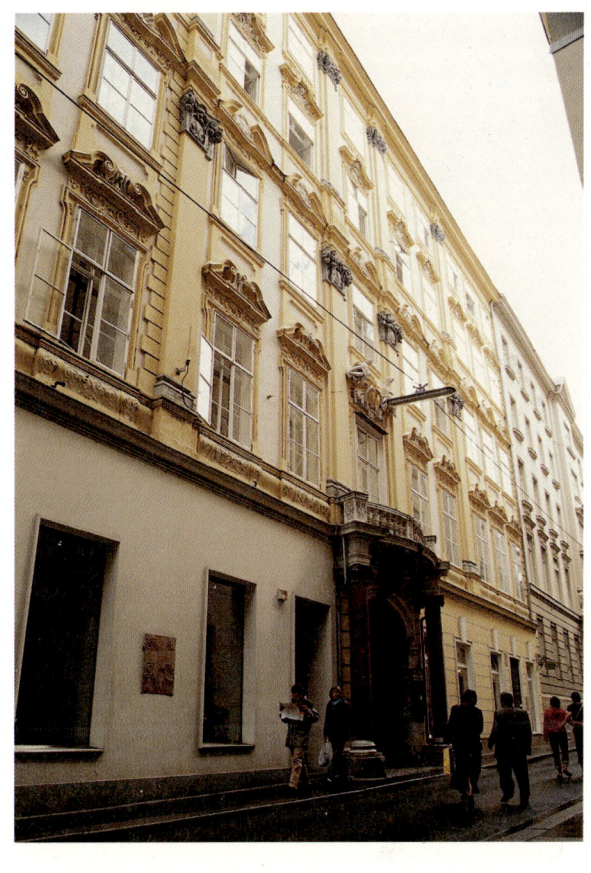

베토벤의 숨겨진 딸 미
노나가 살았던 합스부
르거 가세 5번지 집

게도 세월의 무게를 견디지 못하고 지워져 거의 알아볼 수 없다고 했
다. 아무도 돌보는 이가 없기 때문일까, 아니면 싸구려 묘석에 글씨를
대충 새겼기 때문일까.

나는 미노나의 묘를 찾기 위해 48A 구역을 샅샅이 돌아다녔지만 천
사상을 찾을 수 없었다. 관리사무소를 찾아가 미노나 슈타겔베르크의
묘지를 확인해 달라고 부탁했다. 남자 직원은 에어컨도 없는 사무실
에서 땀을 흘리며 30분 이상 컴퓨터를 두드려 1897년 묘지 대장을 뒤
적인 뒤에야 미노나 슈타겔베르크 묘지를 찾아냈다. 내가 들고 간 주

소와 정확히 일치했다. 48A 구역에서 1열만을 확인하기 시작했다. 1열에는 30여 기의 묘석이 있었고, 그 중 서너 개는 묘비문을 확인할 수 없었다. 그 중 하나일 것이라고 추정할 수밖에 없었다.

어머니 요제피네가 슈타겔베르크와 이혼하고 베토벤과 결혼했다면 미노나는 '미노나 슈타겔베르크'가 아닌 '미노나 베토벤'으로 살았을 것이다. 그랬다면 미노나의 묘지가 이렇게까지 버림받지 않았을지도 모른다. 사실 묘지 관리소 직원 5명조차 미노나 슈타겔베르크와 베토벤의 관계를 잘 알지 못하고 있었으니 더 말해 무엇 할까.

미노나는 출생부터 그 존재가 숨겨져야 하는 운명이었다. 베토벤은 요제피네와 결혼하지 않은 상태에서 아이를 낳았으므로 자신을 숨겨야 했고, 요제피네 역시 미노나의 아버지가 누구인지를 알게 해서는 안되었다. 그래서 이름도 아노님(Anonim, 익명이란 뜻)을 거꾸로 읽어 미노나(Minona)로 지었다는 해석도 있다. 이름이 인간의 운명을 결정한다는 성명철학은 서양에서도 여전히 유효한 것인가. 적어도 빈 중앙묘지에서 미노나는 이름처럼 그렇게 완벽하게 익명의 존재가 되었다.

Adolf Loos 아돌프 로스,
장식은 범죄다

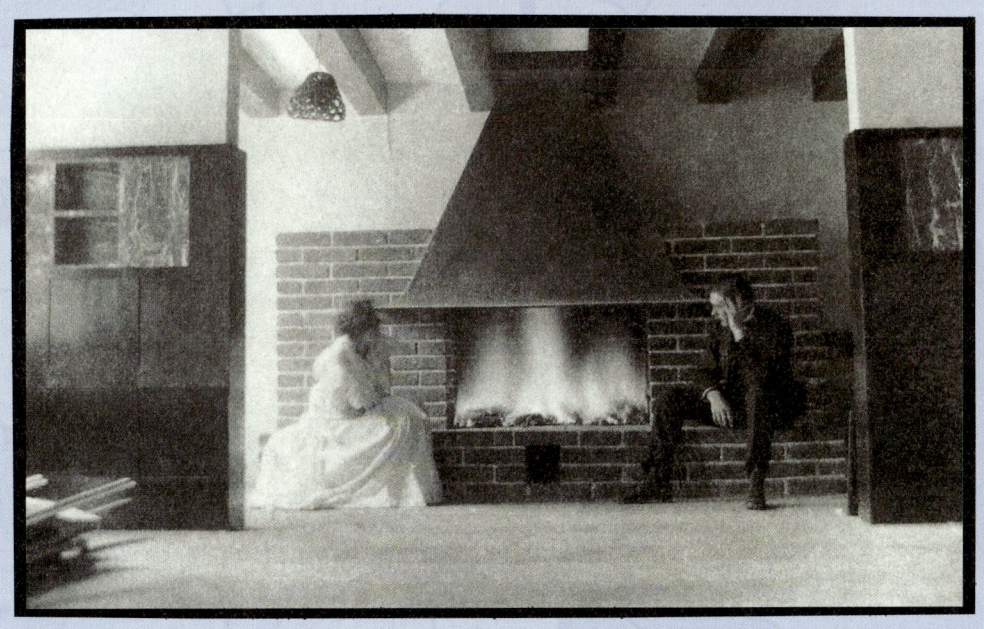

살아 있는 건축 박물관, 빈

내가 아돌프 로스의 존재를 알게 된 것은 건축가 승효상을 통해서였다. 승효상은 저서 《건축, 사유의 기호》에서 열여섯 개의 건축 작품을 놓고 거장들과의 대화를 시도했다. 그 책의 첫번째 글이 아돌프 로스의 로스하우스(Loos Haus) 이야기였다. 로스하우스는 근대 건축의 문을 연 혁명이었다.

내가 음악의 도시로 유명한 빈을 처음 만난 것은 2005년 6월이었다. 빈에서의 첫날 일정은 오전 10시부터 예정되어 있었지만 아침 식사를 끝내고 10시까지 남는 시간을 이용해 카메라와 지도만 들고 길을 나섰다. 나는 빈을 음악의 도시가 아닌 건축의 도시로서 먼저 보고 싶었다. 무엇보다 로스하우스를 가장 먼저 보고 싶었다.

마리아테레지아 광장을 가로질러 환상도로를 건너 헬덴 광장에 들어섰다. 헬덴 광장을 에워싼 웅장하고 화려한 뉴부르크 궁전의 건물들. 640년을 이어온 합스부르크 왕조의 영광을 고스란히 간직하고 있는 호프부르크 왕궁. 10개의 건물로 이뤄진 호프부르크 궁전은 고딕, 르네상스, 로마네스크, 바로크 등 다양한 건축 양식을 보여준다. 건물들은 현재 박물관이나 미술관으로 쓰인다.

나는 호프부르크 궁전에서 역사주의 양식의 건축물에 압도되어 방향 감각을 잃고 말았다. 이때 사람들이 지나다니는 작은 통로가 보였다. 무심코 통로를 걸었다. 순간 작은 광장이 나타났다. 나도 모르는 사이에 광장의 한복판에 서 있었다. 미하엘러 광장이었다! 그리고 거기에 로스하우스가 호프부르크 궁전을 응시하며 서 있었다. 뜻밖의 조우에 나는 깜짝 놀랐고 한동안 굳은 듯 그대로 서 있었다. 로스하우스는 화려한 장식의 건물군 사이에서 너무나 고고하고 당당하게 나를 내려다보고 있었다.

나는 그렇게 빈을 건축의 도시로 처음 만났다. 영국 DK사가 펴낸 288쪽짜리 빈 여행 가이드북의 표지에는 "박물관, 오페라, 궁전, 예술, 교회, 극장, 카페, 공원, 건축" 이라고 쓰여 있다. 또 빈에서 만든 안내 브로슈어에는 별도로 '아키텍투르(Architektur, 건축)' 가 따로 있다. 이 브로슈어는 유명 건축가별로 작가의 작품을 쉽게 찾아가 볼 수 있도록 안내하고 있다. 자신이 품고 있는 건축물을 자랑하고 싶어하는 도시 빈. 빈은 도시 전체가 살아 움직이는 건축 박물관이었다. 나는 건축의 도시 빈을 아돌프 로스를 통해 알게 되었다.

석공의 아들

아돌프 로스는 1870년 12월 10일 오스트리아 브루노에서 석공의 아들로 태어났다. 브루노는 1차대전 후 오스트리아에서 떨어져 나가 현재는 체코 영토에 편입되어 있다. 아돌프 로스는 어려서부터 부친의 석공 가게에서 일하며 자연스럽게 공작 기술을 익히게 된다.

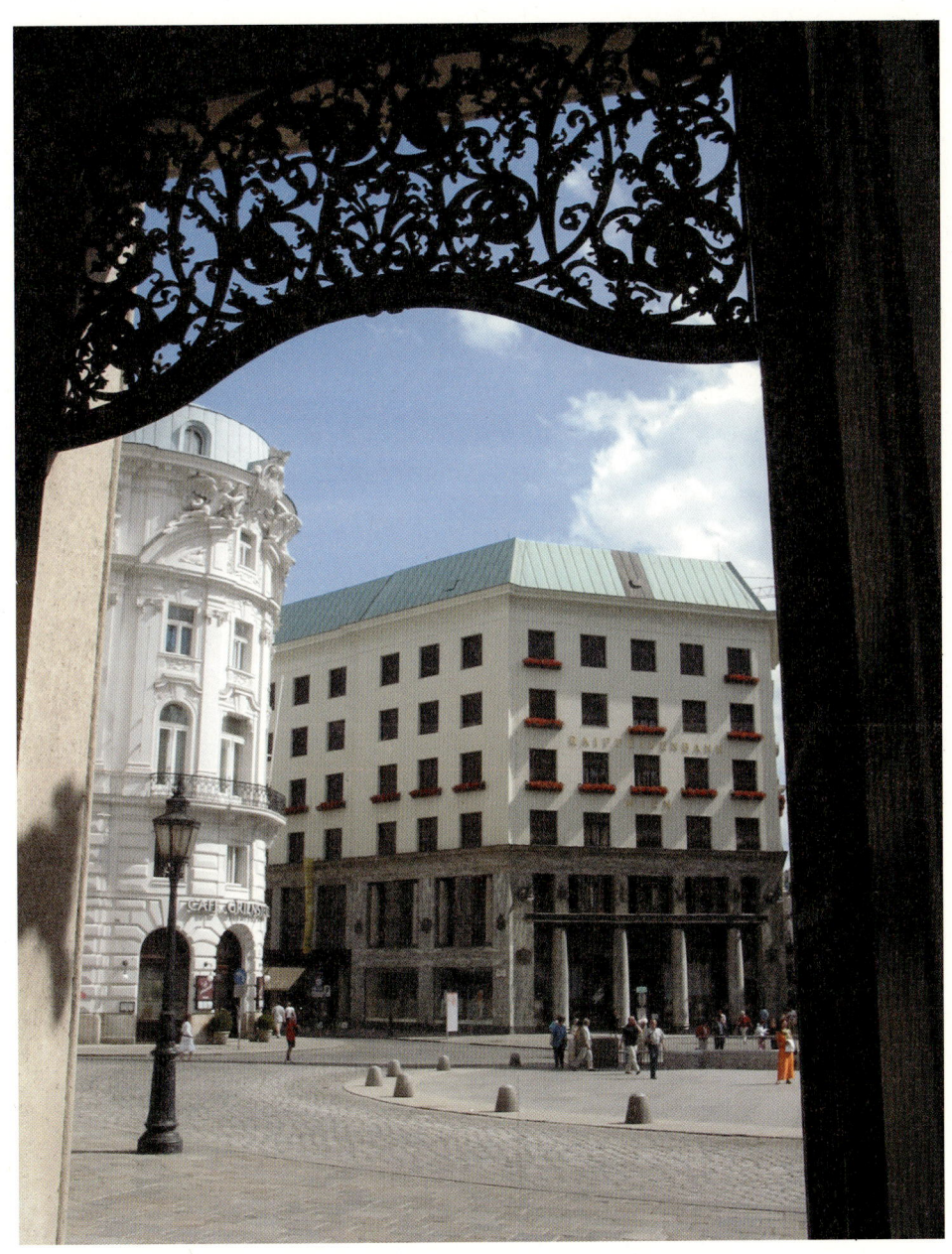

호프부르크 궁전으로 들어가는 미하엘러토르에서 바라본 로스하우스

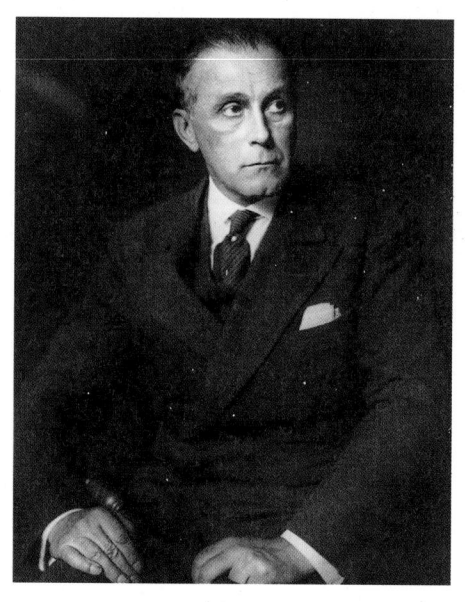

열일곱살이 되던 해에 로스는 보헤미아 지방의 라이헨베르크 왕립제국대학에 진학한다. 1889년 오스트리아-헝가리 제국의 군대에 입대해 1년간 복무한 후 드레스덴 공대에서 건축을 공부했다. 건축학도로서 아돌프 로스는 로마의 건축가인 비트루비우스와 고전주의 건축가 카를 프리드리히 쉰켈의 작품에 특히 관심을 보였다.

1893년 드레스덴 공대를 졸업한 로스는 일생일대의 모험을 감행한다. 로스의 부친이 사망했을 때 어머니는 아들이 가업을 잇기를 바랐지만 로스의 가슴에는 건축가로 대성하겠다는 야망이 가득 들어 차 있었다. 로스는 어머니의 기대에 부응할 수가 없었다. 이로 인해 모자(母子) 지간은 금이 갔고, 이후 두 사람은 죽을 때까지 서로의 얼굴을 보지 않았다.

그해 로스는 어머니의 반대를 무릅쓰고 시카고 박람회를 구경하기 위해 미국으로 건너간다. 미국에서 석공, 목수일 등을 하며 3년을 보냈고, 독일어 신문인 《뉴요커 반너트래거》의 통신원을 맡기도 했다. 그러면서 미국의 산업시설, 의상, 가재도구의 혁신적인 효율성에 깊은 인상을 받았다. 로스는 자연스럽게 미국의 기능주의를 체득하게 된다. 미국 체류 기간 3년은 기능주의와 새로운 시대의 도래에 대한 확신을 심어준 중요한 시기였다.

로스는 1896년 유럽으로 돌아왔으나 고향으로 가지 않고 빈을 선택한다. 어머니를 거역했기 때문에 고향 브루노로 갈 수도 없었다. 자신의 건축에 대한 철학과 이상을 실현하기에는 유럽에서 빈이 최적의 도시였다. 로스가 빈에 발을 내딛기 전, 세기말의 빈에는 건축가 오토 바그너, 요제프 호프만, 요제프 마리아 올브리히를 비롯한 당대의 건축가들이 왕성하게 활동하고 있었다. 이미 오토 바그너는《현대 건축 (Moderne Architektur)》을 저술하면서 자신의 건축적 이상을 설파하고 있었다. 당시 빈은 건축뿐만 아니라 모든 예술 장르에서 새로운 세기를 모색하려는 기운이 흘러넘쳤다.

빈에 거처를 마련한 로스는 처음부터 건축설계에 뛰어들 수가 없었다. 빈 태생도 아닌데다 빈에서 학교를 나오지도 않았으니 빈에 아무런 기반이 없었던 것이다. 그는 먼저 전방위 문화비평가로 자신의 존재를 알리게 된다. 1897년 빈의 일간지《노이에 프라이에 프레세》('신자유신문'이란 뜻)에 논쟁적인 일련의 칼럼을 연재했고 이로 인해 명성을 쌓기 시작했다.

로스는 처음에는 광범위한 사회악의 문제를 비판의 도마에 올렸다. 이 신문뿐 아니라 다른 일간지와 주간지 등에도 다양한 비평을 발표했다. 공예, 신사복, 인테리어, 가구, 배관공, 신사모자, 장화, 제화공, 숙녀복, 건설자재, 속옷 등 예술에서 일상생활까지 전 분야에 걸친 평론을 줄기차게 썼다. 로스가 신문에 글을 쓸 때마다 그의 글은 화제를 불러일으켰고 논란의 회오리를 몰고왔다.

로스는 당시 만연하던 이른바 '주례사 평론'을 거부했다. 그는 주례사 평론들이 작가들을 온실 속의 화초로 만든다고 보았다. 화초는 비바람도 맞으면서 커야 튼실해진다고 확신한 로스는 빈의 공예를 파리와 뉴욕의 기준에 놓고 냉정하게 관찰하고 비평했다.

로스는《노이에 프라이에 프레세》1898년 6월 19일자에 기고한 글에서 아름다움에 대해 이렇게 정의를 내린다.

"아름다움이란 최고의 완벽함이라고 우리는 이해한다. 그 때문에 실용적이지 않은 것이 아름다울 수 있다는 말은 철저히 배제한다. 어떤 사물에 대해 '아름답다'는 평점을 매기려면, 첫번째 기본 조건은 그것의 합목적성을 위반하지 말아야 한다는 것이다. 물론 실용적인 사물만이 아름답다는 뜻은 아니다. 아름다움에는 그 이상이 필요하다."

비판의 초점은 전통적인 빈의 디자인과 빈 분리파의 작품 양쪽의 과도한 장식으로 옮겨갔다. 로스는 같은 신문 1898년 7월 3일자 글에서 빈 사회에 만연한 '장식'에 대해 최초로 비판한다. 이 글을 통해 우리는 로스가 지향한 예술의 목표점을 엿볼 수 있다.

"문화적으로 낮은 민족일수록 장식과 치장에 더 헤프다. 인디언들은 모든 사물, 모든 배와 모든 노와 모든 화살을 온통 장식으로 뒤덮는다. 장식으로 어떤 우의를 표시하고자 함은 인디언의 관점에 서 있음을 말한다. 그러나 우리 안에 있는 인디언은 극복되어야 한다. 인디언은 말한다. 이 여자는 아름답다. 그녀는 코와 귀에 금을 걸치고 있기 때문에. 문화 수준이 높은 인간은 말한다. 이 여자는 아름답다. 그녀는 코와 귀에 금을 걸치고 있지 않기 때문에. 아름다움을 형태에서 구할 뿐, 장식에 얽매이지 않음은 전 인류가 추구해 온 목표다."

카페 무제움과 아메리칸 바

로스의 첫 건축 작품은 20세기를 1년 앞둔 1899년에 등장한다. 카페 무제움(Cafe Museum)이다. 현대적인 장식의 재통합이 간결한 실내 장식으로 표현된 작품으로, 아무런 '문신이 없는' 파사드는 '허무주의자의 카페'라는 별칭을 낳았다. 로스는 모든 대상을 실용주의적 가치에 귀속시키면서 카페 무제움을 통해 아름다움과 효용성의 등식을 중

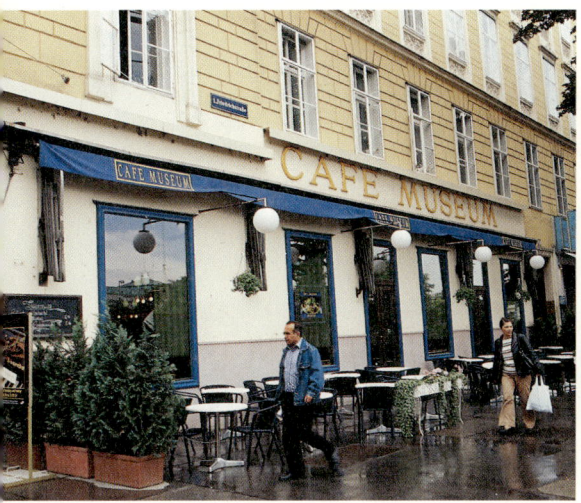
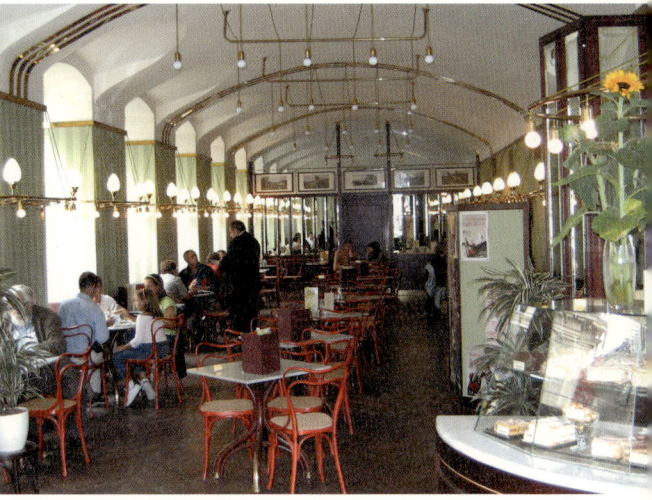

명해 보였다.

 분리파 회관을 지나 프리드리히 슈트라세로 들어서니 1층에 카페 무제움이 보인다. 아쉽게도 인테리어는 옛날 그대로 남아 있지 않다. 그러나 문을 열었을 당시의 인테리어 사진과 현재를 비교해 봐도 기본적으로는 크게 달라진 것이 없어 로스의 감각이 그대로 느껴진다. 천장과 벽면은 단순한 아름다움을 보여준다. 첸트랄, 슈페를, 란트만 같은 카페와는 확실히 다르다. 무제움은 빈의 유명한 다른 카페와 비교해도 여유 있고 한적한 느낌을 준다. 특히 카페 데멜의 시장터 같은 느낌이 없어서 좋다. 분리파 회관과 빈 공대와 가까이 있다 보니 예술가나 학생들이 즐겨 찾는 카페다.

 카페 무제움을 설계한 이후 로스는 건축설계보다는 문화비평에 더 무게를 두었다. 물론 글을 쓰는 틈틈이 설계를 했다. 로스는 1901년 빈 교외에 주택을 지었고 1904년 스위스에 빌라를, 1907년에는 빈 교외에 빌라를 지었다.

 그러나 로스의 건축물 가운데 주목을 받는 작품은 1907년에 나타났다. 저 유명한 '아메리칸 바(American Bar)'다. 슈테판 성당에서 걸어서 5분밖에 걸리지 않는다. 빈 최고의 번화가 캐른트너 슈트라세 10번지에 있다고 해서 처음에는 '캐른트너 바'로 명명되었지만, 현재는 '아메리칸 바'로 통한다. 건물 현관의 간판을 미국 성조기를 소재로 디자인해서 붙여진 이름이다.

슈테판 성당 근처에 가서 아무나 붙잡고 "아메리칸 바가 어디 있느냐"고 물어본다면 100퍼센트 친절한 길 안내를 받게 될 것이다. 그가 빈에 처음 온 여행객만 아니라면 말이다. 그러나 로스는 아메리칸 바에서 자신의 건축관을 전부 드러내지는 않았다. 아메리칸 바는 규모면에서 너무 작을 뿐만 아니라 캐른트너 슈트라세의 안쪽 골목에 있기 때문이다.

현관 장식과 내부 장식은 1907년 로스가 했던 그대로다. 그러나 아메리칸 바 주인 입장에서는 툭하면 여행객이 현관문을 열고 빼꼼히 들여다보는 게 몹시 귀찮았던 모양이다. 출입문에는 "이곳은 관광 코스가 아닙니다"라는 안내문이 붙어 있다.

아메리칸 바는 화려한 스카이로스 대리석을 사용했으며 벽면은 유

'아메리칸 바'와
안내 간판

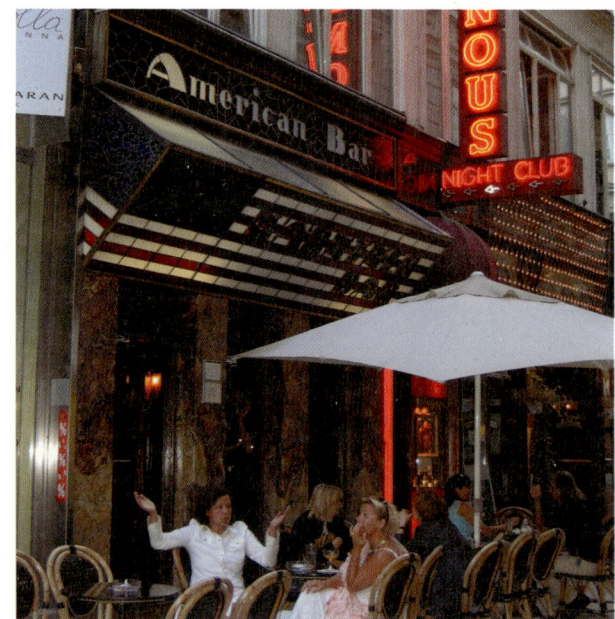
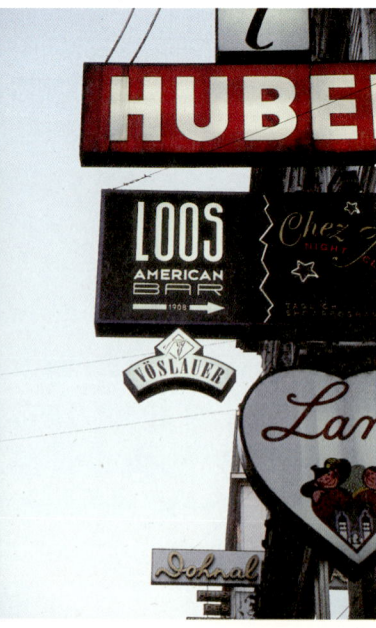

리로 장식했다. 실내 공간은 매우 좁다. 7~8평이나 될까. 그러나 실제로는 그보다 훨씬 넓어 보인다. 작은 공간을 최대한 넓게 이용하는 로스의 감각이 표현되었기 때문이다.

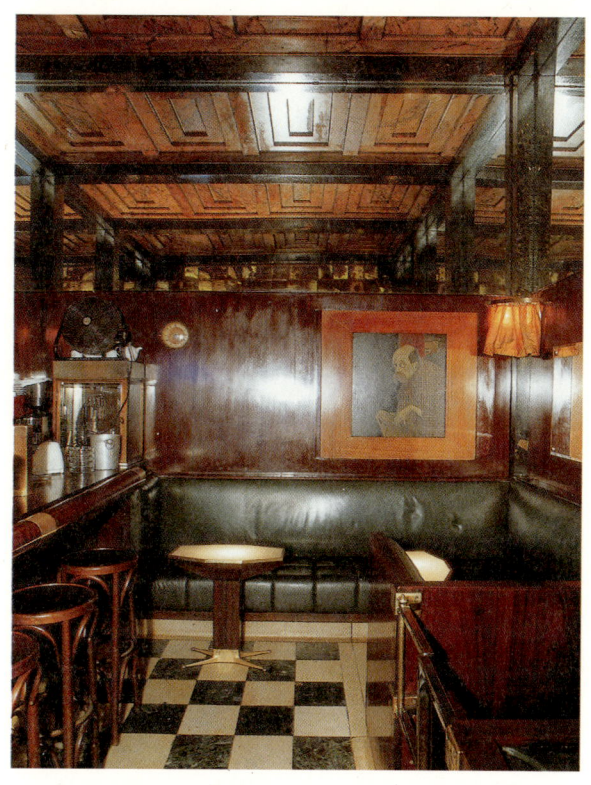

'아메리칸 바'의 내부 모습. 벽에 알텐베르크 초상화가 걸려 있다.

아메리칸 바의 현관문을 열고 들어가면 한쪽 벽면에 한 남자의 초상이 걸려 있다. 빈에서 로스와 가장 절친했던 작가 알텐베르크다. 화가 구스타프 자게스바커가 그린 것으로, 물론 진품은 아니다. 뜻밖의 장소에서 알텐베르크를 만나다니. 알텐베르크의 초상화로 인해 아메리칸 바는 로스의 체취가 더욱 강하게 느껴진다.

로스는 아메리칸 바의 모든 것을 디자인했다. 술잔을 넣는 찬장부터 전등까지도. 실내등은 천으로 씌웠으며, 우윳빛 유리로 만든 테이블은 밑에서 조명을 비추면 술잔의 무게감을 빼앗아버린다. 로스 인테리어의 상징으로 자리매김한 적갈색 판벽 널도 아메리칸 바에서 처음으로 시도되었다.

로스는 1908년《장식과 범죄》를 출간해 빈에 만연한 과도한 장식 유행을 질타한다. 이 책에서 로스는 "문화의 진화는 일상용품에서 장식을 멀리하는 것과 같은 의미"라고 규정했다. 로스는 장식의 전염에서 제국 도시 빈의 퇴보를 읽었다.

크니체, 견고함과 영구성

환상도로 안에서 '아메리칸 바' 다음으로 봐야 할 곳은 양복점 크니체(Knize)와 서점 만츠(Manz)다. 먼저 만츠 서점을 가보자.

만츠는 콜마르크트 16번지, 데멜 카페 맞은편에 있다. 로스는 서점의 파사드와 실내 인테리어를 맡았는데, 암갈색 대리석 기둥 두 개로 파사드를 만들었다. 대학 교재와 일반 교양서를 취급하고 있는 만츠 서점은 내부가 책으로 둘러싸여 있어 로스의 감각을 엿보기가 어렵다. 무엇보다 1912년 문을 열어 한 자리에서 94년간 서점을 계속하고 있다는 사실에 경외감을 느낀다.

콜마르크트는 빈에서 가장 번화한 거리 중 하나다. 만츠 서점의 주인인들 업종을 바꾸면 돈을 더 잘 벌 수 있다는 생각을 왜 하지 않았겠는가. 문득 서울 대학로와 명동 거리에 있다가 사라진 역사 깊은 서점들이 오버랩된다.

콜마르크트를 빠져나와 슈테판 성당을 향해 오른쪽으로 발길을 돌

**콜마르크트에 있는
만츠 서점**

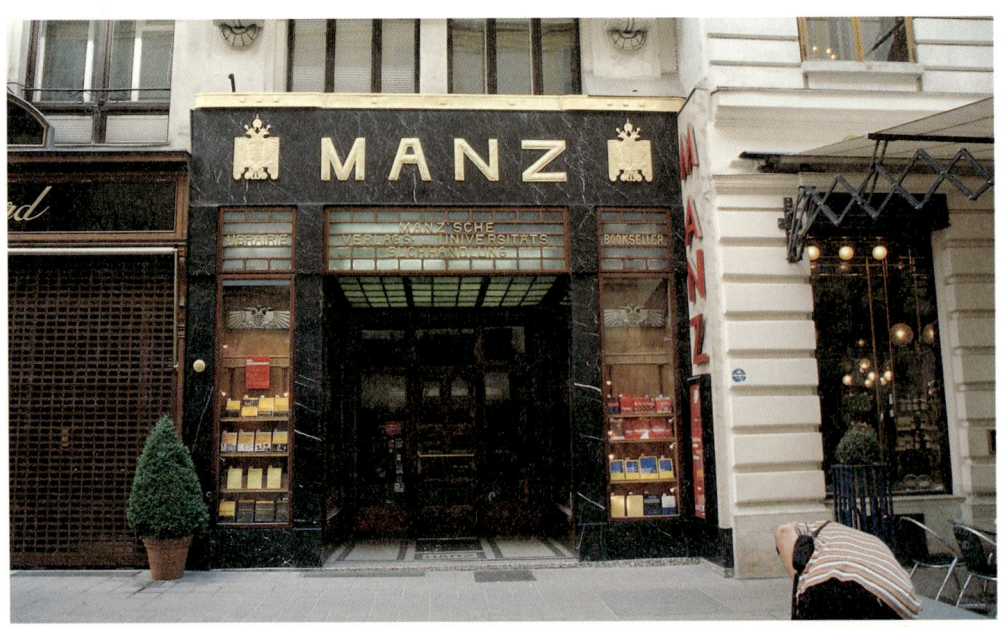

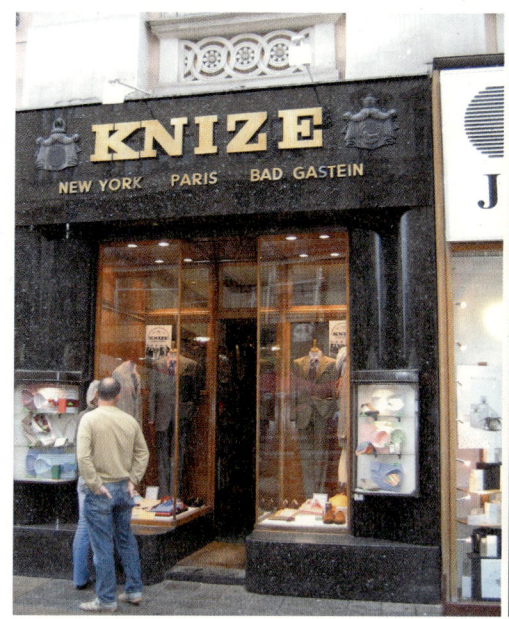
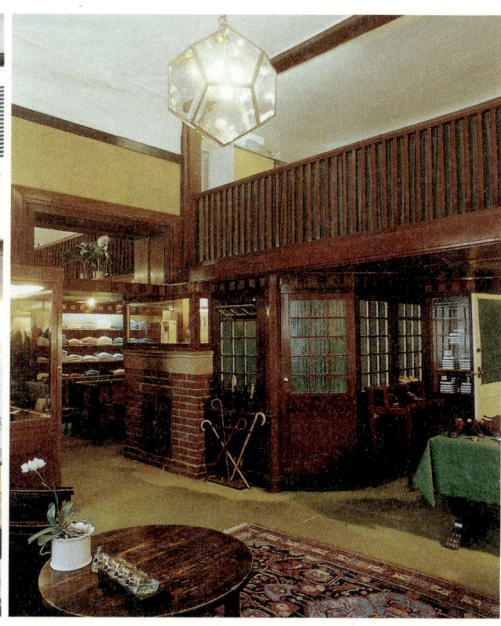

양복점 크니체와 그 내
부. 화려하지는 않지만
기품이 느껴진다.

리면 광장 같은 폭이 넓은 거리가 나타난다. 그라벤 거리다. 그라벤은
독일어로 '하천'이라는 뜻이다. 양복점 크니체는 그라벤 거리에서 슈
테판 성당을 바라봤을 때 오른편에 있다. 그라벤 거리 13번지.

크니체의 1층 파사드는 매우 아담하다. 암갈색 대리석으로 꾸며져
있어 다소 무겁고 차분한 느낌을 준다. 로스하우스, 만츠, 크니체의 파
사드에서 우리는 암갈색 대리석을 선호하는 로스의 취향을 엿볼 수 있
다. 마리아힐퍼 거리 70번지에 있는 앙글로-오스트리아 은행 건물
(1914년)에서도 로스는 9미터 높이의 현관에 블랙(암갈색) 대리석을 사
용했다.

크니체는 오스트리아-헝가리 제국 시절인 1910년 문을 열었다. 기
성복과 맞춤양복을 함께 취급하며 현재 뉴욕, 파리, 그리고 바드 가슈
타인(Bad Gastein)에 지점을 두고 있다. 바드 가슈타인은 잘츠부르크
인근에 있는 오스트리아 최고의 휴양지. 오스트리아의 상류층과 부자
들이 즐겨 찾는 곳이다.

크니체는 물론 독특한 파사드를 자랑하지만 안으로 들어가 보기 전에는 로스의 진면목을 맛보기가 어렵다. 벚나무로 만든 격조 있는 계단을 따라 올라가면 2층 매장으로 연결되고 2층에는 매장 외에 재단실이 있다. 크니체의 내부 색조는 부드러운 갈색과 녹색이다. 그게 전부다. 장식이라곤 찾아볼 수 없다. 벚나무는 고유의 나뭇결을 그대로 뿜낸다. 어떤 예술가가 자연이 빚어낸 목재의 무늬를 감히 흉내낼 수 있을까.

100년 가까이 된 팔걸이 가죽의자도 눈에 띈다. 비록 가죽은 해질대로 해졌지만 크니체의 전통을 고스란히 간직하고 있다. 로스는 크니체를 디자인하면서 견고함과 영구성을 불어넣고자 설계했다. 실제로 크니체는 화려함과는 차원이 다른 기품이 실내 곳곳에서 뿜어져 나온다. 로스를 느끼고 싶다면 크니체에서 기성복과 셔츠를 구경하면서 시간을 보내는 것도 즐거운 경험이 될 것이다.

미하엘러 광장의 혁명, 로스하우스

이제 우리는 1911년에 완공된 미하엘러 광장의 로스하우스를 만나야 한다. 건축물이 훗날 위대한 건축물로 역사에 기록되기 위해선 합목적성, 장소성, 시대성이라는 3대 조건을 충족시켜야 한다. 그렇다면 로스하우스는 과연 얼마나 이 조건을 충족시키고 있을까.

로스하우스는 6층짜리 주상복합건물이다. 살라치 양복점을 겸해 주거용으로 설계되었다. 현재는 은행 건물로 쓰인다. 합목적성이란 건물의 쓰임새에 충실해야 한다는 말이다. 학교는 학교답게, 병원은 병원답게, 은행은 은행답게 본래의 기능에 충실하게 설계되어야 한다는 의미다.

우리가 로스하우스에서 특히 주목할 부분은 장소성과 시대성이다. 먼저 장소성을 보자. 빈의 중심은 환상도로변과 환상도로 안쪽이다. 환상도로 안쪽을 다시 구분하면 호프부르크 구역과 슈테판 성당 구역으로 나뉜다.

두 구역에는 미하엘러 광장, 알베르티나 광장, 슈테판 성당 광장, 암 호프 광장을 비롯한 유명한 광장이 많다. 그렇다면 이들 광장 중에서 역사적 관점에 비춰 빈의 상징이 되는 곳은 어디일까. 결정적 힌트 하나. 빈은 640년을 지탱해 오며 한때 유럽을 지배할 뻔했던 합스부르크 왕가의 수도다. 합스부르크 왕가는 최전성기 때 스페인과 이탈리아 북부까지 차지했었다. 이쯤 되면 합스부르크 왕가의 겨울궁전인 호프

로스하우스 전면부 모습

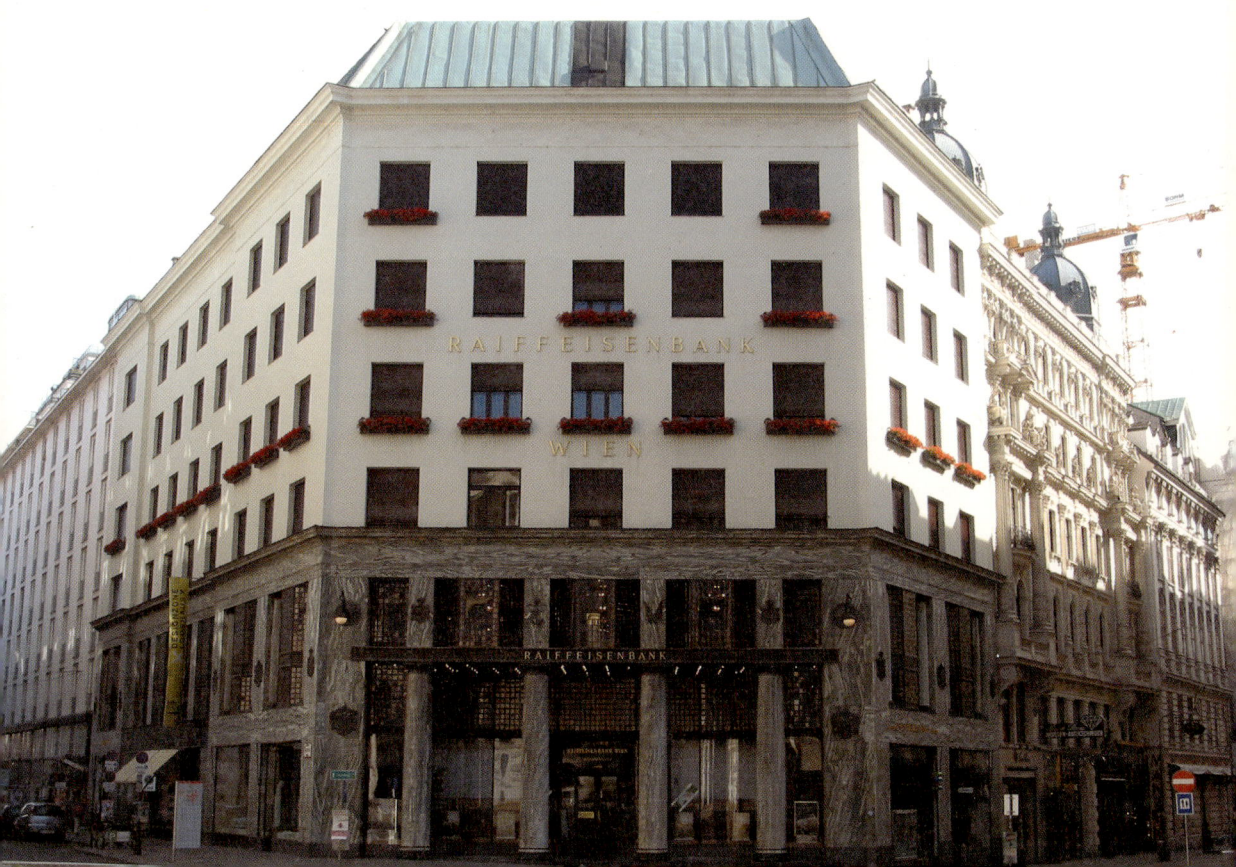

부르크와 만나는 미하엘러 광장을 떠올릴 수 있을 것이다.

　황제와 왕세자와 귀족들은 대부분 호프부르크 궁전의 정문인 미하엘러토르('tor'는 독일어로 '문'을 뜻한다)를 통해 헤렌 가세나 콜마르크트로 드나들었다. 로스하우스는 바로 이 마하엘러토르와 마주보는 자리에 세워졌다. 이곳은 오토 바그너의 빈차일레 아파트가 있는 환상도로 외곽이 아니라는 사실을 잊지 말아야 한다. 황제의 궁전과 바로 마주보는, 지리적으로 매우 중요한 곳에 있다는 얘기다.

　아돌프 로스가 호프부르크 궁전의 코앞에 건물을 짓고 있을 때 건설청과 경찰청에서 시비를 걸어왔다. 우리가 로스하우스라고 부르는 그 집을 당시 로스는 그냥 '미하엘러플라츠의 집'이라고 불렀다. 건설청은 공사 중지 명령을 내렸다. 빈 역사상 유례가 없는 조치였다. 장식을 거부한 건물에 황실은 분노했고 덩달아 빈의 여론은 들끓었다. 언론에서는 '눈썹 없는 건물', '맨홀 뚜껑 같은 건물' 등 온갖 비

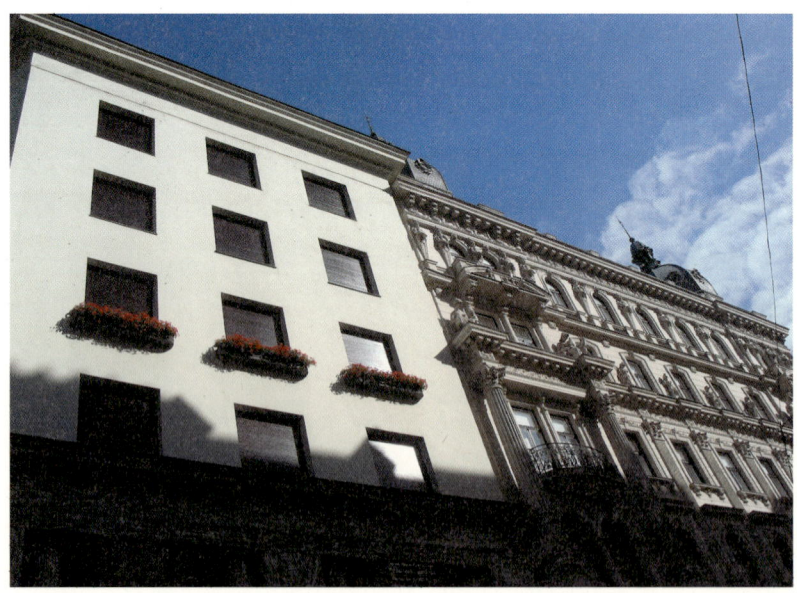

로스하우스 측면부. 아무런 장식이 없어 화려한 옆 건물과 대조를 이룬다.

난이 쏟아졌다. 로스는 그때의 감정을 《장식과 범죄》에서 이렇게 기술하고 있다.

"파사드 공사를 중단시킴으로써 건설청이 해준 그 광고에 대해 어떻게 감사해야 할지 모르겠다. 오랫동안 숨겨져 있던 비밀이 이로써 빛을 보게 되었다. 내가 집을 짓는다."

로스는 경찰청에 불려갔다. 그는 그때의 심경을 "한 이방인이, 겐퍼 호수의 아름다움을 암살이라도 했다는 듯 심문을 받았다. 그때의 놀라움이란 누구도 묘사할 수 없는 그런 것이었다"고 썼다. 경찰이 건축가를 심문한다.

"그 집은 너무 단순합니다. 도대체 장식은 어디에 있는 겁니까?"

건축가는 항변한다.

"그 호수 자체가 바람이 없을 때는 밋밋하고 도대체 장식이라곤 없습니다. 그리고 여러 사람들이 상당히 괜찮다고 말했습니다."

경찰은 로스를 이상하게 쳐다본다. 로스는 "이러한 건물의 건립은 단순함과 그에 따른 추함 때문에 금지된다"는 경찰의 확인서를 받아들고는 집으로 향한다. 로스는 구원을 받은 듯 기뻐했다. 로스는 혼자 생각했다. '이 지구상의 어떤 건축가가 자신이 예술가라는 사실을 경찰에서 서면(書面)으로 받겠는가?'

로스는 이에 굴하지 않고 설계도면대로 밀어붙였다. 빈 당국은 장식 없는 건물은 안된다고 계속 주장했다. 우여곡절 끝에 창문틀에 화분을 장식하는 것으로 타협점을 찾아 논란은 종지부를 찍었다.

빈은 600여 년의 세월 동안 역사주의 건축양식에 익숙해져 있었기에 아무런 장식이 없는 로스하우스는 빈의 건축적 전통에 대한 반역이었다. 동시에 새로운 시대의 도래를 알리는 건축 혁명의 불꽃이었다.

로스하우스는 황실 가족이 드나드는 출입구인 미하엘러토르를 마

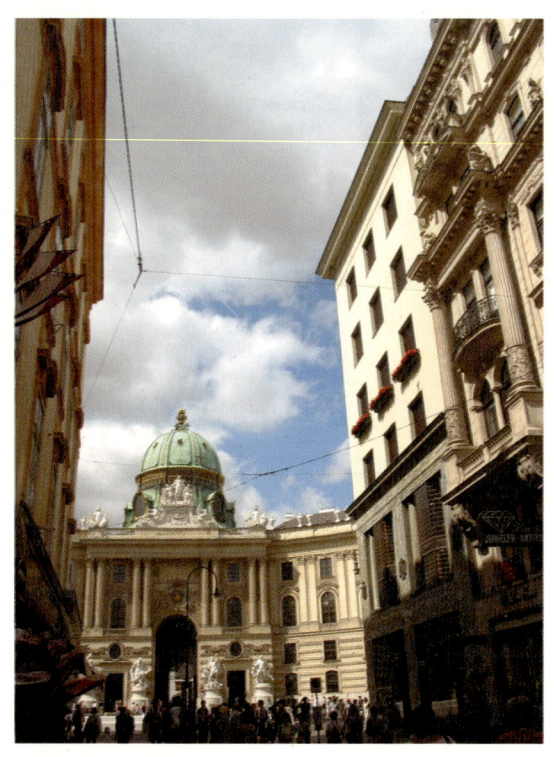

콜마르크트에서 바라본
로스하우스(오른쪽)와 호
프부르크 궁전(가운데)

주보고 있다는 사실 때문에 황실의 분노를 샀다. 미하엘러토르를 이용한다면 일부러 눈을 감고 가지 않는 한 로스하우스를 보지 않을 수 없기 때문이다. 장식을 유난히 좋아했던 프란츠 요제프 황제와 보수적인 황위 계승자 프란츠 페르디난트 대공이 분노한 것은 당연했다.

두 사람은 화를 참지 못하고 "다시는 미하엘러토르를 이용하지 않겠다"고 선언하기에 이른다. 황제는 실제로 부르크링 쪽으로 나 있는 부르크토르를 통해 드나들었다.

장식의 바다에 떠 있는 고도

앞서 로스하우스와 첫 대면한 순간으로 다시 돌아가자. 나는 건축의 도시 빈을 모른 채, 우연히 마리아테레지아 광장과 헬덴 광장을 거쳐 미하엘러토르를 나와 로스하우스와 조우했다. 우연히 선택한 코스였지만 이것이 로스하우스의 건축사적 의미에 접근하는 최적의 루트라는 사실을 나중에야 깨달았다.

주상복합 건물인 로스하우스는 파사드에 두 가지 요소를 갖고 있다. 즉 상업용 건물을 의미하는 2층까지는 화려한 대리석을 석재로 사용해 매우 낯익은 고전적 양식을 따랐지만 주거용인 3층부터는 아무

장식이 없는 파사드를 선보였다.

로스하우스를 한참 동안 응시하다가 눈을 돌려 호프부르크 궁전과 그 주변 건물을 바라본다. 방금 전 마리아테레지아 광장과 헬덴 광장을 지나면서 감탄해 마지않던 그 찬란한 장식의 건물들이 돌연 값싸고 천박하게 보이기 시작했다. 창문과 지붕의 요란한 장식은 돌연 아우성치는 소음으로 돌변하는 것 같았다.

대륙에서 스스로 떨어져 나와 섬이 된다는 것, 고립을 자초한다는 것이 얼마나 큰 용기를 필요로 하며 또 얼마나 큰 고통을 수반하는 일인가. 로스하우스는 장식의 바다 위에 떠 있는 고도(孤島)였다. 위대한 예술의 창조는 주류에 역류하고 유행에 역행할 때만이 비로소 가능하다는 진리를 로스하우스는 침묵으로 웅변한다.

로스하우스 내부 역시 외관처럼 절제의 미학의 진수를 보여준다. 여기서 건축가 승효상의 해석을 들어보자.

"내부 공간도 자유로운 평면 분할을 위해 기둥 사이의 간격이 넓은 라멘조(Rahmen structure) 구조를 택하였으며 평면 구성에서도 종래 외관의 형식에 얽매이던 데서 탈피하여 경제성과 실리성을 기반으로 하는 철저한 합리주의적 면모를 보인다."

안타까운 사실은 환상도로 안에서 더 이상 로스의 작품을 만날 수가 없다는 점이다. 로스하우스 이후 그는 카페나 가게의 인테리어는 직접 맡았지만 이와 같은 대규모 건물은 설계할 기회가 없었다. 환상도로 안에 땅을 갖고 있던 귀족과 전통적인 부자들이 주류에 반기를 든 로스를 싫어했고 그에게 더 이상 건축설계를 의뢰하지 않았기 때문이다.

로스의 건축은 빈 교외에 자리잡은 신흥 부자들이 선호했다. 로스가 설계한 개인 주택은 아무런 장식이 없는 흰색 파사드로 특징지어진다. 결과적으로 로스의 이런 주택 작품들은 프랑스의 르 코르뷔지에,

J. J. 위드 등의 작품들과 주기적으로 교류하게 되었다. 르 코르뷔지에는 이미 로스하우스를 가리켜 "로스가 우리 발밑을 쓸어주었다"고 평한 바 있다.

로스는 건설청과 경찰청이 건축 금지 명령을 내릴 때 이미 이런 결과를 예상했었다. 그는 "내가 언젠가 늙어서 집 하나를 짓게 되리라곤 꿈도 꿀 수 없었기 때문이다. 온갖 경험을 한 뒤 나는 나에게 집을 주문할 미친 사람은 아무도 없을 것이며, 그러므로 경찰 누군가에게 가서 나의 설계를 들이민다는 것은 불가능한 일임을 자각했었다"고 썼다.

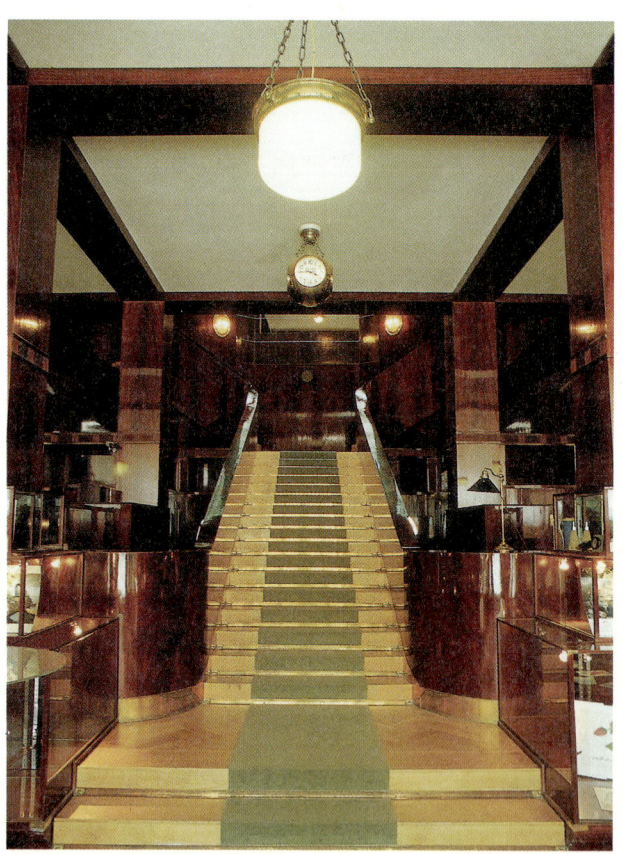

로스하우스 1층 내부.
절제미가 느껴진다.

침묵과 절제의 아름다움을 대변하는 로스하우스 앞에 서서 나는 "치장이 지나치면 아름다움은 소멸되고 만다"는 평범한 진리를 다시금 되새긴다. 또한 로스가 직면해야 했던 세상의 몰이해를 되돌아보면서 시대를 앞서가는 선각자의 길이 얼마나 고통스럽고 험난한지를 깨달았다.

"아돌프 로스는 미하엘러 광장에 건축을 세운 것이 아니라 철학을 세웠다"고 말한 이는 세기말 오스트리아의 지성 카를 크라우스였다. 그가 옳았다.

첸트랄에서 만난 아돌프 로스

로스는 선구적인 예술가가 대개 그렇듯 열렬한 추종자 그룹을 만들었다. 로스가 가깝게 지낸 엘리트 그룹 중에는 코코슈카, 비트겐슈타인, 쇤베르크, 크라우스, 알텐베르크 등이 있다. 로스는 이들로부터 아낌없는 칭송을 받았으나 주류 기득권층과 가까웠던 다수의 예술가들로부터는 가차없는 질타를 받았다. 매일같이 빈에서는 로스의 건축을 놓고 논쟁과 싸움이 벌어졌다. 태어날 때부터 과장된 장식만을 보아온 빈 시민들은 로스의 건축을 마음껏 조롱했다. 로스하우스를 둘러싼 논쟁을 중재하기 위한 강연회까지 열릴 정도였다.

논쟁과 싸움의 중심지는 역시 카페 첸트랄이었다. 건축가는 다른 장르의 예술가들과 카페라는 개방된 공간에서 어울렸다. 로스는 첸트랄에서 자신을 비난하는 이들이 삼삼오오 커피를 마시며 쑥덕거리는 모습을 수없이 보았다. 로스는 도저히 참을 수 없으면 쩌렁쩌렁한 목소리로 열변을 토했다.

로스하우스 논쟁을 중재하기 위한 강연회 포스터

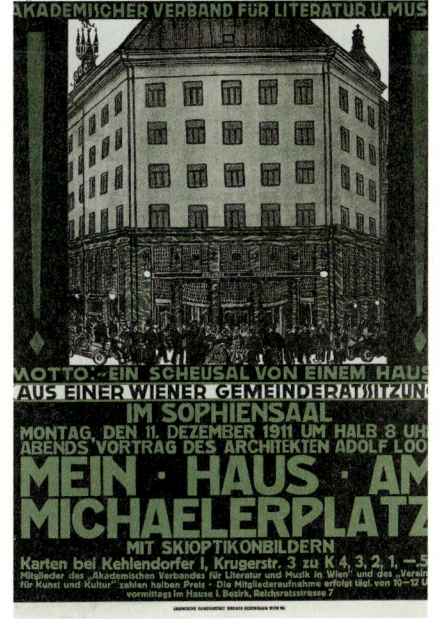

로스는 첸트랄에서 클림트가 귀부인들과 어울리는 모습을 자주 목격했다. 두 사람은 서로의 존재를 알고 있었지만 깊은 이야기를 나누는 사이는 아니었다. 클림트 역시 비슷한 경험이 있었기에 로스의 처지를 이해했다. 8~9년 전 빈 대학 학부화 그림을 놓고 빈 사회가 논쟁에 휘말렸을 때 첸트랄은 그 논쟁과 싸움의 최전선이었다. 그래서 클림트는 로스를 지지했지만 이를 공개적으로 드러내진 않았다. 워낙 말수가 적은 까닭도 있었지만 논쟁에 휘말리는 것을 싫어한 이유가 더 컸다.

로스는 세기말 알텐베르크, 크라우스와 함께 빈의 3총사로 불렸다. 알텐베르크는 로스의 억양까지 그대로 흉내내며 '장식은 범죄다'의 요지를 옮기곤 했다. 첸트랄에서 로스의 열변을 얼마나 많이 들었으면 그럴까.

나는 카페 첸트랄에 앉아 알텐베르크와의 대화를 시도해 보았다. 알텐베르크의 기억 속에서 로스를 되살리고 싶었기 때문이다. 알텐베르크가 입을 연다.

"현대인들은 장식이란 게 필요없습니다. 아니 그 반대로 장식을 혐오하죠. 당신들은 자기들 몸에 그림을 그리는 그런 인디언이나 파푸아인을 야만인이라고 여기지 않습니까? 그런데 무엇 때문에 장식을 합니까? 장식이 자연스러운 행위라고요? 한 민족이 오래되면 될수록 장식과 치장은 낭비일 뿐입니다. 내가 장식이 범죄라고 말하면, 그건 과장이 아니라 말 그대로입니다. 장식은 실로 범죄행위이며 처벌을 받아야 마땅한 것입니다. 양식과 꾸밈이 아니라 기능이 작품을 완성하는 것입니다."

"어떻게 그렇게 정확하게 기억하고 계십니까?"

알텐베르크는 대답 대신 '허허' 웃는다.

"자네, 로스가 내 조사(弔辭)를 쓴 사실 알고 있나?"

"로스의 책《장식과 범죄》에 실려 있는 걸 읽었습니다. 제목이 '페터 알텐베르크와의 이별'이었던가요?"

"그래, 로스만큼 나를 아는 사람은 없어. 로스는 내가 하루 세 끼를 무엇을 먹고 있는지도 알고 있어. 내 호주머니 사정도 샅샅이 알고 있지. 로스는 나를 정확히 봤고 아주 냉정하게 썼더군. 나는 로스가 쓴 대로 그런 사람이었어."

로스가 쓴 '페터 알텐베르크와의 이별'을 잠시 들여다보자.

나의 사랑하는 페터.

이제 너는 죽고, 사람들은 나에게 너에 관해 무언가 써달라고 청했
다. 그들은 아마도 뭔가 장중한 것, 크고 울림이 좋은 언어를 기대
할 것이다. 바로 한 친구가 그 언어를 발견이라도 할 듯이, 죽음 앞
에서, 죽음 앞……

하지만 나는 알고 있어. 나의 사랑하는 페터. 너는 나에게 그런 걸
기대하지 않는다는 것을. 너 스스로가 모든 장중한 것에 반대했으
니까. (중략)

내가 이 몇 줄로 사람들에게 너를 이해시킬 수 있을까? 아닐 거야.
그렇다손 치더라도! 빈 사람들에게 이를 이해시키기에 나보다 더

카페 첸트랄 내부. 빈에
서 발행되는 모든 신문
을 볼 수 있다.

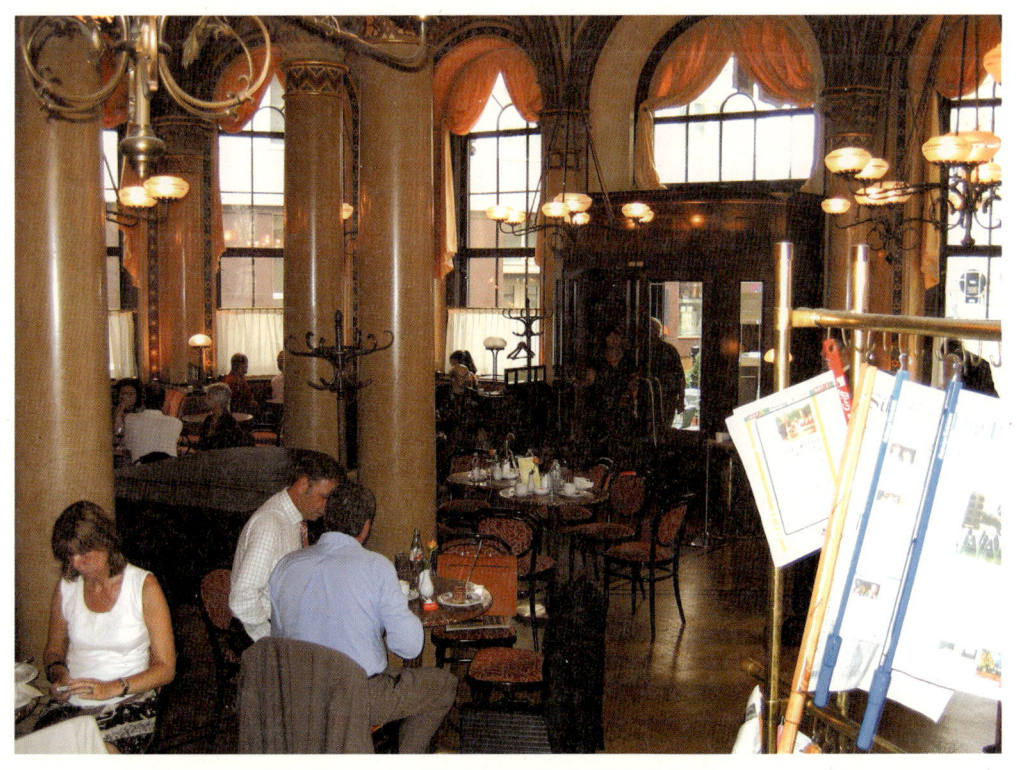

강하고 힘 있는 목소리는 없을 거야. 그릴파르처의 장례식 이후 그
들의 아들 중 이보다 더 위대한 자를 무덤으로 보낸 일은 없었다는
것을.

로스하우스에 대한 논쟁은 3년 뒤 1차 세계대전이 발발하면서 꼬리
를 감췄다. 그리고 오스트리아 - 헝가리 제국의 패배가 확실해지면서
합스부르크 왕가와 부르주아 계층은 땅을 치고 후회했다. 자신들이
얼마나 시대에 뒤처진 왕정(王政)의 사고방식에 매몰되어 있었는지를.
이미 때는 늦었다.

서민용 주택단지

1차 세계대전 패전과 함께 1918년 오스트리아는 제국에서 공화국
으로 전락했다. 빈은 더 이상 국가를 초월한 제국의 도시가 아니었다.
세기말 수많은 천재들이 벌이던 그 번득이던 지적 향연은 사라지고 없
었다. 1918년 구스타프 클림트가 눈을 감았고, 8월 오토 바그너가 친
구 클림트의 뒤를 따라갔다. 10월 말 에곤 실레도 불과 스물여덟살의
나이로 요절했다.

합스부르크 왕조가 몰락하고 자유로운 예술혼이 하나둘씩 거리에
서 자취를 감추자 그 빈 공간을 사회주의의 물결이 채웠다. 빈 시를 사
회주의자들이 장악했던 이 시기를 가리켜 '레드 빈(Red Wien)' 이라고
부른다. 아돌프 로스 역시 빈에 절망하고 있었지만 그렇다고 빈을 떠
날 수는 없었다.

1922년 로스는 사회주의 정부 '빈 코뮌' 주택국의 선임 건축가로

임명되었다. 그러나 곧 사회주의자 당국의 요구에 응하는 자신의 작품에 환멸을 느끼게 된다. 로스는 오스트리아의 마르크시즘에 저항하게 되었고 같은 해 선임 건축가 자리에서 물러났다.

로스는 1922년 붉게 물든 빈을 떠나기로 결심한다. 그가 선택한 곳은 프랑스 파리. 그는 파리에서 프랑스 아방가르드에 의해 뜨거운 환대를 받았다. 로스의 논문 〈장식과 범죄〉는 1920년 르 코르뷔지에가 편집하고 있던 잡지 《에스프리 누보》에 번역되어 실린 바 있었다. 로스 자신도 모르는 사이에 이미 파리에는 자신의 건축 정신을 지지하는 사람들이 생긴 것이다. 그는 정례적으로 전시회를 열었고 외국인으로는 최초로 전시회의 심사위원에 선출되기도 했다.

로스는 1927년까지 파리에서 살았다. 파리에 체류하는 중에도 틈틈이 오스트리아, 독일, 체코슬로바키아를 여행했고, 그후 프라하로 거처를 옮겼다. 아돌프 로스는 이 기간 동안 중요한 작품 몇 점을 남겼는데 파리의 차라하우스(1926), 프라하의 뮐러 저택(1930) 등이 그것이다. 1930년 60세 되던 해에는 체코슬로바키아 정부로부터 공식적으로 건축의 거장으로 인정받았으며, 체코슬로바키아 공화국 대통령으로부터 명예 종신연금을 수여받게 된다.

로스의 다음 작품을 또 만나러 가보자. 보잉노비흐 가세 19번지다. 그런데 여행자용 지도책에는 어디에서도 보잉노비흐 가세가 보이지 않는다. 히칭 역에서 가깝다고만 나와 있을 뿐. 숙소인 파크호텔 쉰브룬의 프론트 데스크에서 도움을 청했다.

"보잉노비흐 가세 19번지를 가려고 하는데 어디에 있는지 아십니까?"

프론트 데스크 직원이 작은 골목길까지 모두 나와 있는 대형 지도책을 꺼낸다. 몇 장 넘기더니 금방 주소를 찾아내 그 부분을 복사한 다음 형광펜으로 호텔(히칭 역)에서 그곳까지 어떻게 가는지를 자세히 알려

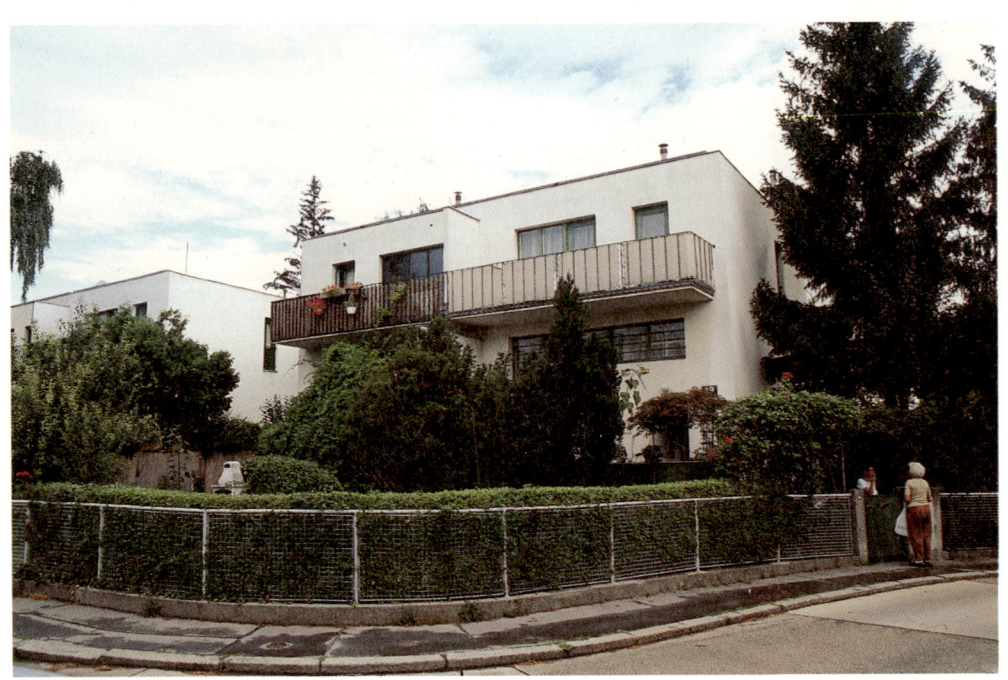

준다. 친절함에 감동하는 내게 그가 복사한 지도를 건네며 물었다.

"거길 왜 가려고 하십니까?"

"역사적인 건물이 있다고 해서 보려고 합니다."

"아, 아돌프 로스의 주택단지 말씀이군요. 아주 유명하죠. 그것을 보러 사람들이 많이 갑니다."

베르크분트시드룽 주택단지는 1931~1932년에 빈 외곽지역에 세워졌다. 침실 두 개짜리의 실용적인 주택을 짓기 위해 당시 유럽의 일류 건축가들이 참여했다. 아돌프 로스, 요제프 호프만이 대표적 건축가였다. 로스는 프라하에 체류하면서 틈틈이 오스트리아를 여행했고, 베르크분트시드룽 주택단지는 이때 지어졌다.

히칭 역에서 휘델도르퍼 방면의 전철을 타면 세번째 정거장이 '오베르 상 페트' 역이다. 역을 나오면서 오토 바그너의 역사(驛舍) 건물을 돌아보았다. 바그너가 지은 전철 U4 역사들은 모두 초록색으로 통일감이 있다. 오베르 상 페트 역사도 역시 초록색이다. 개찰구 양옆에 화장실을 배치한 것도 모두 똑같다. 바그너는 이곳 역사를 포함해 대부분의 4호선 전철 역사를 설계했다.

다시 버스를 타고 한참을 달렸다. 버스는 주택가를 지나고 꼬불꼬불한 산길을 넘는다. 로스와 호프만이 서민을 위한 주택을 시범적으로 지은 곳은 한적한 외곽지역이었다. 지금도 이렇게 도심에서 멀리 떨어져 있는데, 1930년대 당시는 오죽 멀었을까 싶다. 15분쯤 달렸을까. 보잉노비흐 가세로 들어선다.

보잉노비흐 가세는 좁고 짧은 길이었다. 변두리 지역에 있는데다 길도 짧으니 여행용 지도에 나오지 않는 게 당연했다. 19번지에 도착하자 아주 평범한 서민 주택들이 기다리고 있다. 아무런 표지도 없는 게 이상해 주위를 두리번거리고 있는데 마침 맞은편 집에서 60대쯤 되어 보이는 남자가 창밖을 내다보고 있다.

"아돌프 로스의 주택을 보러 왔습니다. 이 집이 맞나요?"

"맞습니다. 아돌프 로스가 이 집을 설계했지요."

"그런데 왜 아무런 표시가 없나요?"

그는 더 이상의 영어는 알아듣지 못하는 듯, 손짓으로 건물 뒤로 돌아가면 뭐가 있다고 알려주었다. 그가 말한 대로 오솔길을 따라가니

보잉노비흐 가세 19번지
주택의 내부

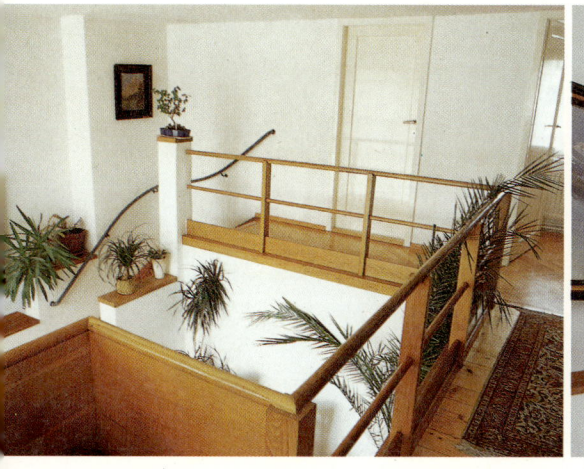
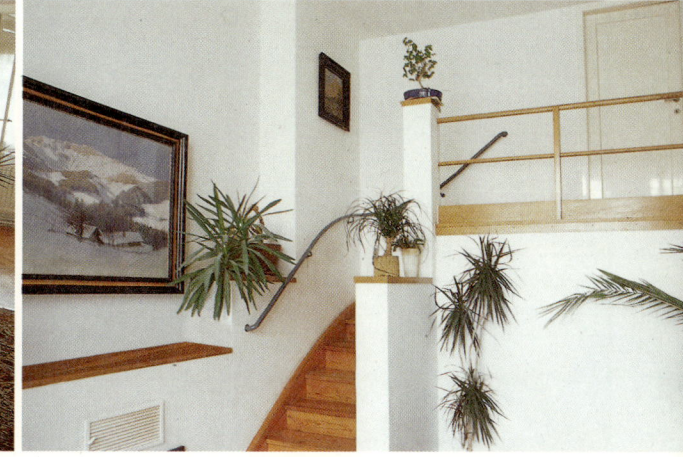

건물 외벽에 베르크분트시드룽 주택단지 안내도가 있다. 짤막한 역사와 함께 어떤 주택을 어떤 건축가가 설계했는지 표시해 놓았다. 또한 박물관이 있다는 표시도 있었다. 로스는 보잉노비흐 가세에서 19번지 외에 17, 15, 13번지에도 주택을 지었다.

베르크분트시드룽 박물관은 귀여울 정도다. 아마 박물관 중에서 가장 작은 박물관 순위의 상위에 오르겠다. 쇼윈도 하나에 아돌프 로스의 주택 모형을 비롯한 여러 건축가의 모형, 당시의 이 일대 사진 등이 진열되어 있다. 예상대로 1930년대의 보잉노비흐 가세는 허허벌판이나 다름없었다. 이런 곳에 당대의 선도적인 건축가 32명이 가장 실용적인 서민용 주택단지를 조성한 것이다. 온 길을 뒤돌려 다시 19번지 앞에 오니, 마침 로스가 지은 집에서 한 여성이 나왔다.

로스가 빈 13구 노스아르트 가세 7번지에 지은 '하우스 헬레네 호르너' 빌라

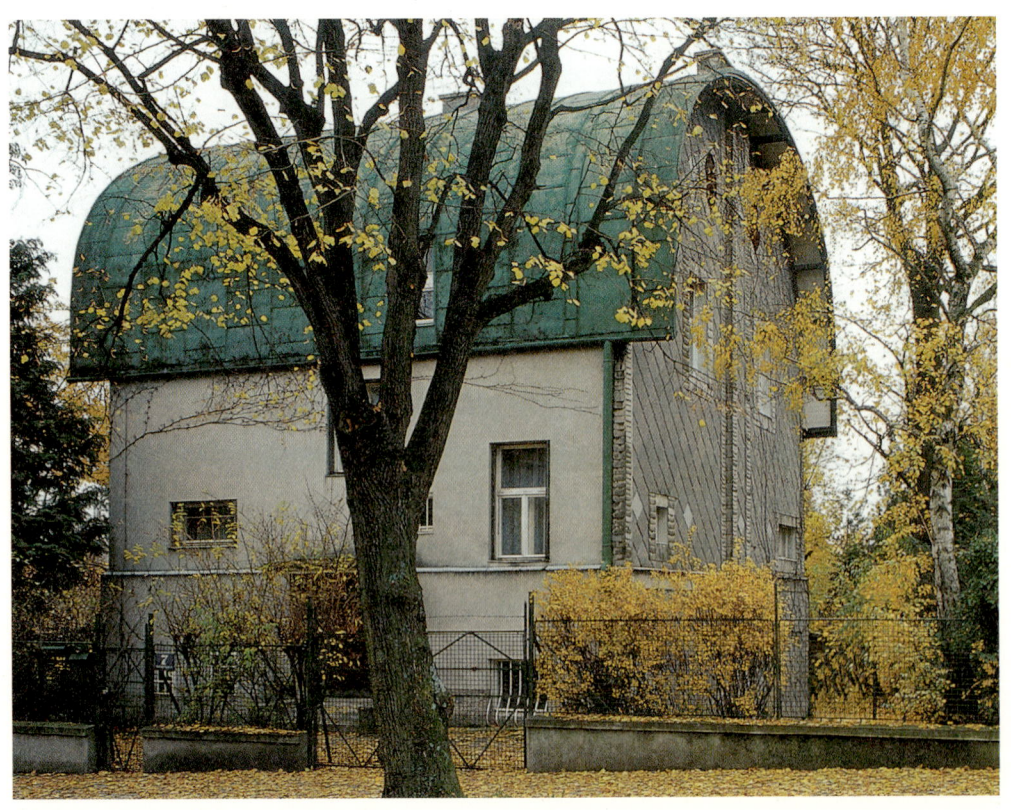

"로스가 지은 집을 보러 왔습니다만."

"이 집 살기에 아주 좋아요."

집 내부를 천천히 구경하고 싶은 마음이 굴뚝같았지만 사전에 약속을 하지 않았으니 사진만 찍고 발길을 돌렸다.

로스의 마지막 거실

1932년이 되면서 로스는 건강이 급속도로 나빠진다. 귀가 먹었고 합병증이 생겨 고통스러워했다. 1933년부터는 더 이상 설계를 할 수 없을 정도가 되었고, 그해 8월 23일 체코 프라하에서 숨을 거둔다. 로스는 생전에 자신의 묘비를 직접 설계했다.

로스는 체코에서 사망했지만 삶의 근거지는 빈이었다. 빈의 보젠돌퍼 슈트라세 3번지에는 1903년부터 1933년까지 로스가 세들어 살던 아파트가 있다. 믿기지 않겠지만 이것은 로스 소유의 집이 아니었다. 수많은 주택과 고급 빌라를 지은 그였지만 로스는 정작 자신의 집을 소유한 적이 한 번도 없다.

로스는 바그너와 마찬가지로 생전에 거장의 반열에 올라선 사람이다. 그는 재산을 얼마나 모았을까. 세속적인 궁금증이 발동한다. 로스는 설계비를 현금으로 받지 않은 특이한 건축가였다. 그는 항상 의뢰자에게 현금 대신 현물을 받았다. 그래서 평생 돈도 만지지 않았고 차도 몰지 않았으며 집도 없었다. 그러나 백만장자처럼 여러 명의 여인들과 함께 살았다.

아돌프 로스의 여성 편력은 화려했다. 로스는 피카소처럼 여러 번 결혼한 것은 아니지만 그의 주변엔 여자가 끊이지 않았다. 영국 출신

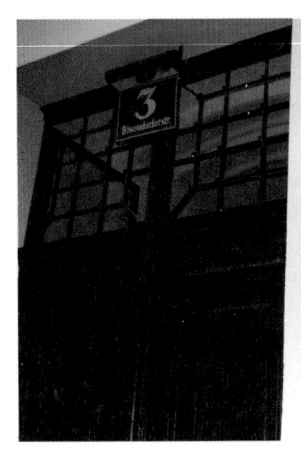
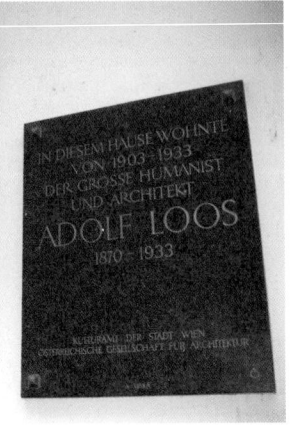

의 무용수였던 첫번째 부인 베시 로스와 이혼한 로스는 1919년 엘시 알트만과 결혼한다. 당시 로스는 49살이고, 알트만은 20살이었다. 엘시 알트만은 미모와 지성을 겸비한 빈 오페라하우스의 여배우였고, 엘시의 아버지 아돌프 알트만은 빈의 유명한 변호사였다. 엘시도 벌써 세 번째 결혼이었다.

아돌프 로스가 살았던 보젠돌퍼 슈트라세 3번지

세계적 건축가와 인기 여배우의 결혼! 빈이 떠들썩한 화려한 커플의 탄생이었다. 둘 사이에 아들 하나를 두었지만 결혼생활은 7년 만에 끝나고 만다. 흥미로운 점은 엘시가 전 남편인 아돌프 로스에 관한 책을 두 권이나 썼다는 사실이다. 엘시는 로스와 이혼 후 다음해 치과의사와 결혼했으나 1년을 채 못 넘기고 헤어졌다.

로스가 살았던 보젠돌퍼 슈트라세 3번지는 로스 자신이 빈에서 처음으로 인테리어를 맡은 카페 무제움에서 불과 5분 거리에 있다. 빈 역사박물관에서는 10분 거리다. 보젠돌퍼 슈트라세 3번지, 그가 살던 아파트 입구에는 "위대한 휴머니스트 건축가 로스가 1903년부터 1933년까지 살던 집"이라는 안내판이 붙어 있다. 안내판은 생전의 로스가 좋아한 검정 대리석으로 만들어져 있다.

로스가 사망하자 빈 역사박물관측은 로스의 거실을 그대로 박물관에 옮겨놓았다. 근대 건축을 연 위대한 건축가가 살던 집의 거실. 나는 인간 로스와 그의 삶의 흔적을 느끼고 싶어 빈 역사박물관에 가보기로 했다.

빈 역사박물관 2층에는 로스의 체취가 고스란히 보존되어 있다. 클림트의 그림 〈에밀리 플뢰게의 초상〉이 있는 2층에 로스의 '거실'도

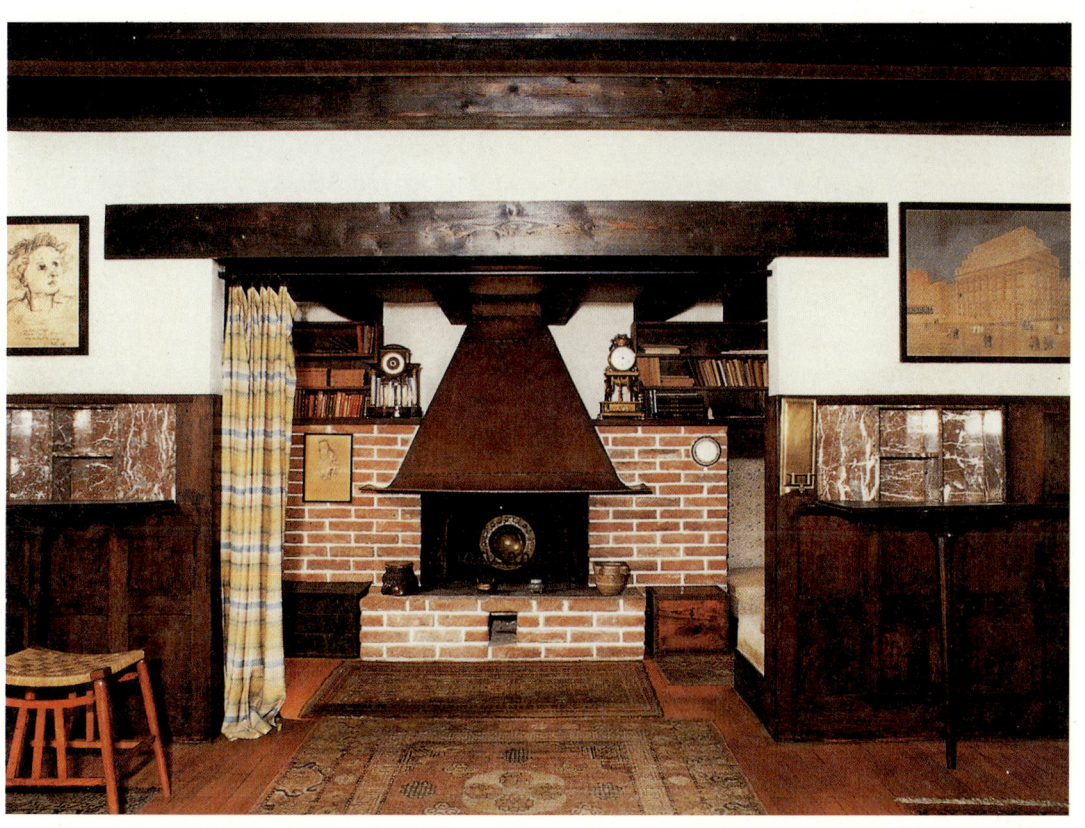

보젠돌퍼 슈트라세 3번지의 아돌프 로스 거실은 현재 빈 역사박물관으로 옮겨져 보존되고 있다.

전시되어 있다. 그의 거실은 20세기 초 빈 중산층의 주거 문화와 생활 모습을 엿보게 한다. 거실 자체로도 연구할 만한 인테리어 작품이다. 벽면 중앙에 벽난로가 있고 모든 집기들은 벽난로를 중심으로 대칭을 이룬다. 적갈색 판벽 널, 벽난로 양옆의 갈색 벽돌은 거실의 나무 바닥과 절묘한 조화를 이루고 있다.

거실 벽에는 그림이 두 점 걸려 있는데 왼쪽에는 요절한 천재 화가 코코슈카가 스케치한 로스의 아들 엘시 알트만 로스의 초상화, 오른쪽에는 로스가 계획한 알렉산드리아 백화점 그림이다. 로스는 두 그림의 액자들까지 적갈색 나무로 처리해 거실의 분위기와 어울리도록 했다. 전체적으로 보면 소박한 가운데 안정감과 편안함이 느껴진다.

오늘날 우리는 로스의 영향 아래 살고 있다고 해도 과언이 아니다. 그의 영향을 받은 현대적인 건축물을 단 하루도 보지 않을 수 없으니 말이다.

나는 버스로 출퇴근을 한다. 서울 반포 고속터미널 앞에서 버스를 타면 반포대교와 이태원을 거쳐 남산 3호터널을 통과한다. 내가 출근길에 마주치는 빌딩 중에서 역사주의 양식의 석조 건물은 한국은행 본점이 유일하다. 퇴근길에는 세종문화회관 앞에서 버스를 타는데 숭례문과 서울역, 남대문 시장을 거쳐 3호터널로 빠져나간다. 태평로와 남대문을 지날 때마다 나는 초현대식 건물군이 남대문을 점점 에워싸고 있다는 사실을 확인한다. 초현대식 건물들은 약속이나 한 듯 유리와 철골로 지어졌으며 파사드는 물론 나머지 3면도 아무런 장식이 없다. 1911년 로스하우스에서 로스가 온갖 비난을 받아가며 관철시켰던 주장이며 메시지다. 나는 매일 출퇴근길에 만나는 빌딩군에서 로스의 목소리를 듣곤 한다. 로스는 자신의 저서 《그럼에도 불구하고 (Trotzdem)》의 서문에서 이렇게 말했다.

"30년간의 투쟁에서 나는 승리자로 대두했다. 내가 인류를 장식의 과잉으로부터 해방시켰기 때문이다. '장식'이 '아름다움'을 수식하는 한정형용사였던 적이 있다. 오늘날 그것은 내 일생의 노동 덕에 '저급함'을 수식하는 한정형용사 중 하나가 되었다. 물론, 돌아온 메아리는 자기 소리라고 믿는 법. 그러나 이 두 권의 모음집 〈허공에 말했다〉와 〈그럼에도 불구하고〉는 그 투쟁의 기록을 모은 것이고, 인류는 언젠가 나에게 감사할 것이라고 믿는다. 이제까지 세상의 재화들에서 배제되었던 시간의 절약이 유용함으로 도래할 때."

Otto Wagner **오토 바그너,**

현대 건축의 거인

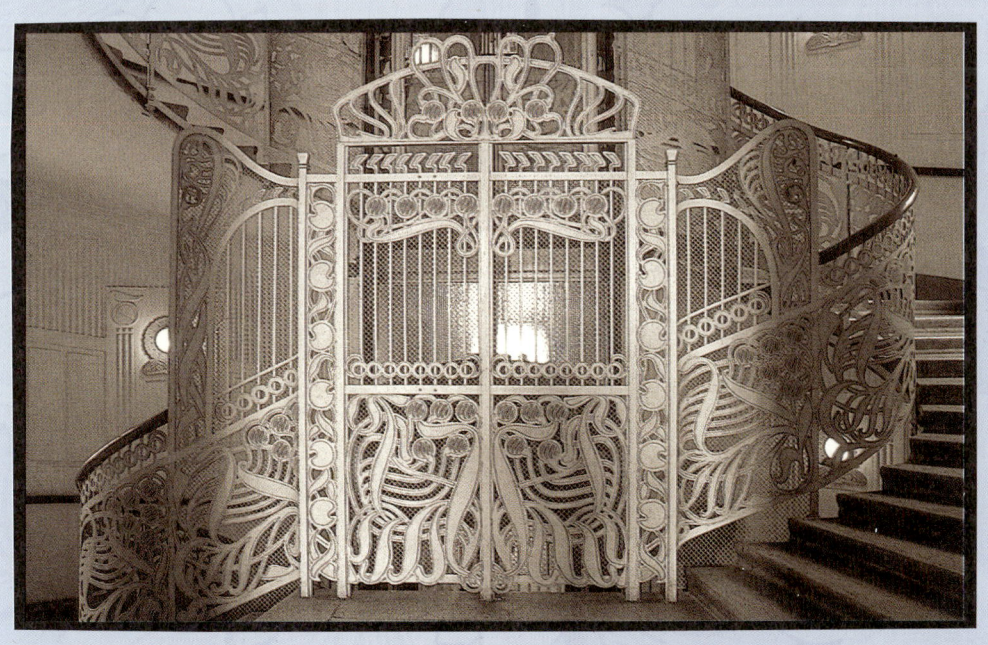

오토 바그너는 빈이다

빈에 와본 적이 있는 사람이라면, 그가 건축에 관심이 있든 없든 오토 바그너를 만나지 않을 수 없다. 빈에서 자동차로 이동한다면 10분에 한 번씩은 바그너의 실존에 직면한다고 보면 된다. 의식하지 못하는 사이에 바그너는 전철 역사, 고가도로, 터널, 댐, 다리, 아파트, 빌라, 교회, 학교와 같은 수많은 건축물을 통해 다양한 표정으로 우리에게 말을 걸어온다.

세기말의 빈은 예술 전 분야의 천재들로 와자했다. 비트겐슈타인, 프로이트, 클림트, 말러, 코코슈카, 실레, 크라우스, 로스, 호프만, 올브리히 등 이름을 다 헤아릴 수 없을 만큼 많은 예술의 천재들이 환상도로 안에서 활동하고 있었다. 철학자, 음악가, 소설가, 건축가 등 각 분야 지성들은 카페하우스에서 어울리며 토론을 즐겼고 새로운 시대의 비전을 모색했다. 그러한 빈의 지성들의 중심에 오토 바그너가 있었다.

내가 오토 바그너의 존재를 알게 된 것은 한국을 대표하는 건축가 중 한 사람인 김석철을 통해서였다. 그는 자신의 책《김석철의 20세기

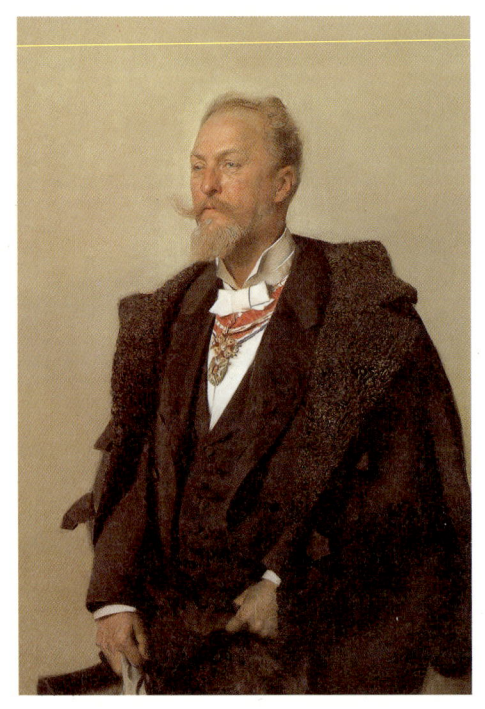

건축산책》에서 12명의 위대한 건축가들과 그들의 건축에 대해 썼는데, 그 중 첫번째 건축가가 오토 바그너이다. 김석철은 누구를 첫번째로 소개해야 할지 고민했다고 한다. 김석철이 생각한 필요충분조건은 세 가지였다. 19세기에서 20세기로 이어지는 여명기의 역사적 사명을 선구적으로 이룬 사람이라야 하고, 건축가로서만이 아니라 교육을 통해 미래를 준비하고, 20세기 문명의 도시를 제안하여 지식인 사회를 건축과 도시설계에 참여시킨 역할을 한 사람이어야 했다. 그는 이 기준에 부합되는 사람은 페터 베렌스도, 루이스 설리번도 아닌 오토 바그너뿐이라고 단언한다.

그렇다면 앞장에서 살펴본 로스와 바그너는 어떤 차이점이 있을까. 두 사람은 건축적 지향점은 같았지만 그 방법이 확연히 달랐다. 로스는 단 하나의 건축 작품으로 제국의 수도 빈의 심장부를 뒤흔들었고 근대 건축의 여명을 알렸다. 반면 바그너는 30여 년에 걸쳐 서서히 진보에 진보를 거듭해 근대 건축의 시대를 열었다. 로스의 건축이 혁명이라면 바그너의 건축은 혁신이었다. 로스는 급진적이었고 바그너는 점진적이었다. 그 결과 로스는 시대의 반발을 불러왔지만 바그너는 시대의 순응을 이끌어냈다.

로스와 바그너는 왜 이렇게 다를 수밖에 없었나. 나는 한 가지 이유를 추론한다. 로스는 빈의 주변부에 속해 있었고 바그너는 빈의 중심부에 자리잡고 있었다. 로스는 이미 대서양 건너 북미 대륙에서 용틀

임치는 팍스 아메리카나의 기운을 체험했다. 물론 19세기 말의 미국에서도 유럽의 역사주의 건물 양식을 흉내내고 있었지만 로스는 미국에서 실용주의와 기능주의의 움직임을 읽었다. 그런 로스 입장에서는 '시간이 없다'고 느꼈을 법하다. 반면 바그너는 제국의 수도 빈에서, 주류에 몸담으면서 오로지 자각과 반성을 통해 건축이 나아가야 할 길을 깨달았다.

두 번의 결혼

오토 바그너는 1841년 7월 13일 빈 근교의 펜칭에서 태어났다. 그의 아버지는 헝가리 왕립법정의 공증인이었는데, 바그너가 다섯살 때 세상을 떠났다. 어머니는 아버지 없이 자란 오토 바그너의 인생에 결정적인 영향을 미칠 수밖에 없었다.

부르주아 가정환경에서 유복하게 자란 까닭에 그의 어머니는 아들이 변호사가 되기를 바랐다. 그러나 어머니의 기대와는 달리 1857년 빈 공대에 입학한다. 빈 공대는 지금이나 그때나 카를츠 광장 옆에 있다 (빈 공대는 2003년《타임》지가 선정한 대학 순위에서 77위를 기록한 세계적인 명문이다).

빈 공대를 졸업한 바그너는 1860년, 건축가 테오필 한센(Theophil Hansen)의 추천을 받아 베를린 건축학교에 들어간다. 테오필 한센은 빈에서 활동하는 최고의 건축가 중 한 사람이었다. 덴마크 출신으로 그리스 아테네에서 건축을 공부한 한센의 건축에는 그리스 양식의 영향이 깊게 배어 있다. 환상도로변의 국회의사당이 한센의 작품으로, 국회의사당은 그리스 건축 양식이 고스란히 드러나 있다.

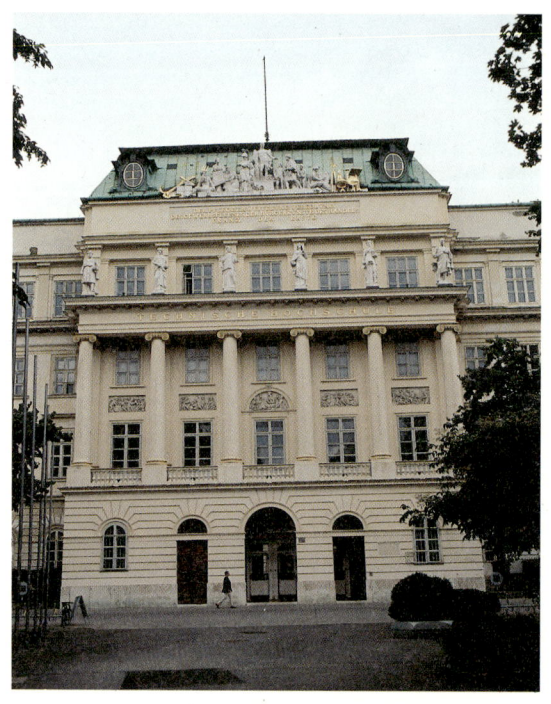

1861년 스무살의 바그너는 1년 만에 빈으로 돌아와 1863년까지 빈 미술학교에서 공부한 후 루트비히 폰 피르스터의 건축사무실에 들어가 초창기 독자적인 건축을 시작한다. 피르스터는 환상도로를 만든 건축가 중 한 사람이었다.

바그너는 1863년에 어머니의 간곡하고 다급한 청을 거부하지 못한 채 조세핀 돔하르트와 결혼하게 된다. 조세핀 돔하르트는 오래전부터 어머니가 점찍어 놓은 여성이었다. 결혼 후 수년 만에 오토 바그너는 유명 건축가 대열에 합류하기 시작했다. 이때 바그너는 주로 아파트와 빌라를 지었다. 아파트를 설계해 건설 자금을 조달하고 아파트가 완공된 뒤에는 들어가 살다가 다시 팔았다. 동시에 여러 설계 공모전에 출품하기도 한다.

1880년 어머니가 사망한다. 어머니의 장례식을 치르고 나서 얼마 지나지 않아 그는 '도덕적 감옥(moral prison)'에서 벗어난다. 어머니가 정해준 여성과의 결혼생활을 청산한 것이다. 17년만의 이혼이었다.

바그너는 1884년 부다페스트에서 자신보다 열여덟 살 연하인 스물다섯의 여성 루이스 슈티펠과 결혼식을 올린다. 루이스 슈티펠은 그가 흠모해 온 지적인 여자였다. 부다페스트는 당시 오스트리아–헝가리 이중제국의 테두리 속에 있는 도시였다.

바그너는 5년 뒤 빈에서 다시 루이스 슈티펠과 결혼식을 올린다.

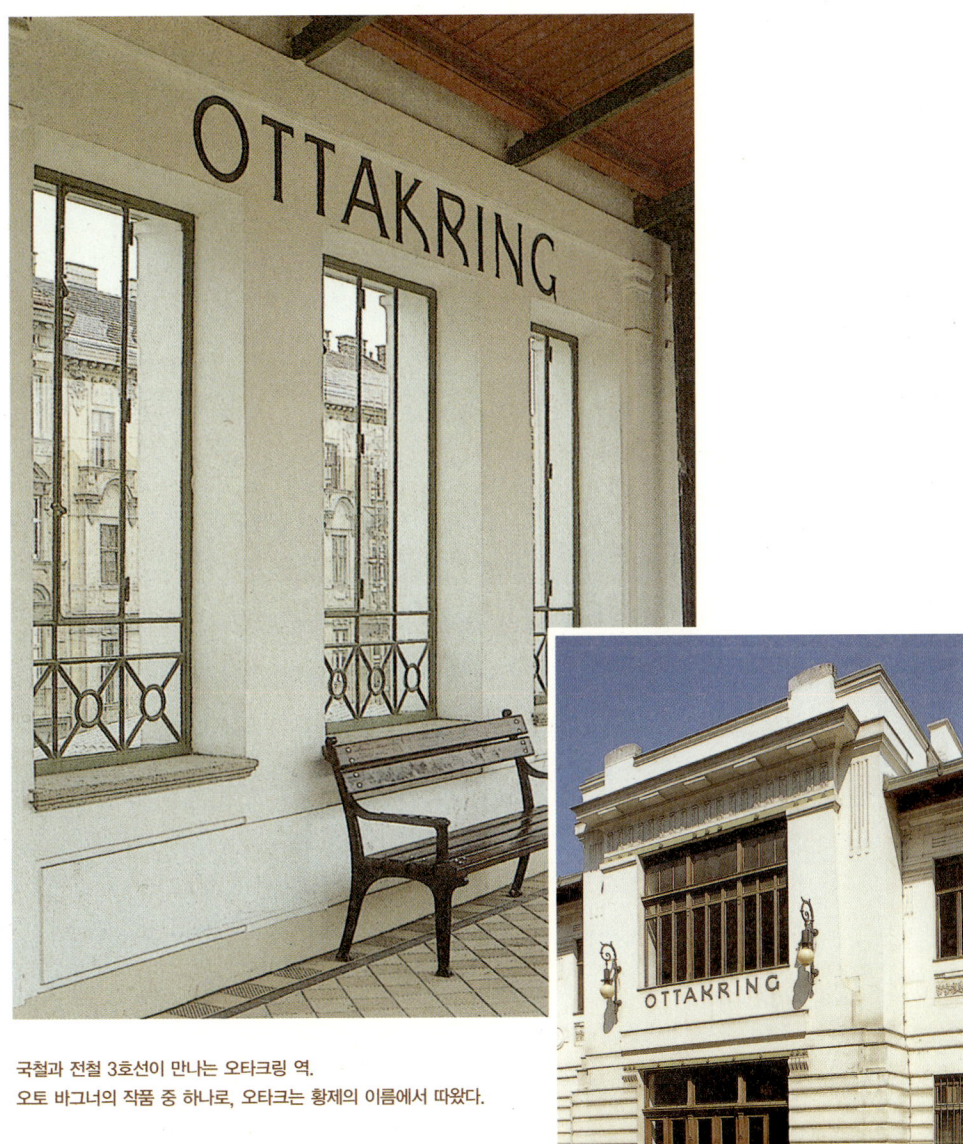

국철과 전철 3호선이 만나는 오타크링 역.
오토 바그너의 작품 중 하나로, 오타크는 황제의 이름에서 따왔다.

바그너는 그녀와 죽을 때까지 35년간 행복한 결혼생활을 유지했으며, 그녀와의 사이에 아들 셋을 두었다.

"필요만이 예술의 주인"

오토 바그너는 처음부터 위대한 건축가의 길로 접어든 것은 아니었다. 푀르스터 건축사무실에서 일을 배운 바그너는 1867년부터 1871년까지 테오필 한센 밑에 들어가 일했다. 1873년에는 한센과 함께 협동작업으로 그라벤호프 건물을 설계했다.

바그너의 건축은 크게 1892년(51세) 이전과 이후로 나뉜다. 그가 역사주의에서 모더니즘으로 나아가는 과도기의 위대한 건축가로 추앙받는 것은 1892년 이후 만년의 작품 때문이다. 그전에는 건축가로서 역사주의에 충실했다. 그의 건축 작품은 네오르네상스와 네오바로크 스타일이었다. 바그너는 또한 비판적으로 보면 건축가이면서 집 장사꾼의 일면도 있었다.

1860~1890년은 빈이 구시가 외곽으로 급속도로 팽창하는 시기다. 건축 붐이 30년 가까이 이어졌다. 바그너는 구시가를 에워싼 요새가 철거되고 환상도로가 건설되는 이 시기에 아파트나 주택 같은 많은 건축물을 설계했다. 상당수는 그가 직접 지어서 팔았다. 집이 안 팔릴 때는 들어가 살다가 값이 오르면 팔기도 했다. 그러면서 큰 돈을 벌었다.

1892년, 그의 나이 51세에 바그너는 드디어 자신의 건축적 이상을 실현할 기회를 잡는다. 그는 환상도로변을 따라 지어진 화려하고 기념비적인 건축물들을 '재앙'이라고 보았다. 국회의사당과 시청 건물이 그런 부류에 들어간다고 생각했다. 국회의사당은 그가 건축을 시

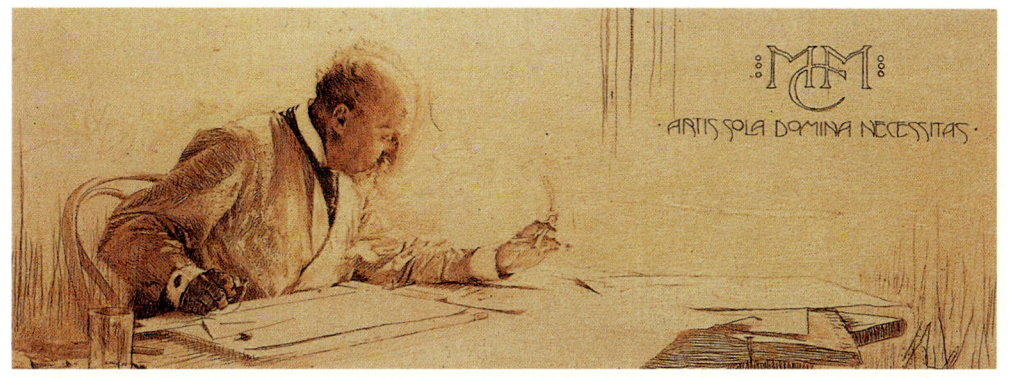

작할 때 배웠던 테오필 한센의 작품이었다. 반면 1888년 건축가 카를
폰 하제나우어(Karl von Hasenauer)와 고트프리트 젬퍼(Gottfried
Semper)가 르네상스 스타일로 지은 부르크 극장은 시대정신에 맞게
잘 지은 건물이라고 생각했다.

  1892년 빈 시당국은 전체 도시 지역의 종합계획안 국제공모전을 개
최한다. 바그너는 이 공모전에서 우승을 거뒀다. 이미 나이 50을 넘긴
때였지만 '젊은날의 어리석은 죄악' 과 영원한 결별을 선언한 것이다.
그는 "건축가는 나이 50부터 시작한다" 는 유명한 말을 남기기도 했
다. 그가 만든 계획안의 슬로건은 "필요만이 예술을 지배한다(Only
necessity dictates art)" 였다.

  이러한 바그너와 의기투합한 예술가가 있었으니, 바로 클림트다.
세기말 빈에서 활동하며 빈 분리파를 이끈 바그너와 클림트는 스물한
살이라는 나이차가 있었음에도 결정적인 공통점이 있었다. 그것은 환
상도로 안에서 각각 건축가와 화가로서의 명성과 영향력을 쌓은 뒤에
비로소 예술가로서 자기 목소리를 내기 시작했다는 점이다. 환상도로
의 토양 위에서 역사주의를 자양분 삼아 성공적으로 데뷔했지만 뒷걸
음질치는 역사주의에 반기를 들었다. 과거를 극복하고 새로운 시대를

열어야 한다는 점에서 두 사람은 뜻을 같이 했다.

　바그너는 도시계획안 작업에 이어 1894년에는 슈타트반(전철)과 뉘셀도르프 댐 건설 설계를 의뢰받는다. 4년 뒤인 1898년에는 도나우 운하 선착장과 카이저바트 댐과 관제센터를 설계했다. 이와 동시에 다른 많은 건축물 설계를 계속 의뢰받는다. 그러면 이 많은 작품을 모두 바그너가 설계했을까. 아무리 그가 뛰어난 건축가라 해도 그 많은 작품을 혼자 해낼 수는 없다. 그는 설계사무실의 동료와 제자들의 도움을 받았다. 설계사무실 동료 중에는 당대의 유명 건축가 요제프 마리아 올브리히도 있었다. 바그너는 올브리히보다 훨씬 나이가 많았지만 젊은 올브리히와 함께 일하며 영감을 얻었다. 동료와 제자들은 바그너의 건축적 이상에 영향을 받았고, 훗날 건축예술사에서 '바그너 학파'로 불린다.

　바그너는 20세기 건축의 선언문이 된 저서 《현대 건축》(1895)에서 자신의 건축 철학을 이렇게 피력했다.

　"예술의 기능은 (실용적) 목적을 달성하는 과정에서 등장하는 모든 것을 축성하는 일이다. 예술은 도시의 얼굴을 당대의 인류에 맞춰야 하는 과제를 안고 있다."

　"한 가지 생각이 책 전체를 꿰뚫고 있다. 즉 오늘날 주류 건축학이 제시하는 견해는 우리의 예술적 창조를 위해 유일하게 가능한 출발점이 현대 생활임을 인정하는 것으로 바뀌어야 한다는 것이다."

　"우리의 더 나은 본질, 민주적이고 자기 인식적이고 예리한 사고를 가진 본질을 가시화하고, 현대 인류의 근본적으로 실용적인 성격뿐만 아니라 거대한 기술적 · 화학적 업적에 대해서도 올바른 대접을 해야 한다."

　우리는 오토 바그너를 정확히 이해하기 위해 카밀로 지테(Camilo Sitte)라는 동시대의 건축가를 알 필요가 있다. 카밀로 지테가 현대 기

술문명과 효율성을 역사주의에서 찾으려
고 했다면, 바그너는 합리적이고 도시적인
문명을 강조하기 위해 그 역사주의를 극복
해야 한다고 확신했다. 카밀로 지테는 경
제적 요인, 교통, 위생 등을 현대 도시 건
설의 필요악이라고 판단했지만 바그너는
이들을 도시계획 수립의 긍정적 토대로 보
았다.

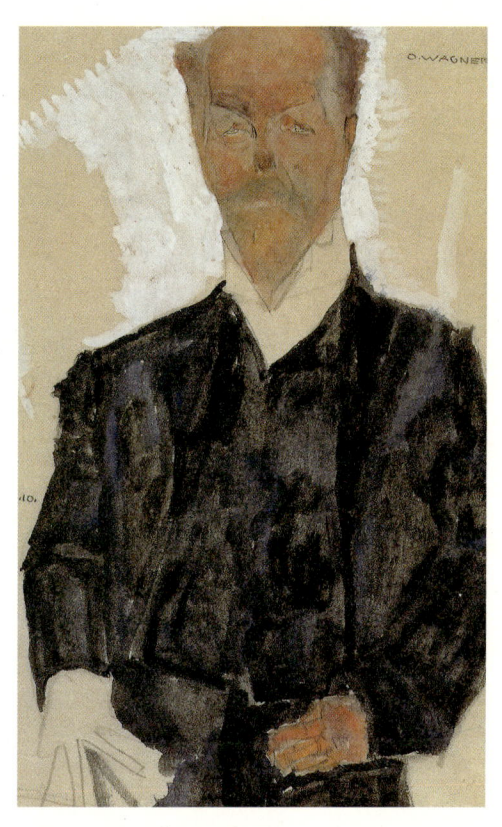

에곤 실레가 그린
오토 바그너 초상화

  1893년 바그너는 지테와는 아주 판이한
전제 위에 세워지는 새로운 빈 개발계획
경연에서 우승했다. 환상도로 계획을 지
배했던 표상, 도시 이미지 미화라는 목적
과는 정면으로 배치되는 것이었다. 바그
너는 '필요만이 예술의 주인' 이라는 슬로
건을 내걸고 효율성, 경제성, 기업의 생산
성 촉진 등을 필요조건이라고 생각했다.

  오토 바그너는 마침내 건축가로서 가장 영예로운 자리인 예술아카
데미 건축과 교수에 임명된다. 예술아카데미의 건축학 교수직이 어떤
자리인가. 그것은 역사주의적 스타일의 신봉자를 의미했다. 전임자 카
를 폰 하제나우어는 거대한 스케일을 추구하는 건축가였다. 환상도로
의 기념비적 건물인 박물관 두 곳과 부르크 극장을 설계한 사람이었다.

  예술아카데미의 교수임용위원회가 하제나우어의 후임자로 오토 바
그너를 교수로 임용한 이유는 다른 데 있었다. 르네상스 스타일의 건
축 경력이 아닌 '현대 생활의 요구와 현대적 건축 재료의 채택, 건설
을 예술적 수준으로 조화시킬 수 있는 능력' 때문이었다.

바그너는 예술아카데미 교수직 취임 연설에서 새로운 건축 시대의 비전을 제시한다.

"우리 시대의 리얼리즘이 예술작품에 관철되어야 한다. (……) 그로 인해 예술이 쇠퇴하는 일은 없을 것이다. 오히려 그것은 (건축의) 형태에 새롭고 약동하는 숨결을 불어넣을 것이고, 아직도 예술이 결핍되어 있는 토목학 분야 같은 새 영역을 정복할 것이다."

바그너가 위대한 건축가로 추앙받는 이유가 여기에 있다. 그는 상류사회 출신으로 최고의 엘리트 교육을 받고 주류사회의 중심에 있었다. 이미 세속적인 의미에서 부와 명예를 양손에 거머쥐고 있었던 것이다. 이쯤 되면 대부분의 예술가들은 주류의 흐름에 안주해 과거의 양식을 답습하며 개인의 안락을 추구하고자 한다. 하지만 바그너는 달랐다. 그는 주류의 흐름과 요구를 거부한다. 자신은 비록 지나가버린 화려한 시대의 후광 속에 있지만 새로운 시대의 비전을 제시하기 위해 몸부림쳤다. 건축가 김석철은 오토 바그너의 위대함을 이렇게

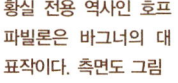

황실 전용 역사인 호프 파빌론은 바그너의 대표작이다. 측면도 그림

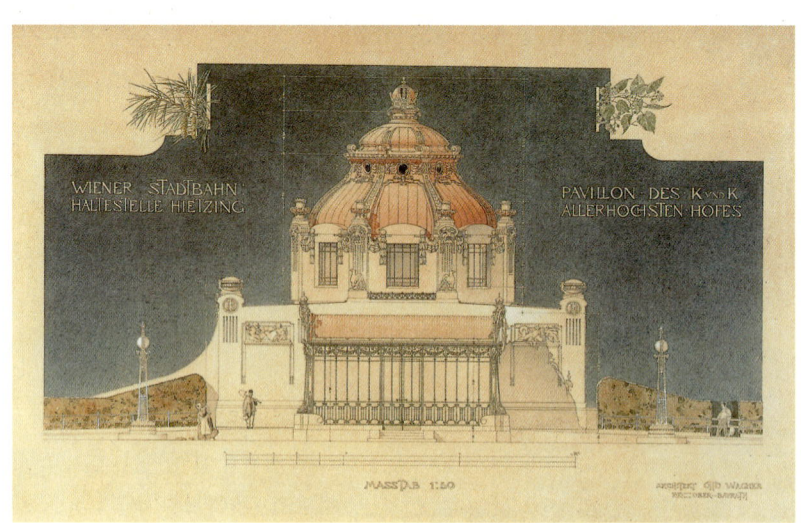

설명한다.

"그는 옛 문명의 위대한 성과를 잊지 않았다. 과거의 위대함을 되살리고 과거의 모순을 초극하는 새로운 건축과 도시에 대한 그의 열정이 건축가로서, 도시 계획가로서, 교육자로서, 저술가로서의 그의 일생을 이끌어간 힘이었다."

빈 분리파가 창립되고 2년 후인 1899년에 바그너는 이 모임에 가입한다. "바그너가 분리파에 참여했다"는 사실에 그의 부르주아 고객들은 불쾌해 했고 동요했다. 분리파에 참여한다는 것은 당시 건축계 주류와의 결별을 의미했다.

바그너는 1894년에서 1901년 사이에 실행된 빈 도시철도 시스템 건설에 책임건축가로 참여하게 된다. 이때 그가 설계한 정거장만도 30곳이 넘는다. 또한 고가도로, 터널, 다리 등의 배치와 디자인에도 참여했다. 칼 쇼르스케 교수는 《세기말 비엔나》에서 오토 바그너가 던지고자 했던 메시지를 이렇게 해석한다.

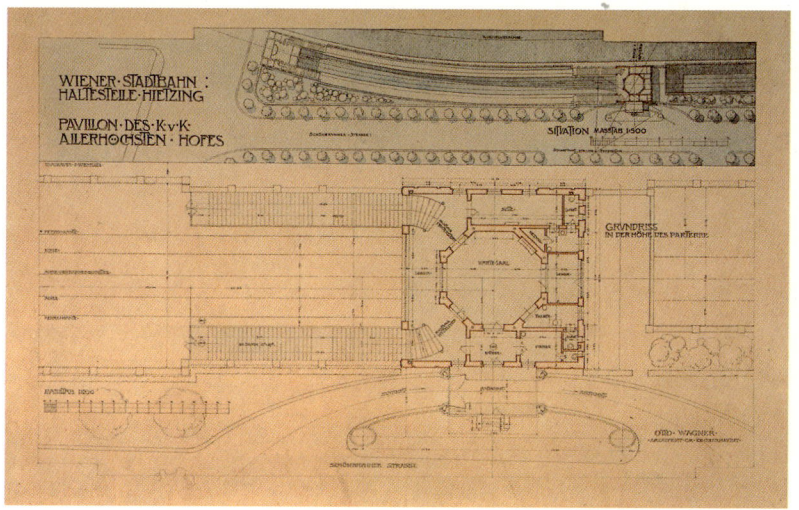

호프파빌론 평면도

"그는 단순하고 효율적인 정거장을 디자인하려 했고, 동시에 그 외관에 절제된 우아함과 다양성을 부여함으로써 정거장이 그 부근의 대중 움직임의 초점이 되게 했다."

오토 바그너의 작업은 8년간 지속되었다. 세기말 혼돈의 한가운데에서. 건축을 포함한 예술 모든 분야에서 수많은 시도와 모색이 이뤄지고 있던 세기말이 아니던가. 더욱이 건축 분야에서는 철강과 유리 같은 새로운 건축 재료가 등장해 건축가를 긴장시키고 더욱 자기 고민에 빠뜨렸던 시기였다. 이때의 작품들을 보면 그 세기말의 생생한 변화 흔적, 자기 모순, 자기 교정이 드러난다. 한 건축평론가는 이를 "기능과 재료가 디자인과 형태에 점점 압박을 가하게 되었다"고 표현했다.

호프파빌론 역사

이제부터는 위대한 건축가 오토 바그너의 작품을 하나하나 따라가 보자. 2006년 여름 빈을 세번째로 방문했을 때 내 숙소는 쇤브룬 궁전과 길 하나를 사이에 둔 파크호텔 쇤브룬이었다. 합스부르크 왕가 시절 쇤브룬 궁전을 예방한 외국 사신들이 묵었던 호텔로, 전철 U4 히칭역에서 1분 거리에 있다.

파크호텔 쇤브룬에서의 첫날 아침, 시차 적응이 안되어 일찍 눈을 뜬 나는 아침식사까지도 시간이 많이 남아 쇤브룬 궁전까지 산책이라도 할 생각으로 혼자 호텔을 나섰다. 쇤브룬 궁전의 높다란 담을 끼고 정문을 바라보며 100여 미터쯤 걸었을까. 궁전 정문까지 꽤 멀다는 생각을 하며 무심코 걷고 있는데, 바그너의 대표적 건축물인 호프파빌론(Hofpavillon, 일명 '카이저 파빌론')이 눈앞에 불쑥 나타났다. 바그너가 쇤브룬 궁전을 찾는 요제프 황제를 위해 설계한 역사(驛舍)였다.

수많은 자료와 사진을 통해 호프파빌론을 보아왔건만 그날 나는 그만 호프파빌론이 거기 있다는 사실을 까맣게 잊고 있었다. 아직 잠이 채 덜 깬 탓이었을까. 나는 마치 보물을 남몰래 발견한 어린아이처럼 가슴이 뛰었다. 감동은 역시 예기치 않은 조우에서 그 파장이 더욱 커지는 법인가 보다. 호텔에서 호프파빌론이 워낙 가까워서 이후로도 네 번이나 이 역사적 건축물을 관찰할 수 있었다.

바그너는 1899년 이 역사를 사비를 들여 지었다. 자신의 건축 작품을 보여주는 진열장으로서 설계했던 것이다. 호프파빌론은 녹색 철재 부분과 구리 돔의 하얀 정육면체 모양을 하고 있다. 황제 전용 대기실로 들어가 보자. 판벽 널은 나무와 유리로 꾸며졌다. 카펫은 복숭아 빛과 황갈색의 비대칭 무늬다. 한쪽에는 멋스러운 대리석과 황동으로 장식된 벽난로가 있고, 둥근 천장은 유리와 금박 꽃잎 문양으로 장식

전철 4호선 히칭 역에서
바라본 호프파빌론

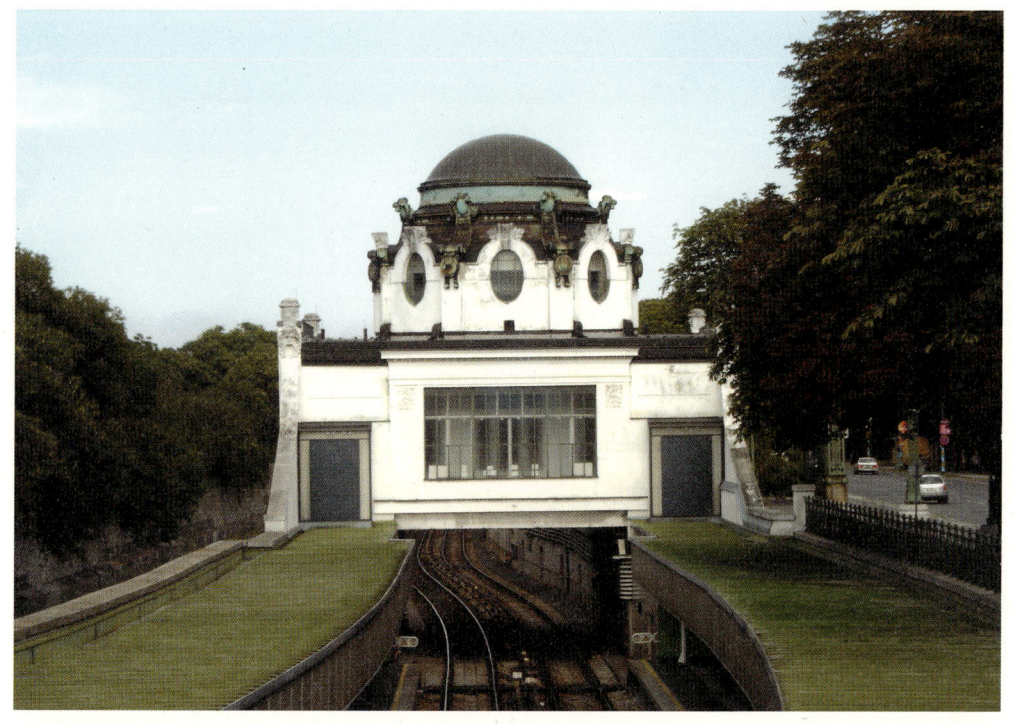

되었다.

　요제프 황제는 호프파빌론 역사의 오프닝 행사에 참석했다. 황제는 이 특별한 역사를 마음에 들어했을까? 황제가 개소식을 포함해 두 번 이용했다고 나와 있는 자료도 있고 개소식 때 딱 한 번만 이용했을 뿐 더 이상 이용하지 않았다는 자료도 있다. 바그너의 기대와는 달리 황제가 이 역사를 이용하지 않은 까닭은 그가 쉰브룬 궁전을 찾아올 때 기차보다는 마차를 타고 오는 것을 좋아했다는 데 있다. 빈에서 마차를 타본 사람이라면 황제의 취향을 충분히 이해하고 남으리라.

　호프파빌론을 건축학적 관점에서 보자. 바그너는 이 역사에서 강철과 유리라는 새로운 건축 자재를 과감하게 사용했다. 바로크, 르네상스, 고딕과 같은 역사주의 시대의 건축 자재였던 석재는 보조재로 밀려난 대신 대량 생산이 가능한 강철과 유리를 전면에 내세웠다.

　황실 역사 측면부의 철골 구조물을 보자. 황제가 역에 도착하면 황제 전용 마차가 철골 구조물 안으로 진입해 대기하다가 황제를 태우고 쉰브룬 궁전까지 간다. 철골 구조물 지붕에는 투구 모양의 황금빛 장식이 두 개 있다. 합스부르크 왕가에 대한 건축가의 충성심이 읽혀진다.

　또한 호프파빌론에서 우리는 바그너의 온고지신(溫故知新) 정신을 발견할 수 있다. 전통을 계승하면서 동시에 새로운 시대를 모색하려는 시도다. 건축가 김석철은 이 황실 역사를 가리켜 "19세기 건축과 현대 건축을 잇는 가교로서 오토 바그너가 초기의 고전 형식으로부터 벗어나 철골과 석재를 조합하여 창조적 진화를 선보인 작품"이라고 평가한다.

　U4 히칭 역에서 하일리겐슈타트 역(시내 방향)까지는 열다섯 정거장. U4는 이 구간을 하천 둑을 따라가다가 도심 부분에서는 지하로 들어갔다가 도나우 운하와 만나는 지점에서 지상으로 나와 도나우 운하

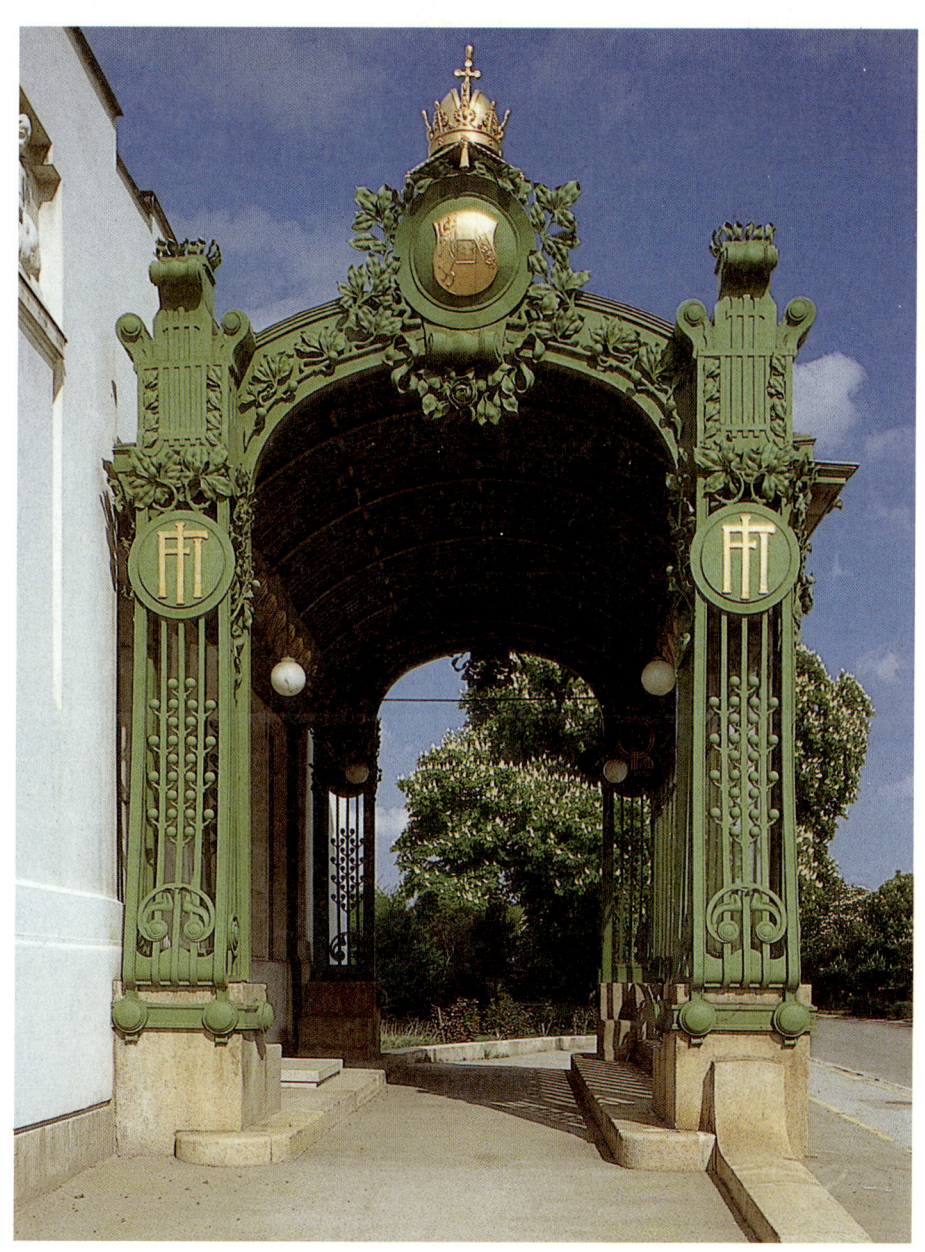

마차가 대기하는 호프파빌론 측면부. 황실의 권위를 상징하는 장식이 눈길을 끈다.

와 함께 물처럼 흘러간다. 15개 역 중에서 쇤브룬, 카를츠 광장, 슈타트파크, 하일리겐슈타트를 비롯한 9개의 역사가 바그너가 지은 그대로 남아 있다.

카를츠 광장 역사로 가보자. 카를츠 광장은 바그너가 졸업한 빈 공대, 카를츠 교회, 빈 시립역사박물관, 쿤스틀러하우스(빈 미술가협회)로 둘러싸여 있다. 카를츠 광장 역사는 쌍둥이 역사 두 개가 마주 보고 있는 모습이다. 동쪽은 카페로 쓰이고 서쪽은 소형 박물관으로 쓰인다. 입장료를 내고 들어가면 카를츠 광장 역사를 비롯한 U4 설계도면과 건축 과정을 한눈에 볼 수 있다.

카를츠 광장 역사는 1898년에 공사를 시작해 1899년에 완공되었다. 이곳은 금박을 입힌 유겐트스틸 장식과 해바라기 문양으로 유명하다. 주름 무늬의 청동 지붕도 눈길을 사로잡는 부분이다. 바그너의 카를츠 광장 역사는 지하철 역사가 건설되면서 헐리기로 되어 있었다. 그런데 빈 공대생들이 카를츠 광장 역사 앞에 모여 철거 반대 연좌농성을 벌였고, 결국 학생들은 빈 시당국이 제시한 대안을 받아들인다. 카를츠 광장 역사를 조심스럽게 해체해 옮겨놓았다가 지하철 공사가 다 끝난 뒤에 그 자리에 재조립하기로 한 것이다.

바그너의 빈 공대 후배들이 건설 장비에 맞서 데모를 벌이지 않았다면 카를츠 광장 역사는 역사 속으로 사라질 뻔했다. 건축가 김석철은 "이 건물은 현대 건축의 공법과 기능 형식을 갖추었으나 분리파 스타일의 장식적 모티프가 함께 한 절충적 현대 건축으로 당시로서는 혁명적 건축이었다"고 평가했다.

빈을 한나절만 관광하는 사람도 반드시 들르는 곳이 쇤브룬 궁전과 슈타트파크다. 요한 슈트라우스와 슈베르트 기념비가 있는 곳이 슈타트파크다. 이 시민공원 정문 옆에 슈타트파크 역이 있다. 슈타트파크

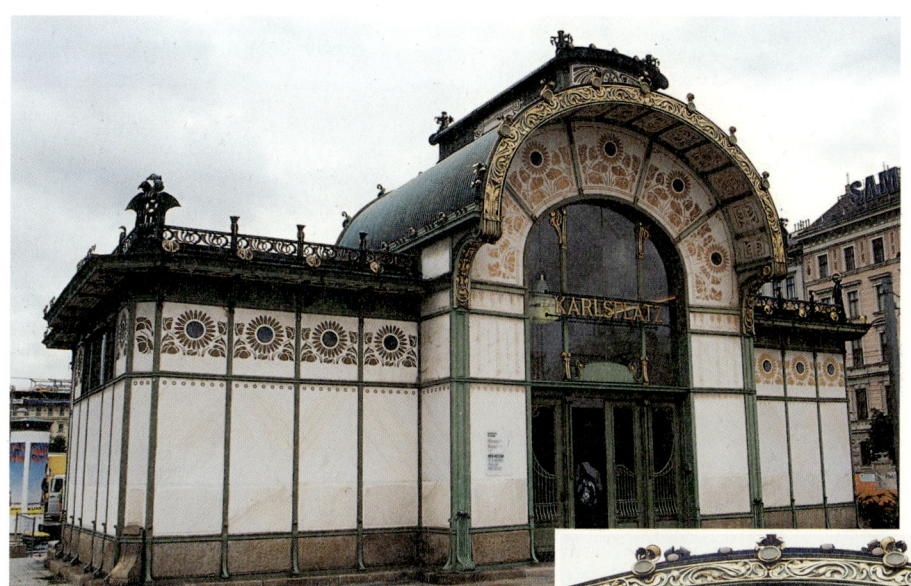

현재는 박물관으로 쓰이는 카를츠 광장 역사

역은 현관 양쪽에 녹색 철골 기둥이 두 개 서 있다. 들어가자마자 양쪽에 남녀 화장실이, 한 쪽에 작은 매점이 있다. 오토 바그너가 설계한 모든 역사에는 건물 양쪽에 남녀 화장실이 있다. 전철을 타지 않는 사람도 누구나 쉽게 이용할 수 있도록 배려한 것이다.

슈타트파크 역에 갔을 때 나는 이라크 출신의 매점 점원과 잠시 이야기를 나누게 되었는데, 그는 내가 한국 사람이라고 말하니 대뜸 '자이툰 부대' 이야기를 꺼냈다. 자이툰 부대가 파병되어 있는 아르빌 지역에서 몇 년 전 이민왔다고 한다. 그 역시 오토 바그너에 대해 알고 있었다. 그는 "지난 겨울 너무 추워서 바닥을 바꾸고 싶었지만 그렇게 할 수 없었다"면서 "우리는 물건을 팔지만 이 역사의 내부 장식은 아

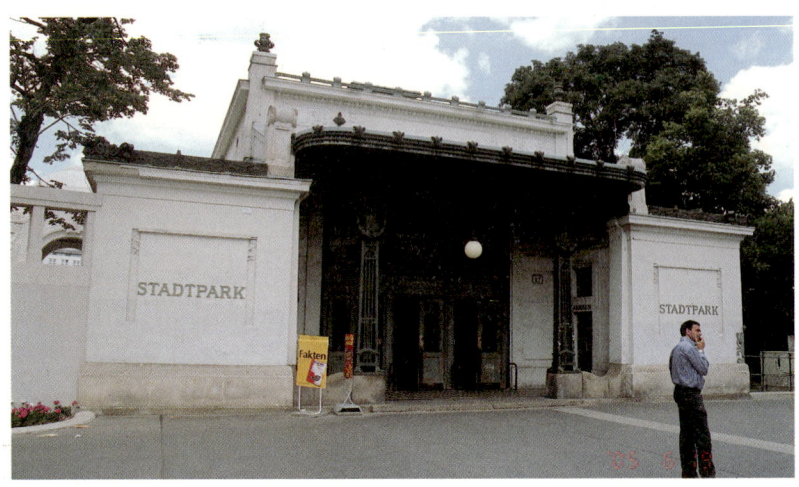

전철 4호선
슈타트파크 역사

무엇도 손댈 수가 없다"고 말한다. 빈 시당국이 오토 바그너의 역사
건축물들을 어떻게 보존하는지 짐작할 수 있다.

U4 외에도 바그너는 U3와 U6의 주요 역사도 설계했다. U3는 펜칭,
오타크링, 헤르날스, 게르스트호프 역사에서 바그너를 만날 수 있다.
U6에서는 검펜돌퍼 가세, 부르크 가세, 요제프슈타터 슈트라세, 알제
슈트라세 등 7개의 역사를 모두 바그너가 설계했다. 이쯤 되면 내가
왜 빈에 오면 바그너를 피하려야 피할 수 없다고 단언했는지 고개를
끄덕일 것이다.

실험과 모색

오토 바그너의 위대한 실험과 모색을 한눈에 볼 수 있는 거리가 있
다. 링케 빈차일레 슈트라세이다. 우리가 세기말의 바그너와 클림트
를 만나는 동안 늘 염두에 둬야 할 건물이 분리파 회관이다. 황금색 양

배추가 지붕 위에 얹혀져 있는 이 건물은 빈차일레 슈트라세 선상에 있다.

빈차일레 슈트라세는 환상도로에서 한 블록쯤 벗어난 카를츠 광장에서 시작된다. 빈차일레 거리는 빈 강을 끼고 두 갈래로 나뉜다. 링케(Linke, 왼쪽) 빈차일레와 레흐트(Recht, 오른쪽) 빈차일레다. U4는 링케 빈차일레를 따라 외곽으로 뻗어나가 휘델도르퍼 역까지 이어진다.

카를츠 광장 역에서 휘델도르퍼 방향의 전철을 타고 첫번째 역인 케텐브뤼켄 가세에서 내리면 빈의 유명한 시장골목인 나슈마르크트가 나온다. 온갖 종류의 신선한 식료품을 팔고 있을 뿐 아니라 다양한 민족의 식당이 줄지어 있다. 양고기 꼬치구이가 황홀할 정도로 맛있다. 물론 한국 식당도 있다.

나슈마르크트를 구경하다 링케 빈차일레 쪽을 바라보니, 죽 늘어선 건물 양식과는 확연히 다른 건물 두 개가 나란히 서 있었다. 링케 빈차일레 38번지와 40번지다. 1899년에 지어진 38번지 아파트는 일명 '메

왼쪽 링케 빈차일레 38번지 아파트. 파사드와 측면부가 다른 게 한눈에 보인다

오른쪽 38번지 아파트와 40번지 아파트의 파사드

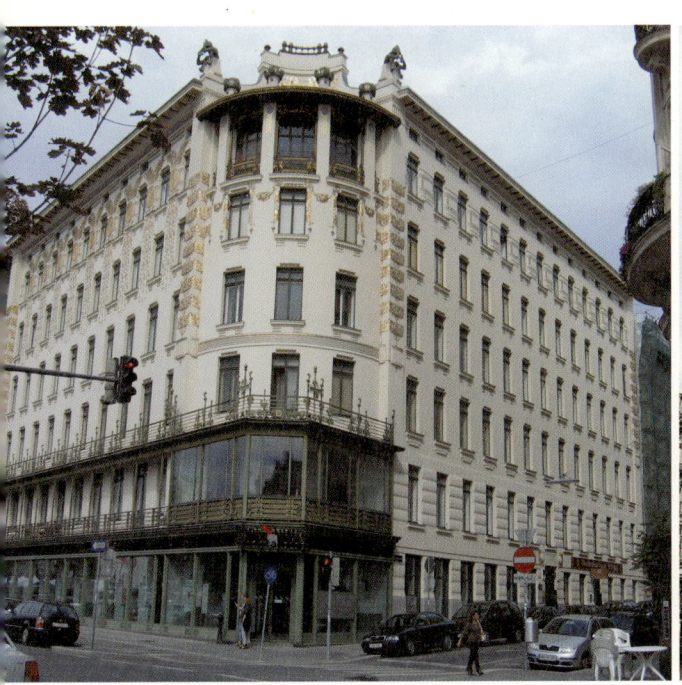

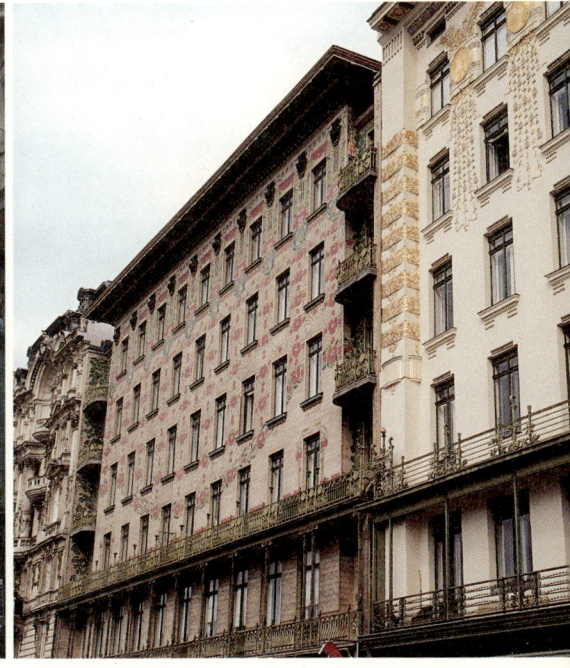

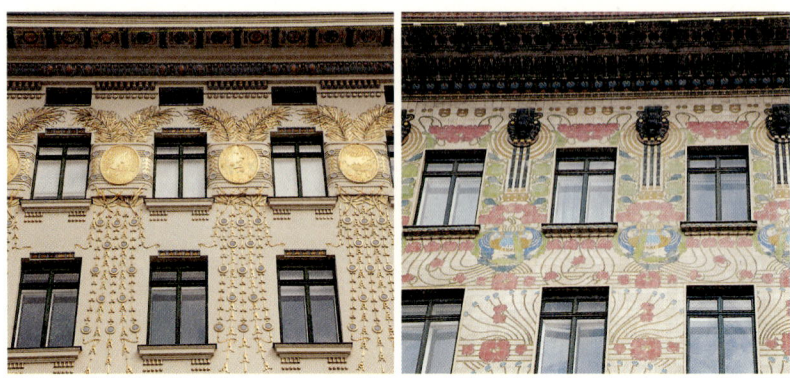

38번지 아파트(왼쪽)와
40번지 아파트(오른쪽)
의 5~6층

다용하우스(Medaillons Haus)'로 불린다. 링케 빈차일레 슈트라세가 괴
스틀러 가세와 만나는 모서리에 있다. 왁자한 시장거리인 나슈마르크
트를 바라보고 있는 파사드 쪽과 조용한 주택가로 통하는 괴스틀러 가
세 부분이 확연히 다르다. 링케 빈차일레의 파사드를 자세히 들여다
보자.

처음 보는 사람의 눈에도 건물 2층을 기준으로 위와 아래가 차이가
난다. 2층 이하는 상업 공간이다. 상가는 철제와 유리의 띠로 확연히
구분된다. 주거 공간은 3층부터 시작된다. 3층의 외벽에는 아무런 장
식이 없고 4층부터 장식이 나타나는데 5층부터 화려해지기 시작해 6
층에서 절정을 이룬다. 여인의 옆얼굴이 새겨진 황금 잎사귀 장식이
다. 카를츠 광장 역사의 해바라기 문양과 함께 바그너 유겐트스틸의
대표적 문양.

그런데 왜 바그너는 3층에는 장식을 하지 않았을까? 3층은 상업 공
간과 주거 공간이 구별되면서, 동시에 두 공간이 자연스럽게 만나는
완충 공간이기 때문이다. 여기서 우리는 칼 쇼르스케의 탁월한 해석
을 다시 한 번 음미해 볼 필요가 있다.

"맨 위층에는 가장자리에 아르누보식 꽃줄 장식과 분수와 항아리,

조각상들이 둘러져 있는 사치스러운 로지아가 호화로운 왕관처럼 건물 꼭대기에 얹혀 있다. 이는 아래층의 산문적이고 합리적인 사무실을 경제적 토대로 삼을 수 있는 도회적이고 사치스러운 생활의 상징이었다. 빈차일레 건물에서 바그너는 자신이 본 현대 도시 인간의 두 가지 측면, 즉 사업의 인간과 취미의 인간을 각각의 스타일적 이디엄으로 표현했다. 그리하여 그는 환상도로 건축가들이 직물기업가 구역의 사례에서처럼 르네상스 저택의 주거 스타일 속에 상업적 기능을 은폐하려 했던 것을 불안정하지만 공개적인 방식으로 병치시켜 드러냈다."

링케 빈차일레 40번지 아파트는 '마욜리카하우스(Majolika haus)'로 불린다. 바그너는 외벽을 이탈리아의 마욜리카 타일로 처리했다. 타일은 모자이크를 이뤄 붉은 장미꽃을 연출한다. 비바람에 견디며 변하지 않는 파사드를 실현하기 위해 마욜리카 타일을 빌려 온 것이다. 당시 이탈리아 건축은 타일 분야에서 가장 앞서 있었다.

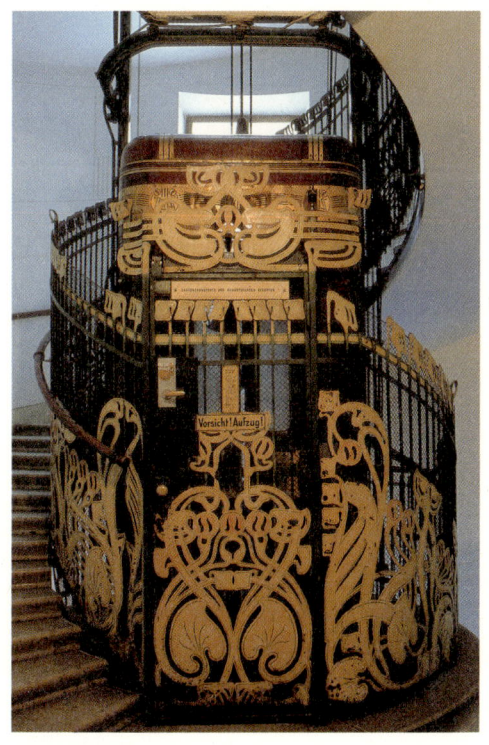

바그너는 장식적 요소를 기능적 건물에 통합시키는 방법을 완벽하게 이해했다는 점에서 천재 건축가로 평가받는다. 그러나 당시 마욜리카하우스의 화려한 타일 장식은 분리파 회관처럼 빈 사람들의 비웃음을 샀다. 그들은 장식이 너무 거칠고 분리파적이라고 조롱했다.

물론 링케 빈차일레 38번지, 40번지 아파트의 파사드는 환상도로에 있는 부르크 극장, 빈 대학 등의 건물과는 차원이 다르다. 지극히 평면적이다.

바그너는 젊은 제자인 요제프 마리아 올브리히와 요제프 호프만에 자극받아 변신을 시도하고자 했고, 빈차일레 아파트에서 그 일단을 실현했다. 메다용하우스와 마욜리카하우스는 그의 초기 건축물과 비교하면 혁명적 변화를 실감할 수 있게 한다. 바그너는 건축가로 데뷔하면서는 철저하게 역사주의 양식을 추종했다.

바그너는 빈 강을 따라 링케 빈차일레 38번지와 40번지의 두 아파트와 같은 건축물을 지어 히칭의 쇤브룬 궁전과 연결시키고 싶어했다. 새로운 건축물로 이뤄진 블루바드를 건설하려던 바그너의 꿈은 그러나 아파트 건물 두 채를 짓는 것으로 끝났다.

빈 우체국저축은행 본점

환상도로에서 마지막으로 개발된 구역은 도나우 운하에 면한 스투벤링 구역이었다. 빈 시당국은 스투벤링 구역에 지을 공공건물 두 곳에 대한 설계안을 공모한다. 새 국방부 건물과 우체국저축은행 본점이었다. 바그너는 국방부 건물 설계 경연에서는 탈락했지만 빈 우체국저축은행의 설계를 맡게 된다.

우체국저축은행 본점 앞에는 작은 광장이 있다. 게오르크 코흐 광장이다. 여기에 세워져 있는 흉상의 주인공이 게오르크 코흐(Georg Coch). 코흐는 1880년대에 우체국저축은행을 창설한 빈 시정부 관료로, 기독교 반유대주의자들의 순교자이자 영웅으로 추앙받는 인물이다. 우체국저축은행은 유대인 자본가와 자유주의자 세력에 맞서는 중하류 계층의 이익을 대변할 목적으로 기독교사회당의 지원으로 설립

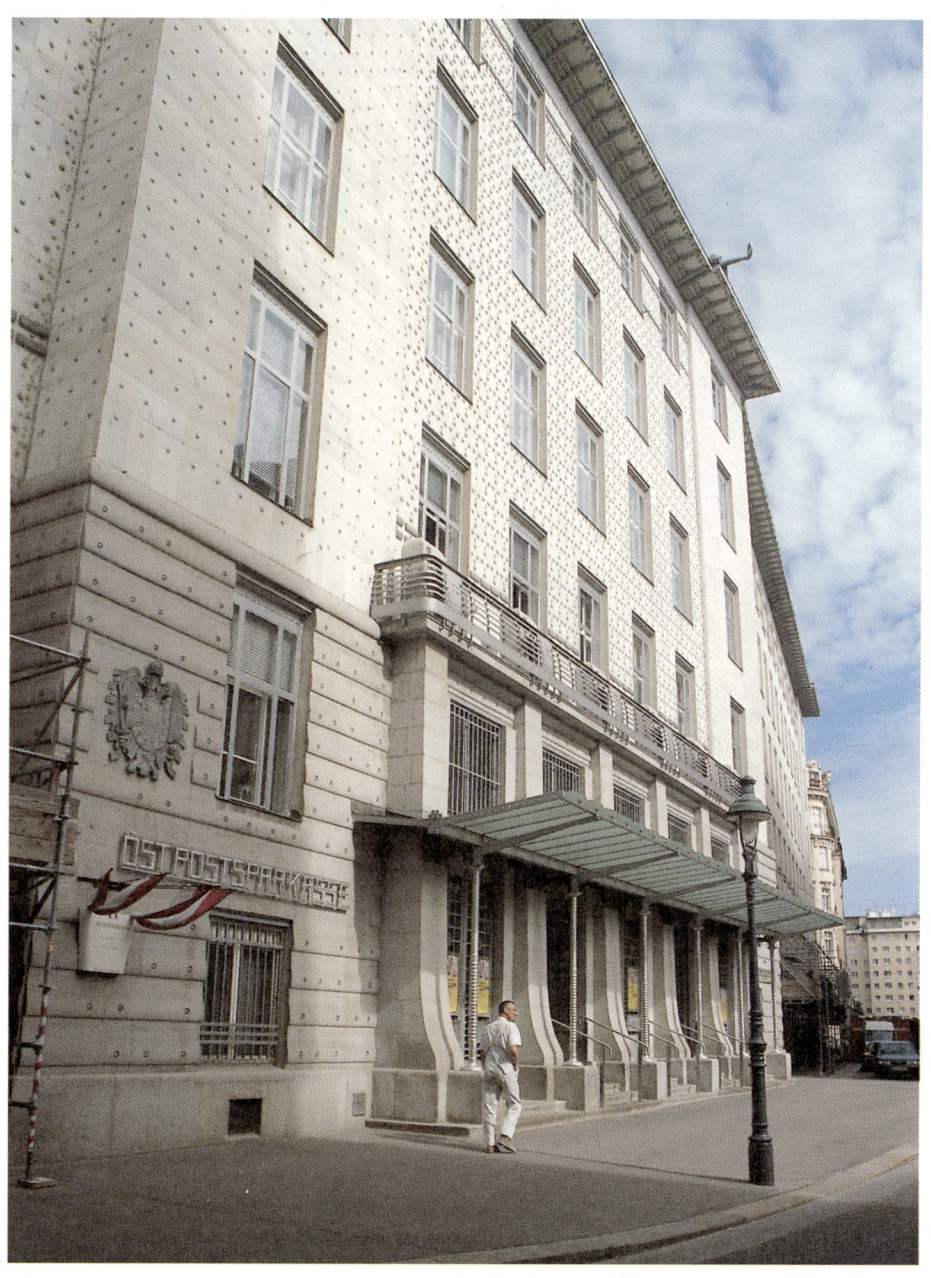

빈 우체국저축은행 본점

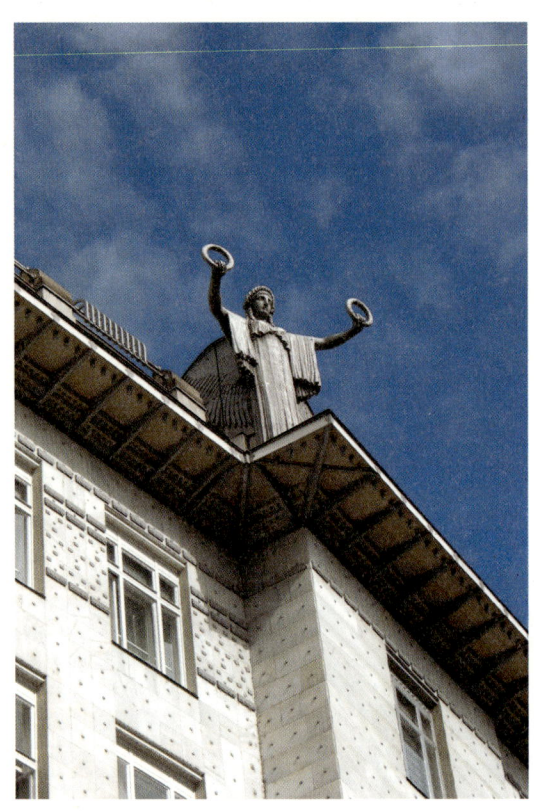

우체국저축은행
본점 지붕

되었다. 기독교 반유대주의자들은 게오르크 코흐의 동상을 본점 건물 안에 두고 싶어했지만 기득권층인 유대인 유력자들의 반대로 무산되었다.

우체국저축은행 본점은 20세기 건축물 중 최고 걸작의 하나로 평가받는다. 1906년 이 은행이 문을 열었을 때 빈 사람들은 환호했다. 그들은 "드디어 빈은 현대 건축의 위대한 걸작을 갖게 되었다"고 바그너를 칭송했다.

바그너는 자신이 빈차일레 아파트에서 보여준 현대적 건축의 지향을 과감하게 드러냈다. 건물의 파사드를 보자. 일단 눈부시게 아름답고 견고하다. 건물이 지어진 지 100년이 흘렀는데도 여전히 파사드는 현대적 감각을 고스란히 유지하고 있다. 어떻게 가능할 수 있을까.

거장의 위대성은 파사드에서부터 유감없이 드러난다. 우체국저축은행 본점에서 가장 두드러진 것은 새로운 건축 자재의 획기적 실험. 바그너는 알루미늄을 파사드 전면에 노출시켰다. 창문은 빈차일레 아파트보다 훨씬 단순화시켜 벽과 거의 평면을 이룬다. 외벽은 화강암과 대리석 판재를 볼트로 고정시켰다. 외벽에서 구태여 장식적인 요소를 찾자면 볼록하게 튀어나온 볼트뿐이다. 멀리서 보면 파사드는 마치 거대한 갑옷을 입은 금고처럼 보인다. 돈을 맡기면 어디보다 안전하다는 느낌을 주기에 충분하다.

바그너는 우체국저축은행 본점을 설계하면서 과거의 전통에서 그 어떤 것도 빌려오지 않았다. 특정 시대를 떠올리게 하는 어떤 흔적도 건물에 남겨두지 않았고, 모든 것을 실용주의 스타일에서 찾았다. 강화 콘크리트, 유리, 대리석, 알루미늄, 에보나이트(경화 고무) 등을 자재로 사용했다. 당시에는 대부분 처음 들어보는 자재들이다. 비록 바그너는 자신이 이런 자재들을 발명하지는 않았지만 이들을 건축에 실용적으로 적용함으로써 자재의 가치를 더욱 높인 건축가였다.

외관에서 눈길을 사로잡는 또 하나의 시도는 현관문이다. 환상도로변의 공공기관 건물은 대개 위압감을 주는 거대하고 휘황찬란한 장식의 현관을 갖고 있다. 특히 바로크식 건물이 그렇다. 현관을 통해 공공기관에 들어가면 누구나 기가 죽는 이유가 바로 이 때문이다. 그러나 우체국저축은행의 현관은 분권적이고 민주적이고 혁명적이다. 현관이 다섯 개나 되는데 일반 시민들은 다섯 개의 문을 통해 아무 거리낌 없이 은행을 드나든다. 시민들이 한꺼번에 몰려든다고 해도 다섯 개의 문으로 나뉘어 들어가니 혼잡과 사고의 위험도 줄일 수 있다. 이 은행이 소규모 예금자들을 위해 설립되었다는 그 합목적성에 충실하다는 인상을 준다.

단순함과 다양함. 우리는 이 건물을 통해 성장하는 시민 대중의 힘을 느낄 수 있다. 우체국저축은행 본점을 굳이 환상도로변의 거대한 건물들이나 환상도로 맞은편의 국방부 청사와 비교할 필요도 없다. 코흐 광장 양옆의 건물을 보면 우체국저축은행 건물이 얼마나 시대를 뛰어넘는 혁명적인 건물인지가 극명하게 드러난다.

파사드를 감상했다면 이제 다섯 개의 문을 통해 건물 내부로 들어가 보자. 왼쪽 벽에 요제프 황제의 모습이 부조되어 있다. 그 다음 대리석 계단을 오르다 보면 왠지 친근하고 편안한 느낌을 받는다. 그렇

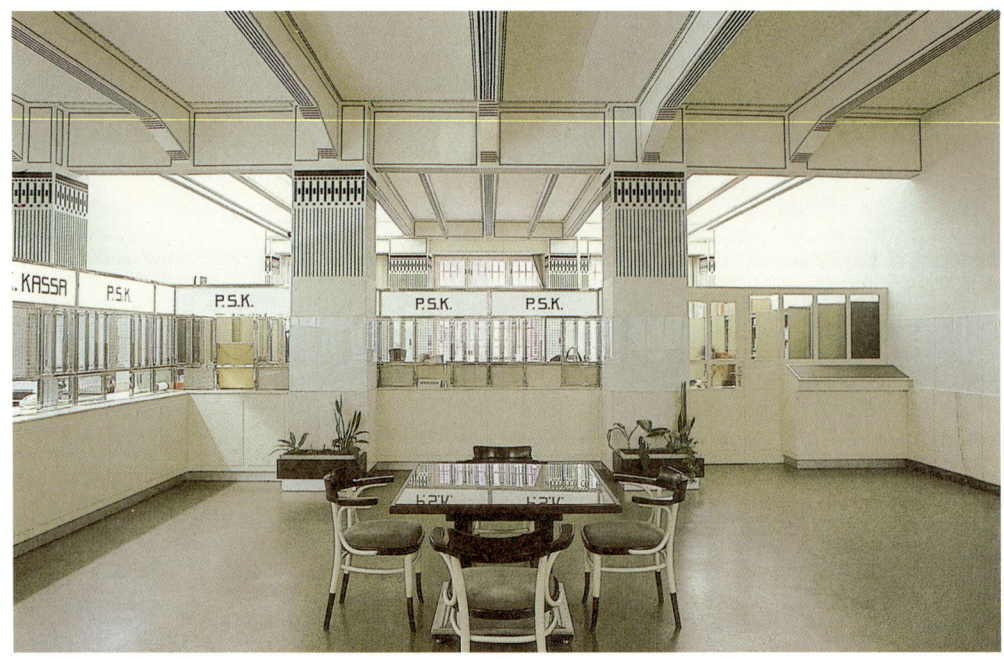

**우체국저축은행
본점 내부**

다. 바그너는 계단을 설계하면서도 철저히 대중의 입장에 섰다. 발을 내딛는 부분이 충분히 널찍하다. 반면에 각 계단의 높이는 매우 낮다. 우리는 계단을 오르내릴 때 간혹 힘들거나 불안하다는 느낌을 받을 때가 있다. 계단의 각층 높이가 높고 발을 내딛는 부분이 좁을 때 그렇다. 이 건물의 모든 계단은 높이와 폭의 비율이 1대 3이다. 바그너는 사람이 안정감과 편리함을 느끼도록 계단을 설계했다.

우체국저축은행 본점 메인홀. 유리로 된 천장에서 햇살이 눈부시게 쏟아진다. 자연광은 식물에뿐만 아니라 인간에게도 생명의 에너지로 충만하게 한다. 카운터 홀의 바닥은 유리 패널로 되어 있어 천장에서 쏟아지는 빛을 발 아래로 흐르게 한다. 홀의 원주 모양의 유리지붕은 철제빔에 의해 지탱된다.

파사드만 아름답다고 위대한 건축물이 되는 것은 아니다. 위대한 건축물은 실내를 돌아다녀 보면 자연스럽게 느껴진다. 바그너는 내부

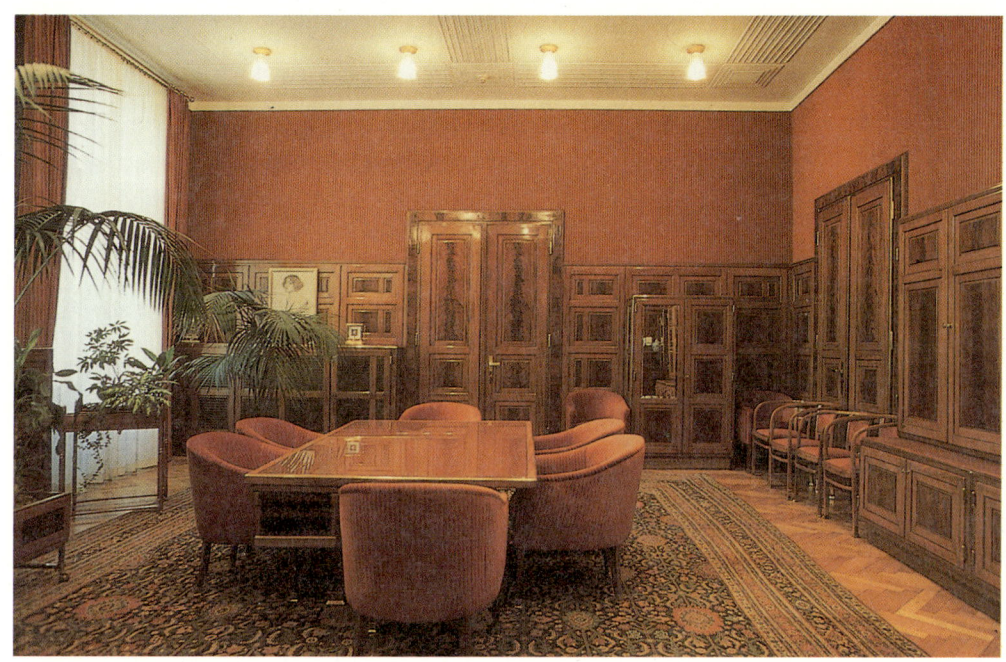

의 모든 것을 직접 디자인했다. 가구와 양탄자, 난방장치와 램프, 계단
실의 양탄자와 소파까지. 우리는 건축가의 섬세함과 완벽함에 감탄할
수밖에 없다.

　가구와 양탄자를 보자. 가구와 양탄자는 서로의 기능은 다르지만
디자인 면에서 완벽한 조화를 이룬다. 또한 둘은 분리되어 있으면서
도 공통된 요소를 갖추고 있다. 아름다움과 실용성이다. 언뜻 상극으
로 보이는 두 요소가 우체국저축은행 본점에서는 완벽하게 하나로 통
합된다. 예금을 하러 은행을 찾는 사람도, 안에서 근무하는 은행원도
모두 편안하게 느낀다. 1906년에 이 은행이 문을 열었을 때 요제프 황
제가 찾아와 건물을 둘러보고 한 마디 남겼다.

　"이곳에서는 놀랍게도 사람과 잘 맞는다(Remarkable how well
people fit in here)."

두 채의 빌라, 치욕과 영광

우체국저축은행과 함께 오토 바그너를 위대한 건축가 반열에 올려놓은 작품이 바로 암 슈타인호프 교회다. 빈 교외 펜칭에 있으며, 빈 중심가에서 자동차로 30~40분이면 언덕 위에 있는 이 교회에 다다를 수 있다.

1905년 빈 시장인 카를 루에거는 현대적인 요양소 신축이 필요하다는 생각으로 슈타인호프에 들어설 정신병원 단지 계획안을 공모한다. 이 프로젝트에서 바그너는 교회 건설을 맡아 제자들과 함께 요양소 병동들이 내려다보이는 곳에 교회를 지었다. 내부 장식에는 당대의 유명 건축가들이 참여했다. 파사드 현관의 기둥 4개를 장식하는 천사상은 오스마르 스킴코비츠(Othmar Schimkowitz)가 만들었고, 교회 내부의 의자는 요제프 호프만이 맡았다. 내부의 스테인드글라스는 콜로 모제(Kolo Moser)가 설계했다. 콜로 모제는 빈차일레 38번지 아파트의

암 슈타인호프 교회 전경과 내부

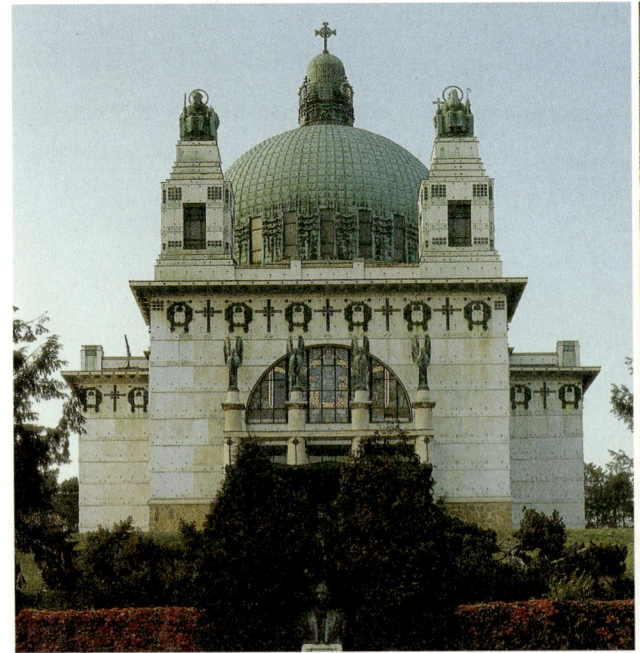
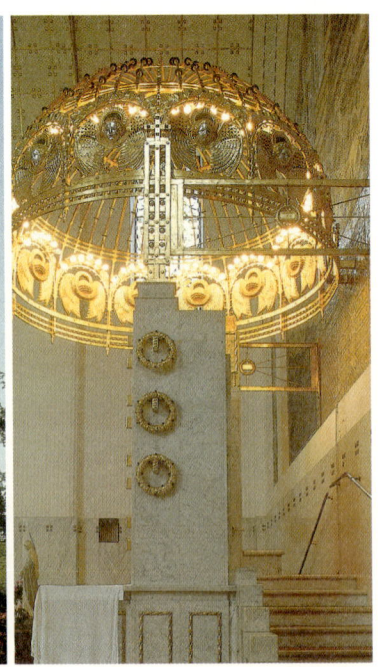

금박 잎사귀를 디자인한 사람이다.

교회는 중앙 집중적인 건물로 설계되었다. 건물 내부의 광학과 음향학은 방문객을 향해 연결되어 있으며, 정신질환을 갖고 있는 이들을 위해 건물이 갖춰야 할 모든 것이 완벽하게 충족되어 탄생했다. 기능적인 면 외에도 디자인의 아름다움을 극명하게 보여주는 걸작 건축물이다.

바그너는 또한 빈 교외에 여러 채의 빌라를 지었다. 그 중 저 유명한 '빈 숲' 초입에 있는 빌라 두 채를 눈여겨볼 필요가 있다. 빌라 두 채는 각각 오토 바그너의 여명기와 절정기를 보여주는 대표적인 작품들이다.

원시림이 우거진 빈 숲으로 가는 길은 휴텔베르크 슈트라세다. 이정표에 "오토 바그너 빌라 가는 길"이라는 안내판이 따로 붙어 있으니 여간해선 놓치기도 힘들다. 빌라는 이정표에서 걸어서 10여 분이면 충분하다. 처음 등장하는 작품은 휴텔베르크 슈트라세 26번지의 빌라다. 이 빌라는 바그너가 여름용 별장으로 사용하기 위해 1886년에 지었다. 바그너가 남들이 하는 대로 역사주의 방식으로 왕성하게 활동할 때 지은 빌라다.

현재는 개인 박물관으로 쓰이는 이 빌라는 화려한 장식이 눈길을 사로잡는다. 15세기 이탈리아 건축가 팔라디오가 지은 빌라, 즉 르네상스 시대의 빌라를 흉내낸 작품이다. 빌라의 중간 부분에는 이오니아식 열주를 세운 로지아(loggia, 한쪽 벽이 없이 트인 방이나 홀)를 만들었다. 원래는 좌우 대칭형 건물로, 오른쪽 퍼걸러(pergola, 서양식 정자)에 온실이 있었으나 1895년 폐쇄되고 현재는 당구장으로 쓰인다. 왼쪽 퍼걸러는 비바람에 견디게 만들어졌고 스튜디오로 이용되었다. 알프레트 뵘이 디자인한 스테인드글라스 창이 이 스튜디오에 설치되었

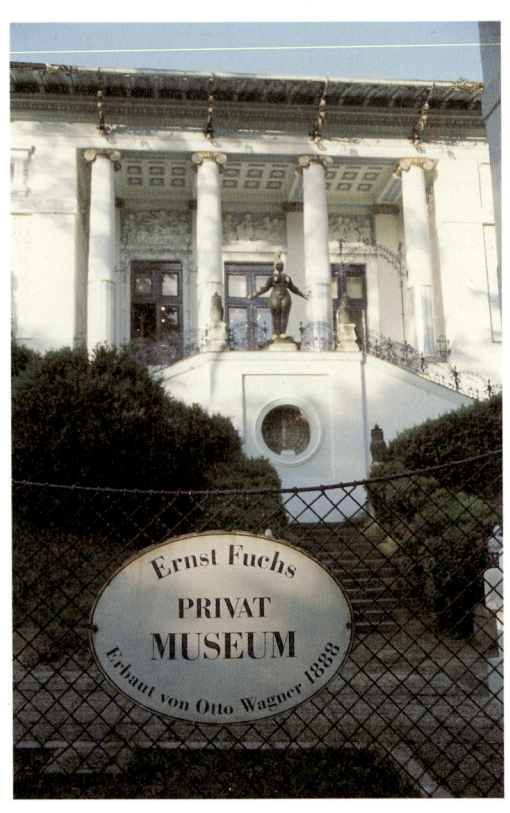

1886년에 지어진 빌라.
현재는 개인 박물관으
로 쓰인다.

는데, 이 스테인드글라스는 제5회 분리
파 전시회 때 선보였다.

오토 바그너는 1911년 이 빌라를 나이
트클럽 황제인 벤 티베르에게 팔았다.
이 빌라가 '벤 티베르 빌라'로 알려진 이
유다.

이 빌라를 지나 20여 미터를 걸으면
휴텔베르크 슈트라세 28번지에 또다른
바그너의 빌라가 나타난다. 1913년에 세
워진 빌라다. 1913년이면 오토 바그너가
그토록 사랑한 부인 루이스 슈티펠이 암
으로 사망하기 2년 전이다. 이미 세기의
걸작이라는 우체국저축은행과 암 슈타
인호프 교회가 지어진 뒤의 일이다.

바그너의 표현대로 건물의 쓰임새가
건물을 결정한다. 또 같은 쓰임새라도
누구를 위한 집이냐에 따라 달라진다. 이 빌라는 바그너가 자신의 두
번째 부인을 위해 설계했다.

파사드는 아무런 꾸밈이 없다. 빌라는 입방체 구조. 현관문의 장식
적 디자인만이 극도로 단순한 파사드를 방해할 뿐이다. 바그너는 이
빌라에 대해 이런 설명을 남겼다.

"이 빌라는 매우 단출한 한 가족을 위한 여름용 집이다. 이 집을 설
계할 때 주 관심사는 방안 가득 들어오는 자연광, 기능적이고 개별적
인 방 배치, 마무리의 단순함과 내구성, 현재 공장에서 생산 공급되는
건축 자재의 사용 등이었다. 특수 회반죽, 두꺼운 판유리, 장식적인 대

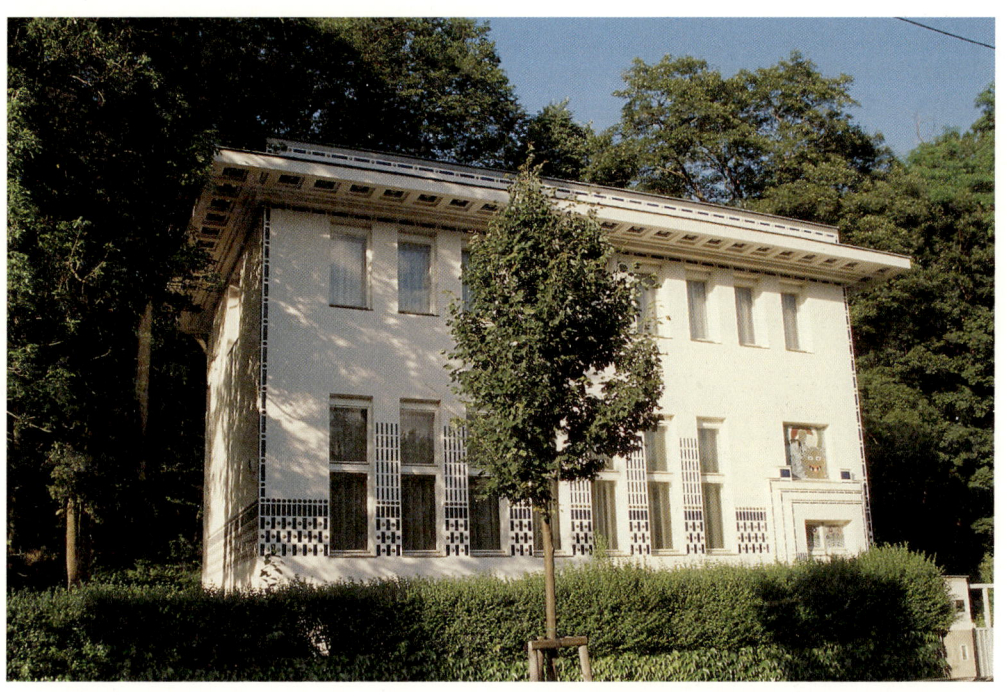

리석, 금속 콘크리트, 아스팔트, 석면, 스테인드글라스, 알루미늄, 마
그날륨(알루미늄과 마그네슘의 합금) 등이 그것이다. 이런 모든 자재들
이 건축의 형식과 미적 디자인과 관련해 모든 부분에서 집중적인 힘을
발휘해야 한다.”

휴텔베르크 슈트라세 숲길을 오르내리며 취재를 하고 있는데, 한
여성이 다가오더니 디지털 카메라로 바그너의 빌라를 찍고 있다. 나
는 짐짓 왜 사진을 찍느냐고 말을 걸어본다. 이 여성은 웃으며 “오토
바그너는 위대한 건축가 아니냐”고 되묻는다.

26번지의 첫번째 빌라는 현재 개인 박물관으로 쓰인다. 사전에 연
락을 하면 내부를 구경할 수도 있다. 그러나 28번지 빌라는 안타깝게
도 사유재산이어서 구경할 수가 없다. 두 채의 빌라를 요모조모 뜯어

보다가 문득 한 가지 의문이 들었다. 왜 바그너는 1913년 두 번째 부인을 위한 여름용 별장을 구태여 첫번째 빌라 바로 옆에 지었을까? 건축의 3대 조건이 합목적성과 시대성과 장소성이다. 왜 바그너는 이곳을 택했을까? 땅이 이곳밖에 없어서였을까? 아마도 그건 아니었을 것이다. 우리는 이 빌라가 갖는 장소성의 의미에 주목하지 않을 수 없다.

바그너가 26번지 바로 옆인 28번지에 나란히 빌라를 지은 것은 두 빌라를 비교해 달라는 뜻이었다. 불과 20여 미터 거리를 걸으며 우리는 19세기 말에서 20세기 초, 27년의 시차를 둔 위대한 건축가의 사유와 철학을 발견할 수 있다.

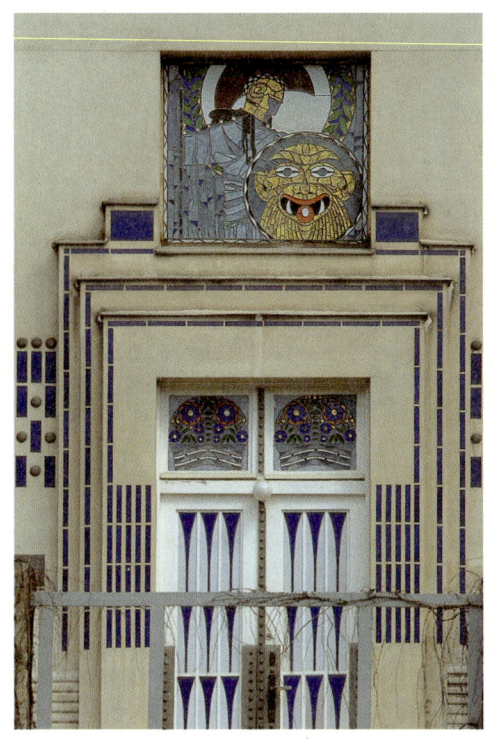

1913년 지은 빌라의 현관

바그너는 1892년 이전의 초기 건축물들을 가리켜 "젊은 시절의 어리석은 죄악" 이라고 규정했다. 26번지 빌라는 그의 초기 작품이다. 반면 28번지 빌라는 바그너의 건축관이 완성된 시기의 작품이다. 바그너는 '부끄러운' 26번지 빌라 바로 옆에 가장 완성도 높은 28번지 빌라를 배치함으로써 자신의 건축을 고백하고자 한 것이다. 치욕스러울 수도 있는 일이지만 건축가는 그것을 피하지 않았다. 있는 그대로 정직하게 드러냄으로써 자신의 건축이 걸어온 그 멀고 먼 여정을 보여주고 싶어했다. 휴텔베르크 슈트라세에서 나는 오토 바그너의 위대함을 다시 한 번 절감했다.

사랑하는 아내 곁으로

오토 바그너는 1918년 4월 11일 빈에서 77세의 생애를 마감한다. 아내가 사망한 지 3년 뒤였다. 사망 원인은 단독(丹毒). 단독이란 피부 점막의 헌데나 상처 난 곳으로 연쇄상구균이 들어가 생기는 급성 전염병을 말한다. 딱딱한 붉은 반점이 순식간에 퍼지면서 고열과 마비를 수반하는 병이다.

바그너는 히칭 묘지의 가족묘에 묻혔다. 히칭 묘지는 건축가 자신이 설계한 전철 U4 히칭 역에서 버스로 10분 거리에 있다. 그는 13구역 가족묘에 묻혀 있다. 13구역의 계단으로 올라서면 오른쪽에 건축물 형태의 가족묘가 나타난다. 바그너 가문의 가족묘다. 바그너는 부모, 아내를 비롯한 다섯 명의 가족들과 합장되어 있다. 위대한 건축가 오토 바그너의 묘지에는 어떤 묘비명이 적혀 있을까? 간단하다. "건축가이자 교수, 오토 바그너!"

바그너는 구스타프 클림트가 눈을 감은 지 2개월 뒤에 그를 따라갔다. 세기말과 20세기 초 빈에 살면서 분리파 운동에 함께 참여했으며,

오토 바그너가 잠들어 있는 히칭 묘지의 가족묘

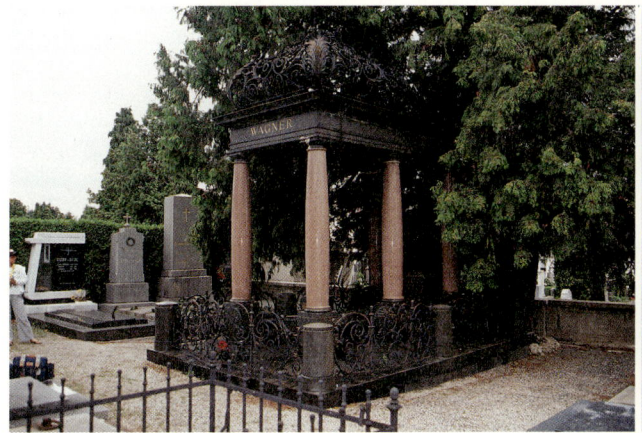
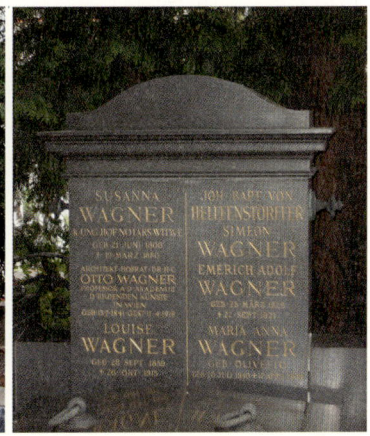

회화와 건축 분야에 불멸의 업적을 남긴 두 사람은 마치 약속이나 한 것처럼 연이어 세상을 떠났다. 클림트는 뇌졸중으로, 바그너는 단독으로.

빈을 너무나 사랑했던 바그너와 클림트. 두 사람은 알았다. 1918년 1차대전의 패색이 짙어가면서 합스부르크 왕가는 더 이상 존재하지 않으리라는 것을. 빈은 더 이상 찬란한 합스부르크 제국의 수도가 아님을. 국가를 초월한 도시 빈은 더 이상 존재하지 않으리라는 사실을. 그리고 자신들의 시대가 끝났음을.

오토 바그너는 개인적으로도 슬픔과 절망의 나락에 빠져 있었다. 그토록 사랑했던 아내를 1915년에 암으로 떠나보낸 뒤 건축가는 아무런 생의 의욕을 찾지 못했다. 위대한 건축가도 사랑의 상실 앞에서는 무력해지는 것인가. 바그너는 자신이 두 번째 아내인 루이스 슈티펠을 만나고 나서야 비로소 위대한 건축가로 거듭났다는 사실을 누구보다 잘 알고 있었다.

건축가는 먼저 간 아내를 하염없이 그리워했다. 그는 집안에 상청을 만들어놓고 매일 아내에게 기도를 올렸으며, 날마다 일기장에 아내에게 보내는 편지를 썼다. 일기 형식의 편지는 1918년 그가 아내 곁으로 떠나는 날까지 계속되었다.

참고문헌

《20세기 대사건들 — 격동과 비약의 기록》, 리더스 다이제스트

《건축, 사유의 기호》, 승효상 지음, 돌베개

《김석철의 20세기 건축산책》, 김석철 지음, 생각의나무

《김석철의 세계건축기행》, 김석철 지음, 창작과비평사

《내 젊은 날의 마에스트로, 편력》, 이광주 지음, 한길사

《로스, 장식과 범죄》, 아돌프 로스 지음, 현미정 옮김, 소오건축

《루트비히 판 베토벤》, 메이너드 솔로몬 지음, 김병화 옮김, 한길아트

《모차르트 평전》, 필립 솔레르스 지음, 김남주 옮김, 효형출판

《모차르트, 천번의 입맞춤》, 볼프강 아마데우스 모차르트 지음, 박은영 옮김, 예담

《베토벤, 불멸의 편지》, 루트비히 판 베토벤 지음, 김주영 옮김, 예담

《베토벤 평전 — 갈등의 삶, 초월의 예술》, 박홍규 지음, 가산출판사

《베토벤과 그의 여인들》, 크리스 슈타틀랜더 지음, 홍명희 옮김, 생각의나무

《베토벤의 사랑》, 로맹 롤랑 지음, 김원구 옮김, 음악춘추사

《성욕에 관한 세 편의 에세이》, 지그문트 프로이트 지음, 김정일 옮김, 열린책들

《세기말 비엔나》, 칼 쇼르스케 지음, 김병화 옮김, 구운몽

《아듀 20세기 1》, 조선일보 문화부편, 조선일보사

《유럽 카페 산책》, 이광주 지음, 열대림

《정신분석학 개요》, 지그문트 프로이트 지음, 박성수 · 한승완 옮김, 열린책들

《클라시커 50, 20세기 건축》, 크리스티나 하베를리크 지음, 안인희 옮김, 해냄

《클라시커 50, 오페라》, 볼프강 빌라쉐크 지음, 이재황 옮김, 박준용 감수, 해냄

《클림트, 악마적 퇴폐와 고직적 순수의 공존》, 크리스티네 아이헬 지음, 송소민 옮김, 갤리온

《클림트, 황금빛 유혹》, 신성림 지음, 다빈치

《클림트》, 엘리자베스 히키 지음, 송은주 옮김, 예담

《프로이트와 비유럽인》, 에드워드 사이드 지음, 주은우 옮김, 창비

《프로이트의 〈마음의 신비〉 입문》, 후쿠시마 아키라 감수, 김세곤 옮김, 양서원

《Just Go — 오스트리아, 부다페스트, 프라하》, 시공사

Vienna(Eyewitness Travel Guide), DK

Mozart : The Golden Years(1781~1791), Robbins Landon, T&H

Otto Wagner, Walter Zednicek

Adolf Loos, Walter Zednicek

찾아보기

인명 · 용어